凤凰文库
PHOENIX LIBRARY

凤凰出版传媒集团
PHOENIX PUBLISHING & MEDIA GROUP

凤凰文库·智库系列

项目总监　徐　海

项目执行　卞清波

灾难 2.0

新媒体与现代应急管理

[美] 亚当·克罗　著
程涛　译

江苏人民出版社

图书在版编目(CIP)数据

灾难2.0:新媒体与现代应急管理/(美)亚当·克罗著;程涛译.--南京:江苏人民出版社,2016.6

(凤凰文库.智库系列)

书名原文:Disasters 2.0: The Application of Social Media Systems for Modern Emergency Management

ISBN 978-7-214-18292-0

Ⅰ.①灾… Ⅱ.①亚… ②程… Ⅲ.①传播媒介—应用—突发事件—公共管理—研究 Ⅳ.①D035

中国版本图书馆CIP数据核字(2016)第132399号

书　　名	灾难2.0:新媒体与现代应急管理
著　　者	[美]亚当·克罗
译　　者	程　涛
责任编辑	陈　茜
装帧设计	刘葶葶
出版发行	凤凰出版传媒股份有限公司 江苏人民出版社
出版社地址	南京市湖南路1号A楼,邮编:210009
出版社网址	http://www.jspph.com
经　　销	凤凰出版传媒股份有限公司
照　　排	江苏凤凰制版有限公司
印　　刷	江苏凤凰通达印刷有限公司
开　　本	718毫米×1000毫米　1/16
印　　张	16.25　插页4
字　　数	300千字
版　　次	2016年10月第1版　2016年10月第1次印刷
标准书号	ISBN 978-7-214-18292-0
定　　价	38.00元

(江苏人民出版社图书凡印装错误可向承印厂调换)

出版说明

要支撑起一个强大的现代化国家，除了经济、政治、社会、制度等力量之外，还需要先进的、强有力的文化力量。凤凰文库的出版宗旨是：忠实记载当代国内外尤其是中国改革开放以来的学术、思想和理论成果，促进中外文化的交流，为推动我国先进文化建设和中国特色社会主义建设，提供丰富的实践总结、珍贵的价值理念、有益的学术参考和创新的思想理论资源。

凤凰文库将致力于人类文化的高端和前沿，放眼世界，具有全球胸怀和国际视野。经济全球化的背后是不同文化的冲撞与交融，是不同思想的激荡与扬弃，是不同文明的竞争和共存。从历史进化的角度来看，交融、扬弃、共存是大趋势，一个民族、一个国家总是在坚持自我特质的同时，向其他民族、其他国家吸取异质文化的养分，从而与时俱进，发展壮大。文库将积极采撷当今世界优秀文化成果，成为中外文化交流的桥梁。

凤凰文库将致力于中国特色社会主义和现代化的建设，面向全国，具有时代精神和中国气派。中国工业化、城市化、市场化、国际化的背后是国民素质的现代化，是现代文明的培育，是先进文化的发展。在建设中国特色社会主义的伟大进程中，中华民族必将展示新的实践，产生新的经验，形成新的学术、思想和理论成果。文库将展现中国现代化的新实践和新总结，成为中国学术界、思想界和理论界创新平台。

凤凰文库的基本特征是：围绕建设中国特色社会主义，实现社会主义现代化这个中心，立足传播新知识，介绍新思潮，树立新观念，建设新学科，着力出版当代国内外社会科学、人文学科的最新成果，同时也注重推出以新的形式、新的观念呈现我国传统思想文化和历史的优秀作品，从而把引进吸收和自主创新结合起来，并促进传统优秀文化的现代转型。

凤凰文库努力实现知识学术传播和思想理论创新的融合，以若干主题系列的形式呈现，并且是一个开放式的结构。它将围绕马克思主义研究及其中国化、政治学、哲学、宗教、人文与社会、海外中国研究、当代思想前沿、教育理论、艺术理论等领域设计规划主题系列，并不断在内容上加以充实；同时，文库还将围绕社会科学、人文学科、科学文化领域的新问题、新动向，分批设计规划出新的主题系列，增强文库思想的活力和学术的丰富性。

从中国由农业文明向工业文明转型、由传统社会走向现代社会这样一个大视角出发，从中国现代化在世界现代化浪潮中的独特性出发，中国已经并将更加鲜明地表现自己特有的实践、经验和路径，形成独特的学术和创新的思想、理论，这是我们出版凤凰文库的信心之所在。因此，我们相信，在全国学术界、思想界、理论界的支持和参与下，在广大读者的帮助和关心下，凤凰文库一定会成为深为社会各界欢迎的大型丛书，在中国经济建设、政治建设、文化建设、社会建设中，实现凤凰出版人的历史责任和使命。

前　言

回望人类的历史，即使是不经意的一瞥，往往就会得出结论，那就是由于人们在不断地努力改善和提高他们的生存条件，并“把事情处理好”，人类的境况才慢慢地发生变化，或者说逐步地在发展。但缓慢的渐进式变化偶尔会突然地被革命性或者转型性的变革所打断。历史上的转型时期往往迅速出现，它们为人类的未来带来了大量的此前根本不可能存在的新希望，并对人类社会产生一种持久的革命性影响。没有什么事情总是一成不变的。人类重大的转型时期是受人尊崇的，并往往被赋予特定的称谓。在中学历史课本上，一些章节记述了这些转型时期，因而它们能够被传授给后代，并为后来者所铭记。

在人类历史上，什么是最重要的转型时期呢？有个早先的转型时期出现在史前时代，那就是现在人们所称的“石器时代”。在有人打磨一块石头，创造出第一件锋利的工具之后，人类的这段历史便出现了。人类社会一直在不停地变化着，因为从那以后，通过石器工具的使用，人们能够创造出没有它们就根本不可能获得的东西。这不是一种随着时光的流逝而慢慢发生的渐进式变化，而是一个特有的转型时期。我想，从那以后，人们花了数个世纪，也许是几千年，一直在打磨那些石器工具，设法改进它们，并竭力将它们运用到极致。也就是说，这个过程一直持续到下一个我们称之为“农业革命”的转型时期的出现。后一种转型让人们能够生活在更大的群体当中，并且能够僻居一隅，因为想要生活的地方可以大量种植农作物。聚居区和城市随之出现，而人类社会已不复原来的样子。随后，当然是“工业革命”的出现。它以钢铁生产为标志，让摩天大楼拔地而起，让纽约和东京这样的城市成为可能，还让路网和基础设施开始逐渐发展成运输工业制成品的铁路和高速公路。在很大程度上，工业革命让人类社会新事物的出现、中产阶级的兴起和地球上从未出现过的高品质生活成为可能。关于历史，这或许已经足够了。

你也许会认为，你将要阅读的是一本关于社交媒体与应急管理的书。的确如此，不过我希望读者看到，这本书所论及的内容更为宽泛。本书首先和最主要的是论述社交媒体，而它注定很快就会被那些用生动的名词将历史分类的人描述成人类历史上又一次重大的变革或转型时期。就像过往的石器、农耕和工业化一样，社交媒体正在改变人类的生活。社交媒体很快就出现在身边。没有什么事情会保持一成不变，人类的生活状态已经再次地发生了改变。Web 2.0 正在使自上而下的信息传播趋于过时（人们彼此之间是从对方那里获得消息，而不是通过晚间电视新闻播报和报纸获得新闻）；社群参与不再受限于有多少人能到会议室参加夜间会议进行面对面的交谈（拥有便携式电脑或者新式电话的人都能通过电子手段来参与）；社会活动让距离和时间都不再是问题（游行示威甚至是革命在短短数天就可以发生，并且几乎是在全国同时开始，而不是先从一个地方发动，然后再向其他地方扩散），如此等等。在提到“自上而下”时，我们以前的意思是指从当权者下至治下之民，而“自下而上”则是指从治下之民上达当权者，但这些已经很快发生了变化，我们或许可以将这种变化称为“自下而下”，这就意味着 Web 2.0 轻而易举地将权力从凌驾于治下之民的当权者手中夺走，并交到了其他每一个人的手中。这种结果很可能是，权势之位现在是被没有权力的人民所占据，而不是上位者。

这种转变对应急管理领域意味着什么呢？长期以来，应急管理都牢牢地根植于传统的自上而下的模式：《斯塔福德法案》采用了一种自上而下的模式，事故指挥系统是自上而下的，针对灾难幸存者的应急物资发放无疑也是一种自上而下的活动，公共警报与传播采取的是自上而下的方式，有组织的风险评估也是自上而下——应急管理中的其他方面几乎都是如此。实际上，应急管理中的“管理”一词就隐隐地显露出一种自上而下的模式。这正是本书的意义所在：读者有机会从社交媒体的转型角度，从社交媒体加诸于我们的自下而下的角度，来思考应急管理的各种领域及其实践活动。在应急管理当中，没有多少东西会保持不变，也没有多少东西永远是相同的。

在阅读本书时，读者不妨采纳我所推荐的两种方法。第一种是始终坚持用转型前、社交媒体出现以前的观点。举例来说，就像我们人类的祖先，那渴望着与十几个最亲近的族人一起通过一周的远征来猎取和收集食物的祖先，以他们的视角来看待农业生产的出现，这样你就能从自上而下和自下而上的历史视角来阅读本书。本书作者发现，有些应急管理者就持有这种观点，认为社交媒体只是一时流行的风尚，转型前的日子很快就会回来。

第二种方法是，你可以在阅读本书时放纵想象，就像一次进入应急管理和人类文明的自下而下的未来旅行一样。事实上，对于我们的各种应急管理领域，社交媒体将会给其带来什么样的变化和新的应用，可能所有的人都无法全部想象出来。你将读到的这本书是匠心巧运和皓首穷经的结晶。它可能是迄今为止最优秀的讨论社交媒体与应急管理问题的汇编书籍之一。如果有读者受到启发，为应急管理首创了一款创新性的社交媒体应用(就像首次以某种新的方式打磨一块石器一样)，那么这书就实现了它的使命。正如作者所提议的那样，社交媒体要求我们现在都要参与进来，为应急管理开创一种全新和最佳的愿景。

丹尼斯·S. 米勒提博士

科罗拉多大学荣誉教授

目录
contents

第一部分　社交媒体、组织参与和公民的影响

003〉 第一章　序言

004〉 现代应急管理

007〉 社交媒体的兴起

010〉 社交媒体用户

011〉 集权式和分权式组织结构

013〉 系统衰退，理念不变

015〉 实践者简介：珍妮特·萨顿

017〉 第二章　社交媒体系统：概述与宗旨

018〉 社交媒体的基础

019〉 社交网络

022〉 博客

023〉 微博

028〉 图片共享
029〉 视频共享
030〉 视频流
031〉 Skype与视频通话
032〉 其他系统
033〉 实践者简介:哈尔·格里比
036〉 第三章 公民新闻:新媒体的兴起与影响
038〉 新闻——传统式与参与式
042〉 公众的接受度
045〉 新闻媒体的接受度
047〉 公民记者可资利用的工具
048〉 公民新闻面临的挑战
049〉 实践者简介:汤姆·埃里克森
051〉 第四章 高山或鼠丘:社交媒体应用的参与性挑战
052〉 障碍和阻碍
054〉 系统性应用
055〉 隐私的挑战
058〉 政策的落实
063〉 推广的挑战
066〉 实践者简介:贾森·林德史密斯
069〉 第五章 黄胶带的谜题:公民与响应者的责任
071〉 公众预期的变化
072〉 新系统的兴起
076〉 基于事件的风险
079〉 第一响应者的责任
081〉 公民的责任

083〉 社交媒体的“如何”Vs.“为何”

084〉 实践者简介:阿丽莎·格里斯沃尔德

第二部分　社交媒体的政策、流程、整合与分析

089〉 第六章　谁是这些地方的治安官:社交媒体信息的监测与分析

090〉 传统媒体监测

091〉 社交媒体监测

092〉 实时的瞬时监测

097〉 实时集体监测

100〉 基本监测分析

102〉 评测影响力与成果

104〉 实践者简介:伊桑·M.赖利

106〉 第七章　白热化抑或白噪音？社交媒体信息的聚合与验证

107〉 人口结构的影响

110〉 聚合的力量

112〉 社交验证理论

115〉 虚拟声音的力量

116〉 RSS及其他聚合工具

117〉 与传统系统的集成

119〉 实践者简介:李·阿宁

121〉 第八章　当现状成为障碍:现代集成式应急预警与通知策略

122〉 传统方式的谬误

125〉 移动性和便携性

129〉 动态和多样化应急通知策略

132〉 新一代911系统

134〉 现代化的制约因素

136〉 实践者简介:沃尔特·韦恩

138〉 第九章 志愿者和捐赠管理2.0:社交媒体如何变革人员与物资的管理与招募

139〉 志愿服务的人口特征

142〉 当代志愿者管理

144〉 志愿推客与其他众包机会

145〉 捐赠管理2.0

150〉 成功的评定

152〉 实践者简介:海瑟·布兰查德

154〉 第十章 应急行动中心的大笨象:正规响应系统内部的根本性缺陷

155〉 国家准备与响应系统

159〉 冲突与矛盾

163〉 摒弃筛选

163〉 截然不同的观点

165〉 社交媒体与演练管理面临的挑战

167〉 实践者简介:杰拉德·巴龙

第三部分 社交媒体工具与虚拟社区的力量

173〉 第十一章 培育一个有准备的社区需要一村人的努力:众包的力量与目的

174〉 什么是众包?

175〉 众包如何发挥作用

177〉 目击灾难

178〉 虚拟志愿者的众包

182〉 众包的组织实施

185〉 灾民的众包

187〉 政府响应中的众包利用
188〉 实践者简介：吉米·加罗
190〉 第十二章　被击败的浏览器：动态视频、音频与信息的崛起
191〉 网络在变化
193〉 移动参与的兴起
196〉 灾难响应中的移动应用
199〉 用户控制的视频信息在兴起
203〉 语音系统信息
205〉 动态信息
208〉 实践者简介：拉赫·穆林
210〉 第十三章　位置，位置，位置：地理空间技术的力量与社交系统的环境
211〉 基于地理位置的社交网络
214〉 基于地理位置的社交网络在应急管理当中的潜在应用
217〉 地理空间编程的影响
221〉 通过物理界面获取的增强型信息
224〉 实践者简介：谢丽尔·布莱索
226〉 第十四章　举首入云端：改进应急管理职能的工具与系统
228〉 开放式政府和游戏化
230〉 功能性和访问性挑战
232〉 黑客、僵尸和第二人生：潜在地提高运作效率
234〉 其他 Web 2.0 和社交媒体工具
238〉 协作与辅助系统
240〉 实践者简介：金姆·斯蒂芬斯
243〉 附录　各章节引用的灾难

第一部分

社交媒体、组织参与和公民的影响

当你能够成为一名海盗的时候，为什么不加入海军呢？

——史蒂夫·乔布斯　苹果公司共同创始人

第一章 序 言

但愿(社交媒体)能够向怀疑者证明,这些技术是不可思议的。它们能够挽救生命。

——利·法兹纳,康涅狄格州被 Twitter 援救的三项全能赛自行车手

灾难聚焦——受困的康涅狄格自行车手

2010 年 8 月,36 岁的媒体顾问利·法兹纳参加了法明顿(康涅狄格州)三项全能赛。此次比赛将穿越一片 300 英亩的林地(见图 1.1)。在结束了三项赛第一赛程(游泳)之后,法兹纳女士开始骑车进入下一赛程。她全神贯注于骑行的速度。突然,她发现自己并未在赛事规定的路线上行进。她掉队了,孤身留在康涅狄格州的这大片森林里。意识到这种情形,她决定加快速度返回正式赛道。然而,车子不幸撞上了一条树根,她越过车把手摔了下来。法兹纳女士高声呼救,但没有任何人听到她的声音。在随后的 10 分钟里,没有其他车手从她无意间骑过的林区经过。她打算用手机联系待在家里的表妹,但手机信号微弱,无法和表妹通话或者留言。尽管不能使用语音电话,但她相信通过社交媒体发送一条信息还是奏效的。结果,利用一款 Twitter 应用软件,她用智能手机向其 1000 多名 Twitter 关注者发布信息称:“我受了重伤,需要救援!请联系康涅狄格州法明顿市自行车环山组织,告诉他们我骑车摔伤,困在树林里了。”几分钟之内,她那遍及世界——包括

宾夕法尼亚、新泽西、华盛顿、芝加哥、加拿大、意大利和阿曼——的 Twitter 关注者们做出了反应,纷纷为她联系法明顿消防局和警察部门。救援人员很快找到了法兹纳女士,并将她送到当地医院。她在那里获得了完全的康复。据移动通讯与网络协会称,此事不同寻常,但并不是因为行山者和自行车运动员受困却不能打电话,而是因为他们能够利用 Twitter 将其所在位置告诉其他人。遗憾的是,有些人——包括那些传统媒体圈里的人——对法兹纳女士在危机时刻利用社交媒体不以为然。相反,另一些人则强调称,相较于那些基本和算得上靠谱的资源,她使用的是一种方便且更为可靠的工具。

图 1.1　三项全能运动赛的自行车比赛(美国空军飞行员内森·多扎)

现代应急管理

顾名思义,此书旨在以现代应急管理的原则与实践为范畴介绍社交媒体的应用。尽管书名简单而直白,但内在的复杂性却非同一般。首先,从严格意义上讲,应急管理包括准备、响应、恢复和减除行动,也就是应急管理的四个阶段。这些行动可由包括执法、公共安全、国土安全、消防、应急医疗、市政工程、公共卫生和医院在内的各种第一响应机构来实施。其他应急管理行动也可以由包括学者和相关业务专家在内的研究人员和实际工作者来实施。

2007年,一批专业应急管理者阐述了应急管理的概念,并确立了8条基本原则。这些专家由联邦应急管理局的应急管理高等教育项目主任韦恩·布兰查德领导,其中还包括来自于全国各级政府部门的专业人员。该项目受应急管理研究缺乏连续性的现状所驱动,目的是找到一个明确而简洁的职业定义。

此外,这些原则适用于为各种不同的社会群体(包括那些按人口数量、人口结构、民族特点、功能需求、社会经济水平、业务类型和组织任务界定的群体)提供服务的应急管理者。或者换句话说,应急管理者存在于所有无关乎城市、郊区还是乡村的社区当中,并为所有无关乎其语言、收入或活动的社会群体服务。对于那些潜在的可能危害某个特定社区的灾害影响,还有那些进行准备、响应、减除和恢复活动的最佳机制,在理解它们的过程中,这些原则的每一条都至关重要。

地方、州和联邦各级政府及某些局部地区都会实施应急管理,为了确保经营的连续性和经济上的稳定性,许多工商企业也会从事此类活动。在职能和优先事项方面,各级机构往往会略加修改,但最基本的危机管理理念仍是相同的。举例来说,针对应急管理的四个阶段,通过附加保护性政策,强化其官方使命,美国国土安全部(DHS)稍稍调整了应急管理的这种概貌。这种理念体现在DHS的诸如反恐、边界防护、移民和网络安全的职能当中。虽然并未完全包含在通过应急管理8条原则确立起来的模式当中,但这些职能据认为对现代应急管理的前景甚为关键,因此在评估如何利用社交媒体来满足诸多需求时也要着重予以考虑。

应急管理的8条基本原则

1. 全面性——应急管理者应该考虑并重视与灾难有关的所有危险因素、所有阶段、所有利益相关者和所有影响。

2. 前瞻性——应急管理者要预见未来的灾难并采取预防性和准备性措施,建设对灾难有抵御力和恢复力的社区。

3. 风险驱动——应急管理者在确定优先权和分配资源时要使用可靠的风险管理方法。

4. 综合性——应急管理者要确保各级政府和所有社区的力量联合起来。

5. 合作精神——应急管理者要在个人与组织之间建立和维持一种广泛而真诚的合作关系，推动信任，促进团队氛围，建立共识，加强沟通。

6. 协调性——应急管理者要协调所有利益相关者的行动以实现共同的目标。

7. 灵活性——应急管理者在应对灾难和挑战的时候应该采用创造性和创新性的方法。

8. 职业精神——应急管理者应该重视通过教育、培训、历练、伦理实践、公共服务和不断提高而获得的科学和知识技能。

2003 年，乔治·W. 布什总统签发了国土安全总统第 5 号令（HSPD-5），应急管理与响应的国家模式藉此获得了授权。这种模式最终发展成为国家事故管理系统（NIMS）。该系统吸收了由事故指挥系统（ICS）长期积累的最佳实践经验，在应急准备、资源管理和具体管理架构等方面具有更为宽泛的理念。这有助于为应急管理和响应活动，包括控制的范围、指挥的统一、灵活性的保持、资源的分类和技术的集成，确立基本的原则。作为遵守联邦资助与支持条款的一部分，接受培训并服从于这个系统很快成为所有应急管理者的法定义务。

除了上述基本原则和国家模式要求的作业方法和规程，现代应急管理者还必须具有多方面的知识、技巧和能力来履职尽责。确切地说，他们必须基于其作业背景来理解这些原则。这些背景或特定的工作职能包括冗余度、互操作通讯、技术应用、计划制订、工作问责、成本效益、工作连续性、媒体管理和应急通讯。这种需要成为应急管理多面手的内在必要性推动着该领域不断地向前发展，同时也让现代应急管理者明确了应当如何迎接新的挑战，比如运用社交媒体来解决作业、策划、通信和公共信息方面的难题。

比如，对于 21 世纪的应急管理而言，公共信息的管理与支持是最重要的方面之一。拥有监测传统媒体正在说什么，并分析出其对当地民众所具有的影响力，是尤为重要的。无论是就特定的突发事件和灾难进行行动决策，还是处理拟发布给公众的信息，这种实时的态势分析都极其重要。迄今为止，这一过程都还是利用常规监测手段和流程来完成的，包括看电视、监视平面与网络出版物、发布媒体报告和举行新闻发布会。然而，这些方法既耗费时间，又要集聚各种资源，面对社交媒体的兴起，无疑会受到巨大的冲击。

社交媒体的兴起

1989 年 3 月，英国工程师、计算机研究者蒂姆·伯纳斯·李(Tim Berners-Lee)先生建议创建一种将世界上大量计算机联接起来的新系统，即所谓的万维网(World Wide Web)。他的新系统首创了一种技术方法，可以更好地利用所谓“因特网”的计算机网络(这种网络创建于 20 世纪 60 年代，当时民间和美国军方的科研人员都创建了性能可靠的分布式计算机网络)。这种技术界面很快为现代通信体制的巨变和因特网以及社交媒体的最终崛起奠定了基础。

通常，对于互联网的极速发展和虚拟时代的开始，学者和历史学家们都认为与 1993 年 Mosaic 浏览器的发明密切相关。紧随这种浏览器出现的是网景浏览器(Netscape)和最终的微软 IE 浏览器。它们很快促成了互联网的爆炸式成长和网络公司的繁荣，后者标志着利用这些工具和互联网那近乎无所不包的包容性而成长起来的科技企业的兴起。这种基于浏览器的互联网访问主要用于向公众推送信息。自从网景和微软互联网浏览器开始兴起以后，还有许多其他可供免费使用的浏览器被开发出来。后期推出的这些浏览器包括谷歌浏览器(Google Chrome)、火狐浏览器(Mozilla Firefox)、Safari 浏览器(Apple Safari)和欧朋浏览器(Opera)。

应急管理者通常利用互联网渠道发布与现行政策、教育课程、警报以及其他险情有关的静态公共信息。应急管理网站上的内容往往大量使用技术术语和行话，普通民众不容易阅读、翻译或理解，因而最终削弱了应急管理网站的有效性。遗憾的是，许多应急管理机构聘用了低薪或者无薪工作人员，这些人并不都具备较高的职业素养，无法将公共信息和教育资源以恰当的形式和方法提供给所有的受众——尤其是在越来越需要处理专门、实用和易于理解的需求问题时更是如此。

在其网站内容的时效性和关联度方面，应急管理界还面临着其他挑战。与应急管理有关的信息具有时间上的敏感性，往往要依据变化而变化，这一点对于社区响应突发事件和灾害的准备工作非常重要。不幸的是，随着社交媒体和非浏览器上网(如移动通信设备)越来越流行和普及，这种对网站的依赖极大地制约了应急管理者传播和发布时间敏感信息的能力。例如，2011年5月2日，在巴拉克·奥巴马总统宣布奥萨马·本·拉登被击毙时，Twitter上平均每秒的发帖数量超过了5000条。(见图1.2)显然，对于几乎所有的应急管理机构来说，它们不可能维持或者参与这种水平的信息交流。

图1.2 总统奥巴马正在准备宣布本拉登死亡的演讲稿
(皮特·索萨，美国总统行政办公室)

社交媒体的基本原则

1. 促进对话　　2. 意图透明
3. 成本低廉　　4. 近乎即时

与这种互联网访问不同的是最近10年出现的社交媒体与Web 2.0技

术的兴起。社交媒体和 Web 2.0 技术均是伞式术语,包含了创建可通过共享网络和技术系统促成近瞬时通信的在线系统。有消息来源估计,目前有近 4,000 种不同的社交媒体系统存在,其中有些网络包含数千个附属子网。一些最为常见的社交媒体系统包括 Facebook、Twitter 和 YouTube,当然,另外还有很多也可以供应急管理者们使用,其中一些将会在本书当中讨论到。

对于像社交媒体这样流行和无孔不入的事物,上述说法可能显得过于复杂,实际上,要准确地阐释社交媒体和 Web 2.0 技术也委实不易,因为这一领域的系统繁多,并且还在不断发展变化。但是,不管所讨论的系统类型及其普遍使用的情况如何,有些基本的概念与大多数社交媒体和 Web 2.0 技术都密切相关。对于民众和响应者如何能够参与到社交媒体系统当中,这些概念都有助于勾画出概念性的方法。其基本准则是:社交媒体必须立刻促成无成本(或者近乎免费)的透明化对话。

传统媒体,包括常规应急管理网站,将信息推向民众供其接收和处理,却没有考虑到反馈(即对话)。社交媒体则与生俱来地支持与民众的信息交流。也许更为重要的是,在应急准备和响应以及恢复期间,幸存者、响应者和社区伙伴可藉此发出和接收信息。正是社交媒体的这种内在特性让其成为了一种极为有用的工具。透过历史的棱镜来看,在大众传媒的发展历程当中,它或许足以与印刷机、收音机和电视的发明相媲美。

如果说社交媒体是结构性的系统,那么 Web 2.0 技术则往往是落实这些概念的工具。Web 2.0 技术通常紧密地与社交媒体系统交织在一起,很难像区分传统的互联网网站和技术系统那样将它们区别开来。这些 Web 2.0系统是基于对话,而非指令信息,来提供互动和可能性。共享和协作成为劝说、沟通和应急通知的表现形式,替代了通常标志着最紧急的管理和应急公共信息活动的声明和命令。随着这些技术的持续发展,一些称其为“3.0”或“4.0”的讨论已经出现,不过,这其实并无必要,因为该术语不过是严格地指代这些技术和社交媒体与传统外展策略相比发展到了何种地步。“3.0”正慢慢开始用于描述社交媒体和 Web 2.0 系统的能力,确切地说是预测用户行为与兴趣的能力。但是,这种能力及其支持技术并无明确的定义，亦少有发展，故而在本书当中将略过不提。

社交媒体用户

在讨论这些系统应用于现代应急管理的过程中，弄清是谁在使用社交媒体和 Web 2.0 技术至关重要。据 2010 年皮尤网络与美国生活项目(Pew Internet and American Life Project)的一项调查，有 79%的美国人在使用互联网。在接受调查的人当中，人数统计是按种族、收入、年龄和教育程度来划分。比如，白人和拉丁裔受访者使用互联网的人数基本相同，而非洲裔美国人用户的数量则有小幅下降。就年龄而论，年龄与利用度呈现出一种反比关系。确切地说，受访者越年轻，他/她就越有可能经常使用互联网。在年龄介于 18～29 岁的受访者当中，互联网使用者达到了 95%。就经济收入而言，情况正好相反。具体地说，随着经济收入的增长，互联网的使用程度也在逐步增加。

虽然这对于了解公民和应急管理的利益相关者而言是个良好的基础，但最关键还是要考虑哪类人在使用社交媒体。据独立民调机构皮尤互联网研究中心 2010 年 5 月份的一份调查，有 38%的受访者在使用诸如 Facebook 这样的社交网站。有趣的是，与一般的互联网使用情况不同，年龄从 50～64 岁的这代人在社交媒体的使用上是增长最快的群体。很明显，只有年轻的数字原住民在使用社交媒体和 Web 2.0 技术的看法是错误的。与这种错误认识相应的是，应急管理者应当将其视为又一个灾难性的错误观点，特别是在应急准备、响应和恢复行动期间，为确保社交媒体的使用不会受到妨碍时更应如此。

主流社交媒体系统，如 Facebook 和 Twitter，分别拥有 6 亿和 2 亿个用户。在这些用户当中，有约 1.5 亿 Facebook 用户在美国，尽管 Twitter 用户还没有现成的统计数据，但保守估计其数字与 Facebook 相近。不过，用户数量固然能说明一些问题，但并不比这些系统上的活跃程度更重要。举例来说，在 Facebook 的用户当中，有 50%的用户平均每天至少登录一次，一个普通用户平均每月发布消息可达 90 条。对于像美国橄榄球超级碗大赛、女足世界杯和前面提及的宣布本·拉登之死这样的重大事件，Twitter平均每秒可生成数千条推文。这些系统的使用和其他各种社交媒体与Web 2.0系统将在第二章进一步讨论。

集权式和分权式组织结构

几年前，奥里·布莱夫曼（Ori Brafman）和罗德·A. 贝克斯特罗姆（Rod A. Beckstrom）出版了一本书，名为《海星与蜘蛛：无领导组织不可阻挡的力量》，该书提出了通过社交媒体和Web 2.0技术的参与，组织结构如何受到影响的8条原理。其书名本身就意在塑造两种组织结构的范例——海星和蜘蛛。蜘蛛模式形容的是具有一个最高组织领导者的通过等级管理实施控制的集权式组织。政府运作和大多数大型企业——特别是应急管理机构——明显地可归类于蜘蛛模式。相反，海星模式是指相互独立却又围绕着共享和共同的事业或目标构建起来的分权式组织（如匿名戒酒互济社）。对于蜘蛛（亦即蜘蛛模式），如果头被切掉或去除，组织即使没有受到永久性损伤也会受到重创。相反地，对于海星（亦即海星模式），如果一只触手被去除或受到损伤，其独立存在体会分裂并产生多个与原来相同的新触手。

所以，对于打算接纳社交媒体的政府或组织的应急管理者而言，在如何构建和维护其组织方面，他们必须要考虑到重大的系统性变化。例如，布莱夫曼和贝克斯特罗姆提出的第三条原理是分权式系统不具有集权智能，因为它散布在整个共享系统当中。由于透明和会话式特性是这些系统的基础，这种原理自然而然地适用于社交媒体。在任何时候，对于一个特定的系统（如Facebook或Twitter），其所有关注者的集体智能都将优于任何个人（如专业应急管理者）的知识和态势感知。这就是为什么应急管理者关键是要在应急管理的所有阶段，而非仅仅在灾害响应时，持续追寻并完全接纳社交媒体和Web 2.0理念的缘由。

另一个直接适用于现代应急管理的“海星与蜘蛛”原理是，加入分权式系统的人们自然而然地想要为他们所参入的共享网络或社群作出贡献。所有社交媒体（Facebook、Twitter、YouTube 等）都建立在想法相近、目标相似者所共享和认同的网络之上。在实际生活当中，无论是在内在性质还是外在表现上，这种类似心理都可以是多方面的，但重要的是社群里的各个成员都参与了进来，并拥有一个虚拟的公民身份。对应急管理来说，这样参与虚拟社群对确保有效地进行减除、准备、响应和恢复活动极为重要。例如，参加社交网络，当地学校可以学到关于安全屋的最佳实践经验，有助于减少极端天气对某个社区造成的危险，或者为下一次灾害作更好的准备。同样，在突发事件或灾难真正发生期间，为提高响应和恢复工作的效能，号召当地居民或者利益相关者提供志愿服务和捐献急需物资的能力也非常重要。这些从一个地域宽广的社区收集想法以及利用社交媒体提高捐赠管理和志愿服务水平的理念将分别在第九章和第十一章讨论。

最后，也许最有效的适用于社交媒体应用于现代应急管理的"海星与蜘蛛"原理是，在正常等级系统内，当受到一开始就不可控的体系或者形势挑战时，集权式组织会趋于更加集权。对于社交媒体和 Web 2.0 技术的必要性和适用性，各个领域的众多应急管理者都曾有过怀疑。在很多时候，这些机构都曾对新系统的使用持反对态度，其缘由各种各样，包括组织实施应急管理时的政策落实、资源分配、人员可用性和目的性等原因。这些反对意见往往不容置疑地被抛出来，却没有选项是考虑或在将来逐步利用社交媒体。这就是对应急管理领域极具潜在危害的集权式结构。

在考虑利用社交媒体时，应急管理者所面临的挑战是没有现成的行业规范。此外，由于集权式的结构，在社交媒体应该如何、何时和在何处用于应急准备、响应和恢复工作的问题上，像国家事故管理系统（NIMS）和事故指挥系统（ICS）这样的体系也存在着分歧。尽管 NIMS 和 ICS 都强调了灵活性和顺应新技术系统的重要性，但它们仍然是围绕审批层级结构建立起来的，而这种结构和利用社交媒体时所需的透明与对话的基调格格不入。在进行应急管理（包括通过 NIMS 和 ICS 协调的应急准备和响应）的过程中，使用社交媒体会面临着诸多挑战。这类挑战将在第十章展开讨论。（见图 1.3）

此外，地方政府在利用社交媒体上缺乏政策执行的标准，远远不足以给

图 1.3 应急行动中心(EOC)的指挥人员
(FEMA,布赖恩·格拉维亚诺)

各级应急管理机构的从业人员提供明确而连贯的指导。就像将在第二章展开讨论的那样,社交媒体系统是所有者控制内容和用户控制内容的一种组合。这种平衡确保了透明对话,但也为诸多挑战,包括时间敏感的监控、舆情审查和对默示背书的理解创造了可能。没有全行业标准,在应急管理中使用社交媒体时,这些问题可能造成更多潜在风险,而不是回报。遗憾的是,考虑到公民和利益相关者都与当地应急管理者共享相同的工具,这种解读——即使是当前可以得到有限的政策指导——是短视的。实际上,无论有无应急管理的参与,有关减除、准备、响应和恢复行动的对话都会在各种社交媒体系统中出现。这些与政策落实有关的挑战问题将在第四章深入讨论。

系统衰退,理念不变

首先,应急管理从业者务必要谨慎地接纳理念和思想,而不是某个既存的特定系统。Facebook 在世界上拥有 8 亿多个用户,无论在全球还是在美国,目前都堪称顶级的社交媒体运营商。比如,Facebook 在全美互联网访问量当中占 25%以上,在全球互联网访问量当中则占 10%。这种水平的利用率超越了所有其他互联网网站,包括像 Google 这样的搜索引擎。但对于 Facebook 来说不幸的是，技术系统最终将趋于衰退，并被别的东西所取代。

比如说，到了 1998 年，凭借个人电脑、软件、浏览器和许多普通用户所使用的零配件，微软成为了行业的领袖。它们变得如此强大，以至于根据禁止行业垄断的《谢尔曼反托拉斯法》，美国司法部（DOJ）曾代表 20 个州对微软提起了反垄断诉讼。尽管该案最终由司法部和微软在庭外达成和解，但这也显示出了微软作为"一家之主"的塔尖地位。从那时起，其他公司在其软件和系统的使用与可接受性方面做出了重大改进。比如像 Google Documents 和 Open Office 这样的备选办公产品，还有前面已提到过的那些次级浏览器。

同样地，到了 2000 年，美国在线服务公司（AOL）和时代华纳公司（Time Warner）实现了合并，结果在向本地供应商提供互联网服务方面出现了近乎垄断的局面。到了 2007 年，Google 则成为全球最受欢迎的互联网搜索网站之一。在这两个案例当中，这些塔尖盘踞者所拥有的非凡力量与影响都已经成为过去，而替代资源的竞争力和可用性都在迅速提高。结果，无论变得如何强大和富有影响力，对于 Facebook、Twitter、YouTbue 或者许多其他正在成长的社交媒体和 Web 2.0 技术系统，认为它们可能会日薄西山或者最终破产的想法并非没有道理。

另一方面，对于应急管理者来说，指望在其接触这些系统之前社交媒体就会消亡是不可靠的，也是不合适的。令人遗憾的是，有大批应急管理从业人员尚未考虑利用社交媒体来达成应急管理的目的，他们希望像 Facebook 和 Twitter 这样的系统仅仅是一时流行的风尚而已。毋庸置疑，这是一种错误的设想。拥有数以百万计的用户，融合了传统媒介产品，并且在现代社会里近乎无处不在，社交媒体和 Web 2.0 理念显然不是一时风尚。实际上，对于绝大多数正在寻求从利益相关者或者客户那里取得信息反馈与确认的政府或企业实体来说，它们都具有重要的意义和实用性。因此，如果某些在特定时间上存在的系统能够最有效地优化现代应急管理的任务和愿景，那么对于应急管理人员来说，应用这些理念和思想就显得非常重要。

实践者简介:珍妮特·萨顿(Jeannette Sutton),博士,灾难社会学家

珍妮特·萨顿是一位走在时代前沿的灾难社会学家,她对突发事件和灾难发生期间的社交媒体使用有着独到的研究(见图 1.4)。在了解灾期的公共通信,以及在危急时刻与民众及利益相关者进行沟通方面,她的研究都有助于转变应急管理者的行事方式。在被问及如何定义社交媒体和 Web 2.0 时,萨顿博士称,“Web 1.0 是阅读网络,Web 2.0 是读写网络,而社交媒体是以一种网络化的形式实现共享和动态互动。”另外,在首先被问到应急管理者在多大程度上了解社交媒体的影响时,萨顿博士称,“针对社交媒体的力量和功能的误解是存在的……因为在看到有关使用社交媒体的支持性研究报告之前,许多应急管理者……都是彻头彻尾的怀疑主义者。”有趣的是,萨顿博士对社交媒体在灾难期间得到使用的首次观察是在 2004 年的东亚海啸期间,而社交媒体被应急管理者首次使用是 2006 年洛杉矶消防局(LAFD)利用 Twitter 应对卡特里娜飓风。据萨顿博士称,“2004 年东亚海啸之后……人们很快就在 Flickr 上发布失踪亲人的照片,而 Sahana 基金会则推出了其失踪人员查找服务(与 Google 现在的做法相似)。”她进一步解释称,这种从纸质照片到网络照片的转变是一种“翻天覆地的变化”,与仅仅 3 年前,即“9·11”悲剧发生之后纽约市到处都是人工张贴照片的情形迥然不同。最后,在被问到社交媒体的运用对应急管理是否继续成为一种挑战时,萨顿博士指出:“对于灾难时的社交媒体响应工作,应急管理专业人员担心的是信息的可靠性和有效性,以及人员与资源的可用性。”无疑,对于如何将社交媒体运用于并且将来继续运

图 1.4 珍妮特·萨顿博士

用于灾难响应工作，萨顿博士那基于多种不同方式的研究已经引起了人们的讨论。

本章关键词

■ 现代应急管理：进行应急管理的多学科方法，具有全面性、前瞻性、风险驱动、综合性、合作精神、灵活性和职业精神。

■ 国家事故管理系统（NIMS）：应急管理模式，吸收了由事故指挥系统（ICS）长期积累的最佳实践经验。

■ 社交媒体：互联网访问、通信系统和社交网络的利用类型。它通过透明的意图即时促成对话，在使用过程中具有成本效益。

■ Web 2.0 技术：利用基于互联网或移动设备的社交媒体系统来提供通信和操作工具的技术，通常可靠且无成本地强化和维持人与组织之间的联系。

第二章　社交媒体系统：概述与宗旨

从本质上讲，社交媒体是一整套技术和方法，其目标是形成一个潜在的由参与者组成的庞大社群，并使其富有成效地进行协作。

——安东尼·J. 布拉德利，高德纳公司博主

灾难聚焦：H1N1 大流行性流感

2009 年 3 月中旬，墨西哥政府首次通报了袭击当地人的流感样疾病。至 2009 年 4 月中旬，仅在墨西哥城就出现了超过 850 个肺炎病例和近 60 个肺炎相关性死亡案例。不幸的是，这些案例并不仅仅出现在墨西哥城，而是迅速漫延到全国。它们作为流感很快被报道出来，但其特殊的菌株并未得到及时确认，直到数天后美国也公布了类似病例。这种 H1N1“禽流感”很快传播至美国全境。美国境内最初有 2 名死亡者——一名在德克萨斯州走亲戚的幼童和一位居住在德克萨斯州的 33 岁美国妇女。在这两个病例当中，自身的健康状况是他们死亡的部分原因。4 月下旬，美国食品和药物管理局向战略性国家贮备(SNS)体系提供了紧急使用授权。为应对一天比一天多的病例人数，SNS 清单中已准备好达菲(奥斯他韦)和瑞乐沙(扎那米韦)以供分发和使用。此次授权数天后，和美国其他地区一样，为应对出现在学生人口当中的 H1N1 流感病例，德克萨斯州中部和北部学区也关闭了所有学校，停止了所有的运动项目。在接下来的 6 周时间里，H1N1 疫情继续在南、

北半球的国家扩散，并最终于2009年6月11日被世界卫生组织宣布为大流行性疾病。由于这一事件跨越多个地区，并且需要多学科联动以保证响应的持续性和有效性，许多医院、卫生局和其他外围医疗保障机构都开始利用社交媒体发布与H1N1有关的准备和响应信息。这些当中，最常见的是美国疾病控制与预防中心（CDC）利用Twitter、YouTube、Widgets、RSS订阅和互联网地图来提供实时的响应信息，让普通民众能够获取态势感知和具体的保护性建议（见图2.1）。比如，从2009年3月到7月，CDC的Twitter页面关注者人数从约1000名猛增到50多万名。毫无疑问，在这次全球性突发事件期间，利用一系列社交媒体和Web 2.0技术有助于满足普通民众对信息的需求与渴望。

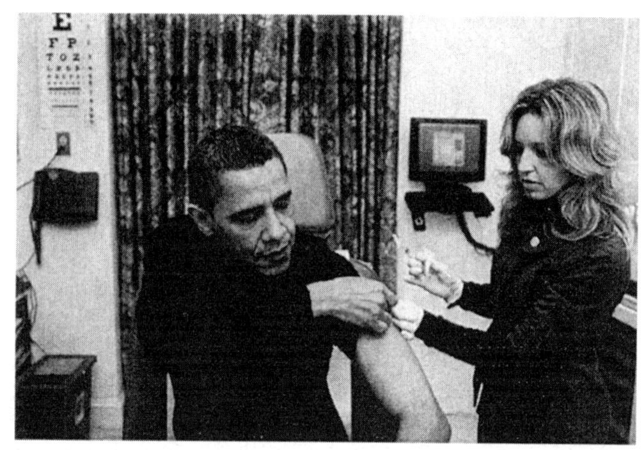

图2.1 奥巴马接受H1N1疫苗接种（白宫官方照片，皮特·索萨）

社交媒体的基础

正如第一章所述，社交媒体和Web 2.0技术是建立在范围极广的历史事件、流程、概念和应用理论的基础之上。这些当中最具意义的或许是1991年万维网的开发。这为连接网络进行信息交流与共享的公民和用户确立了一种通用的流程。在下个10年伊始，开始考虑信息反馈的可能性和通过共享网络与用户进行双向交流的网站被创建起来。从那时起，这些系统衍生出地方应急管理者们必须要考虑适应的社交媒体和 Web 2.0 技术。这体现在本书将深入讨论的各种功能上，包括众包、公民控制、应用工具等等。

每种社交媒体和 Web 2.0 技术都是建立在第一章所提到的基本原则之上。这些系统——特别是在应急管理者使用时——必须要鼓励对话，保持透明，并且最终要具有成本效益。在本章当中，随着社交网络、博客、微博、图片与视频共享网站以及许多其他类型的社交媒体得到更为详细的介绍，这三个基本原则将会有明显的体现。

社交网络

社交网络本质上是一种社会学现象，它以共享连接的方式把人们带入相互可以接受的社会建构当中。在过去 10 年当中，技术已经创造出无数的系统，这有助于进一步突显这种过程。从技术上讲，社交网络都是在线系统，可让个人用户基于共同的特质，如友谊、亲情、地理、学校或职业，集聚在一起。这里所讨论的这种结构有着诸多不同的表现形式。但是，就创建个人资料而言，它们都具有相似之处。这种资料包含有个人信息，包括共享或喜欢的互联网链接、图片、视频、当前身份、电子邮件和即时通信。基于共享或共同的兴趣(如某个学校的校友)，这些社交网络往往还可以让人们集聚起来成为群、圈子或者其他群体。有些社交网络系统具有开放式系统，有助于软件、协议或者在用应用程序的外部开发。在这些用户创建的应用当中，有一些非常有效，值得应急管理人员考虑使用。

大多数社交媒体专家都认为，1997 年创建的 Six Degrees (六度空间)是首款重要的社交网络，它让人们能够创建个人资料，并和朋友、家人及熟人连接共享。SixDegrees 很快被 2002 年创建的 Friendster(朋友网)和 2004 年出现的 MySpace(我的空间)和 Facebook 所效仿。尽管 SixDegrees 在 2001 年停止运营，但它为社交媒体未来的发展奠定了基础。虽然 Facebook 是目前最受欢迎的社交网站，但在过去 15 年里，在不同的时间和在不同的理念下，这种地位也曾被 Friendster 和 MySpace 占据过。其他重要的社交网络还包括 LinkedIn（领英）和 Ning。随着 Facebook 的普及度和利用率大幅上升，其他每一种系统都需要关注网络的市场定位，如音乐与艺术网络（MySpace）、专业性社交网络（LinkedIn）、专题网络（Ning）或者特定地域网络（Friendster）。

在线社交网络通常具有所有类型社交媒体和 Web 2.0 技术的特征。它们往往能够聚合以其他社交媒体形式存在的工具与功能，包括微博、博客、视频共享、图片共享、基于位置的数据、即时通信、内部即时消息和开源信息。然而，当必要的用于支持这过多功能的系统终因规模过大而不能进行有效管理时，这就有可能制造出一种“鸡蛋效应”，从而导致自己从成功之墙上令人瞠目地跌落下来。如前所述，除了 Facebook，通过建立一个积极分享共同兴趣的目标用户群，大多数社交网络都曾拥有过长期的成功。

在将社交媒体运用于应急管理领域时，必须要坚决地避开“鸡蛋效应”。作为当前在所有行动阶段均可用于发布应急管理信息的最重要工具之一，这里不可避免地要谈到 Facebook。对于应急管理者来说，重要的是从理念上充分了解社交媒体，以期利用特定的理念，而非必然地要利用某个特定的系统。

这种理念最关键之处体现在社交媒体系统的个人与专业使用之间的平衡当中。比如，一位当地应急管理者可能会在像 Facebook 这样的社交网络上创建个人资料，以便于将信息展示给他或者她的社交圈。这种创建面临的挑战是，拥有这份资料的应急管理者只能和那些通过该系统和他或者她“加好友”的人建立通信路径。此外，这种资料是供个人使用的，这既是由其固有的属性所决定，也缘于它是建立在大多数社交网络的用户系统之上，并不应该作为发布专业信息的手段。这里也有一些其他特别设计的工具（即 Facebook 上的页面和群），可让组织、企业或集体利益通过一种更为公共的渠道表达观点。利用一种便于使用的统一资源定位符（URL，或网址），这些页面和群通常都是完全开放访问的。社交网络用户可利用这些工具发布各种内容，如公共教育、公共信息，照片和视频，并且可以立刻与那些群共享。因此，对于应急管理来说，一个自动发布内容的开放访问网站有着难以置信的价值。

此类工具必须在合适的社交网络系统上使用。利用 Facebook 的规模（超过 8 亿用户），应急管理者可以很快拥有大批与其特定应急准备、响应和恢复类型有关的关注者。然而，这类自动关注并不会发生在每个社交网站上，也无法通过强力和威压来生成。例如，2009 年 4 月，Microsoft 推出了一款新的基于位置的社交网站，名叫 Vine。它致力于维持朋友和家人之间的社交网络联系，以提高灾难期间应急准备与响应的活动能力。这个系统可支持文本信息发送和电子邮件技术，在突发事件发生期间，可由用户用来联系那些已在该社交网络注册的人。但是，到了 2010 年 10 月，作为一种社交网络，Vine 并未继续获得 Microsoft 的支持。虽然停止支持该项目并无官方说法，但据推测社交网络用户早已活跃在像 Facebook、Friendster、MySpace 这样的网站上，因此并不愿意参加新的社交网络，即使它们有着明显的潜在好处。对于应急管理者而言，尽管 Vine 的初衷非常好，但最终在应急通信和公共信息的社交网络利用上表现欠佳。因此，在开始利用社交媒体，特别是社交网站时，应急管理者必须慎之又慎。

另外，在突发事件发生时创建的社交网络页面和群并非都很有效。由于这些系统的创建具有滞后性，对于预期的关注者和有可能发布信息的社群参与者，页面所有者和群主尚未让其产生一种发自内心的信任感。因此，为确保必要的应急或灾害信息不会因为无效或使用不足而找不到，利用那些在事件发生前就出现的系统是绝对必要的。这种理念将在第四章和第十一章展开讨论。

对于社交网络，还有最后一个重要的考虑因素，那就是大多数社交网络所具有的开放源代码。开放源代码可以让开发人员，而非系统设计者，控制个人与共享网络之间既存的免费连接。简单地说，就是可以创建在社交网络上运行的软件应用。虽然在应急管理领域利用不足，但对于进行与应急准备和事故感知有关的应急通知（类似于 Microsoft Vine）和教育游戏，Facebook 上既有的应用都可加以利用。利用社交网络应用也会面临着挑战，那就是需要有一个全面了解特定社交网络源代码的软件开发者。不幸的是，在大多数情况下，普通应急管理者并不具备这种能力，但通过与内部或外部组织进行战略合作，这个问题是可以克服的。

博　客

博客是由个人用户控制和维护的网站，通常由个人通过日常登录来提供评论、事件描述或其他诸如图片和视频这样的内容。很像社交网络里的状态条目，网帖通常按时间倒序排列，最新的帖子处在博客的顶部。大多数博客都允许好友和关注者进行评论和反馈。不论与原帖有无关系，这最终都会引起针对特定议题进行的虚拟对话。据博客聚合类网站 BlogPulse 统计，互联网上的博客数量超过了 1.52 亿。有趣的是，根据 Technorati（博客搜索引擎）发布的 2010 年全球网志空间状态报告，博客上讨论的话题有着显著的预期增长，女性博客数量在增加，移动平台上的博客可用性也在提高。此外，有近 50％的博客使用者相信，更多的人会在下个 5 年当中通过博客，而不是传统媒体，获得新闻和娱乐信息。

尽管并不总能立刻表现出来，但大多数博客内容往往是围绕一个核心理念展开。这种核心理念既可以与特定的政治、社会或文化问题（如税捐减免）有关，也可以直接围绕着特定博主的兴趣展开。传统上，某个博客的发帖是由个人（或博主）来进行的，但在过去几年里，众多博主共享一个博客的理念已在增强。这在应急管理界表现的特别明显，志同道合的应急管理者会们在博客上发布内容，就应急管理领域的某些挑战促成局部（若非地区性或全国性的话）对话。其他对应急管理产生影响的博客例子是那些类似于在线报纸的新闻媒体。这类博客的最好例证之一是约翰·所罗门生前创建的“In Case of Emergency，Read Blog”。作为一位致力于提高应急准备与响应能力的热情公民，他能够以一种来自业界之外的独特视角来强调最佳的实践经验，质疑某些应用，并就这些问题展开讨论。公民新闻的概念和影响将在第三章展开讨论。

在利用博客方面，应急管理者还有最后一种重要的途径，那就是利用其组织的官方博客。虽然各级地方和州政府，还有地方性和区域性非政府组织（NGOs），都创建了博客，但一些最具组织性、教育性并能突出中心任务的是那些由联邦应急准备机构和全国性非政府组织办事机构（包括联邦应急管理局、美国红十字会和美国疾病控制与预防中心)管理的博客。这些博客会定期共享时事信息,并经常鼓励就当前的准备与响应工作进行对话,这就保证了利用社交媒体时所必需的透明性。

最常见的社交媒体系统

社交网络——Facebook、MySpace 和 LinkedIn

博客——WordPress、Blogger 和 TypePad

微博——Twitter、Tumblr 和 Yammer

图片共享——Flickr、Picasa 和 Photobucket

视频共享——YouTube 和 Vimeo

视频数据流——LiveStream、UStream 和 Skype

维基信息源——Wikipedia

虚拟世界——Second Life

在线广播——BlogTalkRadio

聚合器——TweetDeck 和 HootSuite

简而言之

在受灾及受间接影响的地区,其 Twitter 帖子多少有些类似。在灾区,大多数推文都是报警、求援和关于周围环境的报告。在地震发生期间,地方政府创建的 Twitter 官方账户有着特别的利用价值,它们会受到高度关注和大量转推,特别是在预告一场海啸即将到来时更是如此。

——亚当·阿贾尔和尤亚·村木

微　博

微博是博客的一种形式,仅允许用户以 140 字左右的字符发布信息内容。囿于这种简短的结构,微博帖子往往用不完整句、缩写词和简写来缩短长度。尽管可以进行隐私设置，但它们通常是完全公开的，利用URL（或网址），任何人都可以访问。此外，由于微博信息与生俱来的简洁性，个人用户所发布的内容主题往往比博客更加飘浮不定。但是，它们通常仍然未超出某些兴趣和知识的范围。

到2007年底，在应用与普及方面，像Tumblr和Twitter这样的微博服务日渐成熟，在社交媒体和互联网用户中间，"微博"一词也随之流行起来。在写微博成为合情合理的社交媒体活动以后，Twitter在很短的时间里就迅速成为具有最大影响力和利用率的可用系统。到了2010年10月，Twitter据报道拥有超过1.75亿用户，新用户的月均增长人数达到1 500万人，远高于6个月前报道的月均30万的新用户数。另一方面，尽管增长情况不那么令人注目，但Tumblr的发展堪称平稳。2010年3月，据报道Tumblr的日发帖数达200万，日增新用户数为1.5万（或月增45万）。其用户保留率达到85%，而Twitter则为45%。尽管出于统计分析和所选定义的缘故，保留率尚存在争议，但在认真考虑哪个资源最适合应急管理利用时，它也是一个重要的参考指标。

比如，尽管有几家研究机构都注意到Twitter的利用率相对有限（其所有系统帖子的90%是由10%的最高产用户发布的），但它对应急管理社群的重要性和有效性却不可低估。特别是，在发布地方、全国乃至全球新闻方面，Twitter已经很快成为了一个主要的信息源。在2008年孟买恐怖分子攻击印度金融区期间，这种现象就开始突显出来。与这起事件有关的新闻是由个人率先在Twitter上报道出来的。当时，他们正在目睹该事件，并实时报告发生在周围的情况（包括图片）。其结果是，地方与国家媒体往往追随各个Twitter用户来发布新闻快讯，因为在美联社等传统新闻机构发布消息之前，后者通常就已经发帖完毕。

对大多数媒体机构来说，因为社交媒体具有一条基本原则：社交媒体内在地具有自我纠错的能力，微博已经变得可以信赖了。通过创建支持公开和透明对话的系统，如果被报道的信息是错误或者歪曲的，这里就会出现一种明显却又往往默示的响应或者澄清需求。另外，由于社交媒体信息近乎实时地在全球交流（不妨回忆第一章当中的那个康涅狄格州车手），新闻媒体(或者应急管理者)能够很快地感觉到自信,那就是通过这种形式传播的消息不会造假。有种可能性并不能排除,那就是随着更大的事件照片变得清晰起来,这些目击者的微博报道有可能会在后来才得以澄清。但是,这种现象在目击者报道当中是与生俱来的,并不是微博系统固有的瑕疵。对于应急管理者来说,在监测事故信息以确定其模式和趋势时,明白这一点也很重要。这种次要影响将在第六章进一步评论。

在进行应急管理和响应行动时,还可以使用其他商业微博,如 Yammer。不像 Twitter 和 Tumblr,Yammer 在用户选择上进行了限制,这样在进行更新和信息共享方面,它就创建了一个封闭的系统。在 2010 年“深水地平线”溢油事故期间,针对墨西哥湾的清理工作,美国内政部和鱼类及野生动物管理局利用 Yammer 和各种组织及资源部门进行了沟通。通过使用 Yammer,响应工作就可以利用一种可靠资源来讨论响应意见和问题,并收集与漏油问题有关的专门知识。此外,Yammer 还在 2010 年被哥伦比亚特区用来促成远程办公,当时出现了一场严重的暴风雪,造成政府和内务机构工作中断。(见图 2.2)这种官方响应系统与社交媒体的融合将在第八章展开讨论。

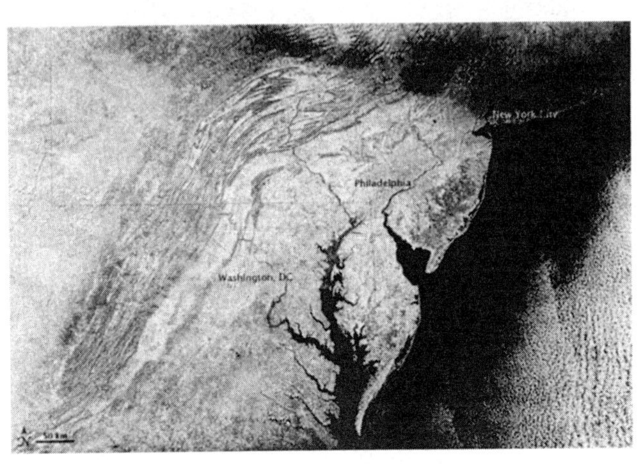

图 2.2 2010 年“末日暴雪”雪盖的卫星照片
(美国航空航天局[NASA])

微博的字符量(通常最高为 140 字符)少,自然也可以通过 SMS 文本信息来传播。这种可能性的确存在,因为为了增加系统的效率和有效性,手机短信服务往往发送小的数据包。因此,许多微博服务商(如 Twitter)都具有嵌入功能，通过手机短信而非传统或移动互联网浏览，普通民众就能够关注特定的用户。(见图 2.3)在一些社区，这已经作为一种具有成本效益的系统得到使用，以替代许多社区、学校和大型企业里常见的商用大众通知系统。

图 2.3 社交媒体系统具有移动性和便携性
(亚当·克罗)

多媒体内容还常常通过微博服务来共享。这类内容包括图片、视频和往往支持或连接到所发布信息的互联网链接。这种内容通常并不上传给微博服务商自己，而是传给那些已和这些系统创建了接口的次级站点或系统。很像社交媒体，通过高级应用程序接口(API)，大多数微博服务都开放代码开发。这些系统的 API 可让各部分的功能最大化。有个如此利用的例子是 URL 缩短器。由于网站地址通常长而且复杂，设法缩短其长度，尽可能减少使用微博网站上有限的字符量是关键。结果，像 Bit. ly 或 TinyURL 这样的缩短器就应运而生，可用于创建新的缩短了长度的网址。微博 API 的另一个应用是连通次级应用程序，以便系统地管理评论、响应内容和集成消息。举例来说，有许多次级应用程序，如 TweetDeck、HootSuite、Twitterific 和

Echofon，都可以聚合各种微博站点上发布的内容、响应内容和私信。这些次级应用程序往往还适合其他社交媒体系统，如地球空间系统和社交网络。这些应用程序几乎都可以安装在电脑和手机装置上使用。社交媒体系统的移动性和便携性将在第十二章展开讨论。

对于微博，还有最后一个重要的考量，那就是往往与之（特别是与 Twitter）紧密相关的独特术语。比如，Twitter 可用于发布原创内容（推文）、响应原创内容（转推）和用户之间的私信（直接信息）。就像需要利用 URL 缩短器来保留空间那样，Twitter 用户需要采用一种系统方法来显示发布的是哪种消息。这种问题的解决办法是，转推就在消息前加“RT”为前缀，而私聊信息则以“D.”为前缀。无论是 RT 还是 D，在响应或者私聊当中，都要在接收信息的用户前加一个“@”。如果发布一条原创消息，那么在帖子当中就没有代码或特定意义的术语。使用这种代码可以让所有用户了解该信息，并且有助于在次级应用当中筛选和组织信息。

另外，Twitter 还使用了所谓“标签”的其他分类工具。这些标签是以井字号（“#”）开头的字母、字符和数字的组合，表示一个问题、事件或共同兴趣的状况。如喜欢就 Halloween（万圣节）发布信息的民众可能会用诸如 #halloween、#spooky、#costume 或 #oct31 这样的标签。对于应急管理来说，常见标签包括 #EM、#HSEM 和 #WX，分别表示与应急管理、本土安全和天气有关的推文。这些标签可由任何用户在任何时候创建。但是，在 Twitter 社群当中，对这些主题有兴趣的部分用户最终会用一个共同标签或一组标签来涵盖某些领域。

应急管理共同标签

▶SMEM——社交媒体与应急管理

▶EM——应急管理

▶Gov20——政府 2.0 参考

▶HSEM——本土安全与应急管理

▶WX——天气专用推文

图片共享

社交媒体领域有许多在线图片库。很像前述社交网络、博客和微博，这些系统都是围绕用户建立起来的，在开放或受限制的朋友与关注者网络当中，他们的内容是受到管理、描述和开放评论的。图片和视频的管理通常是建立在一种用户驱动的被称为标签的分类系统之上。根据用户的喜好，这些标签可以是描述图片或视频的单词或术语。标签既可以限于简单的物理描述（树、山脉等），也可以是任意的词汇（好、坏、可怕等）。这些词语随后会被收集起来，以提供特定标签的全系统示例。

图片共享网站的常见例子包括 Flickr、Google Photos（即以前的 Picasa）和 Photobucket。此类系统都维持着相同的基本功能。这些特定的系统都有基本的免费账户，分别支持 300MB，1GB 和 10GB 的最高存储。这些图片共享网站还被大公司所拥有，以作为其社交媒体工具包的一部分，而这正以种种方式影响着其使用性和社交媒体的认可度。Flickr，举例来说，属于 Yahoo 所有，到 2010 年 9 月为止，其系统上共存储了 50 亿张图片。相反地，Google 名下的 Google Photos 就少了很多宿主照片，但其关注点集中在编辑和处理照片的能力上，而不是存储。最后，福克斯互动媒体（Fox Interactive Media）旗下的 Photobucket 则专注于用以创作动态多媒体内容（如幻灯片、剪帖簿和视频集成化）的工具。

对于应急管理专业人员来说，其对图片共享网站的运用主要是进行应急准备活动。像联邦应急管理局（FEMA）这样的机构也拥有一些图片共享网站，网站上有其工作人员参与所有响应与恢复活动的照片。这些照片既可供公共下载，也可用于教育活动。有趣的是，由于对图片的用途感到担心，FEMA 的图片共享网站事实上并没有使用像 Flickr 或 Photobucket 这样的免费系统，即便他们曾经全面使用过许多其他社交媒体系统。

有些像 Google Photos 这样的图片共享系统还拥有面部识别能力。虽然只是一种较为时新的技术，但基于那些个人的面貌特征，这种能力还是有望帮助用户有效且高效地对照片加以分类。在将标签责任留给用户的情况下，该系统目前正在尝试进行面部分类。在进行本土安全和执法调查过程中，为了识别嫌疑人与犯罪分子的共同联系人和同伙，这类技术会越来越广泛地开始投入使用。有了面部识别功能，对于那些可以公开见到的照片，用户有可能事无巨细地添加朋友或家人的名字，而这会带来独特的用处。这些系统还可以与 Web 2.0 系统整合起来以支持或取代商用系统，此种理念将在第十四章展开讨论。

视频共享

像图片共享系统一样，无论是作为独立系统还是集成到其他社交媒体系统当中，视频共享功能在互联网上已经变得普及起来。像 Vimeo 和 YouTube 这样的站点已经很快从视频在线存储网站成长为政治家、音乐家、艺术家、市民和应急管理者发表意见的公共场所。Vimeo 通常每月的视频播放量约为 40 亿次，其用户群一年之内增长了 1000%。尽管如此引人瞩目，但 YouTube 却还是远远地超过了 Vimeo 目前的利用率。它每天维持着近 20 亿次的视频播放量，而每分钟上传到该网站的视频则接近 24 小时。通常情况下，一个用户的视频共享页面就被称作一个通道。

像所有社交媒体系统那样，视频网站的目的是促进个人用户之间的交流和网络联系。这是通过多种方式实现的。构建网络的最基本的工具是评论功能，这适用于大多数公开的视频。例如，在 YouTube 上，观众一般来说都有机会提供与视频或用户通道有关的文本评论。同样地，观众还可以提供更多的通用反馈信息，简要说明喜欢或者不喜欢所看到的视频。在许多像 Facebook 这样的社交网络当中，这种功能也同样适用。其次是，对于 YouTube 用户，如果想要关注他人的发帖内容，他们还可以订阅其他 YouTube 通道来接收与该用户有关的更新。很像社交网络或微博上的状态帖，这有力地促进了两者之间持久的网络联系和潜在的对话。

除了像评论框这样的直接反馈机制，视频共享系统还使用标签进行分类。这些标签不仅可以让视频共享系统具有更强的搜索功能，而且还能让系统生成类似或内容相关的推荐视频列表。这是一种非常重要的社交媒体举措，它不仅促进了对话，而且还向该网络之外的人和群体传播了与兴趣主题有关的讨论和认知。比如，如果一段关于飓风疏散的视频被贴上诸如“飓风”、“防范”、“准备”和“疏散”这样的标签，像 YouTube 这样的系统也许会建议你看另一段也类似地标记为“防范”和“准备”的个人应急准备视频。对于大多数视频来说，出现这种情况的机率相较而言并不太大。然而，在有些事件当中，通过这些系统连接，某些视频被观看和共享的次数非常多，以至于它们被当成了“病毒”。这种病毒视频状态是大多数社交媒体用户所极力追求的，包括使用这些系统的应急管理者。

在应急准备、响应和恢复期间，为了传播教育和事故相关信息，有许多政府和民间应急管理人员及其组织会使用这些系统。其发布的视频既有专业品质的公共服务通知（PSA），也有关于应急管理领域特定问题的自制作品。无论是哪一种，通过前述标签和分类系统，这些视频往往都可以连通起来。有意思的是，对那些发布到其网站上的视频，YouTube 还可以为其提供字幕功能。在向有着功能性和可访问性需求的社区成员提供平等的应急准备和响应方面，应急管理者们一直面临着挑战，但通过使用这种免费工具，他们还是能够处理某些带有功能性特征的问题。这些挑战将在第十四章进一步讨论。

视频流

与图片和视频共享网站的静态存储相反，只要有一个可用的网络摄像头并接入互联网，有些 Web 2.0 技术就可以让任何电脑或移动设备播放实时或流式视频。视频流系统（如 UStream. tv、Justin. tv 和 Livestream）可让用户创建实时视频流，并通过预定的网址或通道在互联网上播放。就像大多数已讨论过的其他社交媒体系统，这种流式能力也可以通过 API 嵌入到网站或者其他次级社交媒体系统当中。此外，这些系统可创建集成了实时聊天、社交网络和微博网站的广播电视通道，以便围绕有着实时视频流的事件促成对话和形成社群。

UStream. tv 和 Livestream 均创建于 2007 年并向公众开放。自从创建以来，两个系统都在很短的时间内就被很多政治家、音乐家、艺术家和其他媒体人物所利用，其目的是要控制和维持一个仅限于表达其观点和实现其目的的通道。在应急管理领域，实时流的理念与利用都极为有限。专业性会议和专题研讨会是以一种商业的模式来利用这种技术，目的是增加通过付费就可以看到和听到发言者的受众人数。不管怎样，对于应急管理者来说，实时流的操作意义还是必须要考虑到。具体地说，通过其 API，这三大实时流系统都可以提供移动应用，只要有一部能上网的手机，在任何位置都可生成和观看实时流。对于需要指挥与控制评估的现场作业，这种应用极其有用，但对应急响应者们而言，在控制公民在突发事件或者灾难现场生成的视频流信息方面，它也会带来诸多挑战。这些问题将分别在第十二章和第五章展开讨论。

Skype 与视频通话

Skype 是一种独特的软件应用，不宜与其他社交媒体和 Web 2.0 技术归类在一起。它是互联网语音传输协议（VoIP）技术的一种衍生物，通过互联网可以实现计算机之间的语音通话和视频通话。另外，通过电脑，该系统还可以拨打世界任何地方的传统固定电话或手机，且费用低廉。然而，其更重要的技术成分是提供免费的视频通话功能。不像传统的 VoIP 技术，Skype 并不是利用宿主服务器来处理信息，而是利用联网计算机的处理来进行通话。这种创新是建立在点对点文件共享系统的基础之上，而这种共享系统是在 21 世纪初通过像 Napster 和 Kazaa 这样的系统迅速发展起来的。

虽然最早基于手机的 Skype 系统是在 2003 年就被开发出来，但两个用户间的视频会议直到 2006 年才出现，后来到 2010 年才扩大到五个用户。到 2010 年底，Skype 已经拥有 5 亿多个用户，两种 Skype 形式的日用户数都超过 4000 万。和其他 Web 2.0 系统一样，Skype 具有一种 API，可让第三方开发者建构其他独立于 Skype 标准软件包的功能（如发送传真）。截至 2011 年，Skype 还战略性地与 Facebook 进行合作，向所有用户提供视频聊天。

作为一种综合性的工具，对于各个领域的应急管理人员来说，Skype的功能有着潜在的价值。具体地说，通过预算或补助资金，许多应急管理机构都采购过商用视频会议设备。它们不仅要定期为用户付费，而且还要为使用这种视频会议功能支付使用费。虽然可能比Skype更可靠，但这些专业系统都非常昂贵，安装、维护和有效使用的费用往往难以承担。此外，小些的机构和更多的乡村应急管理者们最有可能缺乏资金，也难以为这些费钱的专业系统支付费用。对于大多数转而使用Skype的应急管理者而言，他们所面临的挑战并不是成本与效益分析，而是技术障碍，如担心带宽和相关使用政策。

在Web 2.0技术这个特定的领域，尽管Skype是无可争辩的领导者，但它的确有一个正在日益壮大的竞争对手，那就是ooVoo。这种系统虽然被归类于即时通讯客户端，但它拥有许多与Skype相同的功能，包括个人视频电话和多人视频会议。目前，ooVoo系统在全球拥有1.4亿个用户，其增长率约为70万户/月。基于其他社交媒体和Web 2.0技术，竞争是正常的，也是意料之中的。像所有的系统一样，就其在应急管理领域的应用而言，Skype和ooVoo所具有的功能极大地增加了这种可能性。

其他系统

可供应急管理者使用的还有许多其他社交媒体和Web 2.0技术，包括聚合器、在线广播、维基信息源、虚拟世界和即时通讯。鉴于本书的目的，根据需要将在其他章节对它们进行讨论，以期详细阐述应急管理领域存在的某些落实或者说利用上的难题。

然而，为了充分认识社交媒体在现代应急管理当中如何运用的情况，有必要谈谈另外一种系统。2010年，为响应“9·11”委员会的调查结论，美国国土安全部(DHS)科学技术理事会的第一响应者技术项目，推出了一个名为“实践社区”的在线网络。该网络意在集聚各级政府部门现任和退休的第一响应者及应急响应专家，通过共享信息、意见和最佳实践经验来提高应急应灾的准备水平。由于有可能会共享该系统内部作为部分讨论内容的敏感信息，每名用户都要经过 DHS 人员的审查、批准，并被指定一个用户 ID 和密码。

“实践社区”系统包含多个工作组，它们专注于第一响应者之间的讨论与合作。每个工作组都有诸如维基、博客、文件存储器和讨论板这样的社交媒体工具。有趣的是，虽然与前面讨论的许多社交媒体系统有着相似的功能，但这些系统并不和它们相联接。决定重建一种新的社交媒体系统，而不是优化既有系统的结构和功能，并且还要求进行一种高安全度的访问，这显得有些奇怪。尽管如此，做出这些决定的目的还是为了尽可能最大程度地让所有类别的应急管理者参与进来。这包括了那些习惯了限制级访问系统(类似于 DHS 的其他产品)且对常用社交媒体系统的开放性高度不信任的应急管理者和第一响应者。在许多其他实践社区打算在应急管理当中接纳社交媒体的同时，认为有组织的讨论和共享资源对未来的成功非常关键的想法也很重要。

实践者简介：哈尔·格里比 Previstar

作为一位培训与执行专家，哈尔·格里比(见图 2.4)目前正在为 Previstar 工作。在此之前，格里比先生曾是普莱诺(德克萨斯)应急管理中心的高级应急策划专家，另外还在佛罗里达州陆军国民警卫队服役过，期间响应了数起自然灾害，包括卡特里娜飓风、“丽塔”飓风、“威尔玛”飓风和“欧内斯特”热带风暴。他负责组织过“备战普莱诺”的社交媒体运动，被公认为是 2011 年度德克萨斯州前 25 位最具影响力的社交媒体知名人士之一。在普莱诺应急管理中心工作期间，格里比先生开始关注社交媒体和 Web 2.0 技术的兴起及其对应急管理的影响。具体地说，格里比先生称，“社交媒体已经成为了一种伟大的工具。它提高了社区成员之间的沟通效率，还保证了应急管理周期所有阶段的有效在线协作，这些都有助于应急管理者进行更为高效的协同工作。”他还指出，其好处“不仅仅是这些平台具有成本效益，而且还在于在许多项目当中，都有助于降低对时间和赶往会面地点与人接洽的需求。”此外，格里比先生相信，人们对社交媒体的认识尚处于“婴儿期”，一场“继之而来的，规模更大的接纳它并运用它的浪潮”才刚刚开始。至于社交媒体在应急管理当中的前景，格里比先生指出，这将对“资源匮乏的管辖区和机构产生巨大的影响。有了它，人们可以在必要的时候进行通信，还可以利用基于网络的工具来帮助其社区。”此外，格里比先生称，“随着更多的机构使用这些系统，常用术语与需求的语义聚合将开始变得更加统一，因此可以更方便地纳入程序设计当中，从而让这些技术在突发事件和灾难发生时能够更容易和更快地得到使用。”最后，在展望未来的变化时，格里比先生指出，“我们迟早会被问到这样的问题，‘没有社交媒体或者网络协作技术，你能想象出应急管理会是什么样子吗？’”

图 2.4　哈尔·格里比

本章关键词

■　社交媒体：互联网工具，利用费用低廉或免费的界面进行近乎即时的会话信息交流。

■　博客：社交媒体的类型，可让无限制的由用户生成的内容以时间倒序方式发布，除了具有共享文本、图片、视频和链接的功能外，还具有标签和分类条目的功能。

■ 微博:社交媒体的类型,可让有限制的(不超过 140 字)由用户生成的内容以时间倒序方式发布,具有通过次级界面系统共享文本、图片、视频和链接的功能,同时还具有将信息进行分类的内部快捷键和代码。

■ 社交网络:社交媒体的类型,可让有限制的由用户生成的内容以时间倒序方式发布,具有利用获得验证的朋友或联系人列表集聚和共享文本、图片、视频和链接的功能。

■ 视频共享:社交媒体的类型,可让用户生成的视频内容公开地与关注者共享,同时具有标签和分类条目功能以提高视频和用户之间的连通性。

■ 图片共享:社交媒体的类型,可让用户生成的图片公开地与关注者共享,同时具有标签和分类条目功能以提高图片和用户之间的连通性。

■ 主题标签:一种术语。指微博 Twitter 用户将发帖内容进行分类和排序的方法。

■ 鸡蛋效应:一种理念。指技术系统变得如此庞大或者具有影响力,以至于它们的发展壮大开始削弱其产品的有效性,其原因在于过度扩张、业务决策失当或者失控的创新。

第三章　公民新闻:新媒体的兴起与影响

在我们这个相互联系的世界里,独立、消息灵通的目击者提供的证言比以往任何时候都更为重要……(但是),在新闻技术与业务正经历着翻天覆地的变革之际,如何能够依然做到这一点呢?

——蒂莫西·加顿·阿什,《事实即颠覆》

灾难聚焦——哈德逊河上的奇迹

2009年1月15日,美国东部标准时间上午3时24分,美国航空公司1549号航班获准从纽约拉瓜迪亚机场4号跑道上起飞,按预定航线将由纽约市飞往北卡罗莱纳州夏洛特市。这架空客320飞机载有155名乘客,包括5名机组成员,由机长"萨利"切斯利·萨伦伯格驾机。机长萨伦伯格57岁,是一位前战斗机飞行员。自美国空军退役以后,他作为一名商业飞行员已飞行了近30年。起飞后不到6分钟,飞机受到一群加拿大雁的撞击(见图3.1)。结果,两个发动机都立刻且完全地失去了推力。萨伦伯格机长及其机组人员很快判定,他们不可能安全地返回当地的任何机场,于是决定转向南方通过滑行将飞机紧急迫降在靠近无畏号航空母舰博物馆的哈德逊河上。通过机组人员的应急处置,机上所有人员都安全获救。飞机也令人惊讶地近乎完整无损,尽管部分浸没在水中并慢慢沉入河里。后来,美国航空公司1549号航班整个机组被美国航空飞行导航员协会授予大师奖章,并被传统媒体赞喻为"哈德逊河上的奇迹"。虽然这是一则直面危境的英雄主义与勇气的惊人报道，但它也堪称有记录以来最令人惊诧的公民新闻案例之一。具体地说，在从佛罗里达的家前往纽约市的途中，据其网页所述，詹尼斯·克鲁姆斯(@jkrums on Twitter)是“在正确的地点和在正确的时间”上用手机抓拍了飞机漂浮在哈德逊河上的场景。通过其苹果手机，克鲁姆斯先生很快将照片发布在Twitter上，并作为坠机目击者在34分钟之内接受了微软全国有线广播电视公司(MSNBC)的采访。相关新闻报道也很快出现在Google、FoxNews和世界许多其他传统媒体上。从那时起，克鲁姆斯先生的照片被下载了63.5万次。另外，自这起事件发生之后，为了赞美萨伦伯格机长的英雄行为，也为了庆祝哈德逊奇迹事件，有许多Facebook页面和群被创建了起来。毫无疑问，现在，为了获得实时的事件相关新闻信息，传统新闻媒体正在设法寻求并且需要公民记者提供新闻材料。

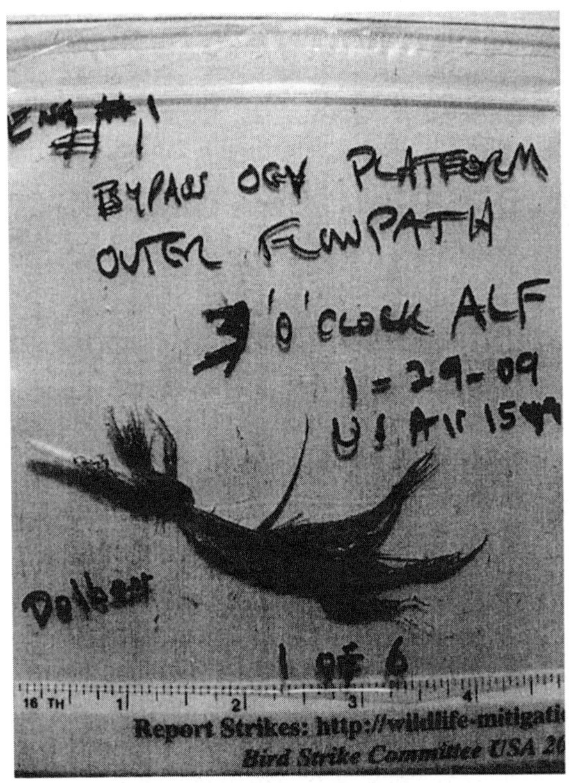

图3.1 在美国航空公司1549号航班左侧发动机中发现的鸟毛(国家运输安全委员会[NTSB])

新闻——传统式与参与式

无论以何种标准来说，新闻工作都是报告消息的实践活动。无论是专业记者还是那些受新闻影响的人，在理解什么是新闻和什么是专业新闻报道上，其面临的挑战是越来越感到迷惑，特别是当社交媒体已经变得越发流行的时候尤为如此。新闻报道的确立发端于1456年约翰尼斯·古登堡(Johannes Gutenberg)发明的活字印刷(见图3.2)，这项发明导致了信息的广泛传播(并最终衍生为新闻报道)。大多数历史学家都认为，首份报纸于17世纪出现在欧洲。到了1702年，《每日新闻》(Daily Courant)成为美国连续出版的首家报纸。此后不久，英国政府正式通过《新闻限制法案》，要求发行者的名字和印刷地点必须要刊印在每份出版物上。这部法案保证了发行者必须维持专业的知识水准和消息来源的透明度。这种理念是至关重要的，因为它不仅成了专业新闻的一条基本原则，而且还最终成为(潜在地)从无名亦无专业素养者那里接收公民新闻投稿的最大障碍之一。

图3.2 约翰尼斯·古登堡的铜版画像，印刷术的发明者

随着广播与电视的兴起，另外两大专业新闻来源出现了。1895年，古列尔莫·马可尼(Guglielmo Marconi)首先确立了远程无线电传输能力(见图3.3)；1920年8月31日，密歇根州底特律8MK电台率先进行了无线电新闻节目广播。同样地，20世纪前25年里，电视技术逐渐发展起来。至1931年4月，纽约市开始出现电视节目定时播放；1947年，美国国家广播公司(NBC)、1948年由哥伦比亚广播公司(CBS)和美国广播公司(ABC)开始进行定时网络电视播放。稍后，许多其他电视台纷纷在美国东部地区出现。很快，电视新闻模式在国家和地方各级得以确立起来。另外，上世纪80年代,有线电视新闻信息频道开始兴起,一个成为公众接收应急信息主要机制的行业由此出现。

图 3.3 古列尔莫·马可尼,远程无线电报的发明者

到 20 世纪末,互联网的兴起缔造了一种传播新闻相关信息的新媒体。这最初是作为传统媒体形式(印刷品、电视或广播)的网站扩展开始。举例来说,CNN 的传统有线电视新闻广播也会反映(通常以文本形式)在其网站上。到了 21 世纪初,在信息的发布、传播和时间线方面,通过对一种或多种此类媒体形式进行一些重要的协调,原始信息源和网页内容变得越来越融合起来。这种过程还得到了新闻聚合器(如 Google News、Huffington Post 和 Drudge Report)进一步补充。通过各种渠道和形式,这些聚合器可将重大新闻报道的链接聚合到一个可以比较的界面当中。直接的互联网新闻报道也就很快成为所有事件相关信息的第四大来源。

即使有了这四大消息来源,有一个重要问题依然存在:公民的作用是什么?除了一些与互联网新闻媒体(往往依赖于更多的传统新闻机构)有关联的少数例外,在新闻处理的过程中,公民以往所赋予的唯一作用是收集接收到的信息，并按照这些信息行事。有意思的是，社交媒体和Web 2.0技术赋予了公民意想不到的撰稿、提炼和处理新闻的权利，其水平与印刷、广播、电视和互联网媒体相似。另一方面，对于所有媒体形式的专业记者，许多人对此并不予认同，也提出了各种反面看法，其中包括新闻发布之前需要进行编辑复审。一方面是赋予公民权利，另一方面是质疑其适宜性，正是这种并行存在的现象将公民新闻推入到与传统新闻有着如此巨大反差的境地。

公民参与新闻的五种类型

1. 受众参与主流新闻媒体
2. 独立的新闻与信息网站
3. 全面参与式新闻网站
4. 协作与辅助网站
5. 个人播放网站

根据在线博主兼记者J·D. 拉西卡的说法，公民新闻可划分为五大类。这些类型包括受众参与主流新闻媒体、独立的新闻与信息网站、全面参与式新闻网站、协作与辅助媒体网站、个人播放网站。其中第一种参与式新闻类型包括公众参与前述所有四大媒体形式（报纸、广播、电话和互联网）的传统新闻媒体。此类活动的例子包括整合了读者评论的工作人员编辑博客、获得认可的公职人员博客、论坛和读者撰写的文章，以及读者或浏览者提供的图片与视频报告。第二类公民新闻包括独立的新闻与信息网站。这些网站通常以专题为主，如Gawker、Gizmodo和Drudge Report。这些网站的专业新闻水准各有不同，但都极度依赖于业余、独立和签约写手的投稿。第三类公民新闻是指全面参与式新闻网站，主要是专注于事件和新闻第一人称报道的国际媒体。这类公民新闻通常在报道时并没有尝试保持客观公正。第四类参与式新闻包括协作媒体网站。这些协作网站类型包括综合类博客、讨论板、社交媒体集成和其他用户创建的编辑内容，以及连接其他新闻网站（传统式和参与式）的链接。这种公民新闻形式的例子包括Slashdot、Mashable 等等。这类网站的成功率通常极其不稳定，有些网站迅速倒闭，有些则成为大容量的传媒与内容的驱动器。最后一类公民新闻包括个人或组织的广播网站。这主要包括专注于新闻采访和采集事件驱动内容的音频和视频网站。这类公民新闻的主要例子在在线广播和视频流网站上最为常见，比如 GlogTalkRadio 或 UStream. tv，但在一些大容量博客网站上也可以找到。这些网站的功能、信息和内容完全受用户驱动，最终可不经编辑复审或达到专业标准报道新闻信息。尽管这些定义竭力想把公民新闻加以分类，但它们并没有涵盖所有允许或者鼓励公众参与的网站或社交媒体形式。（见图 3.4）

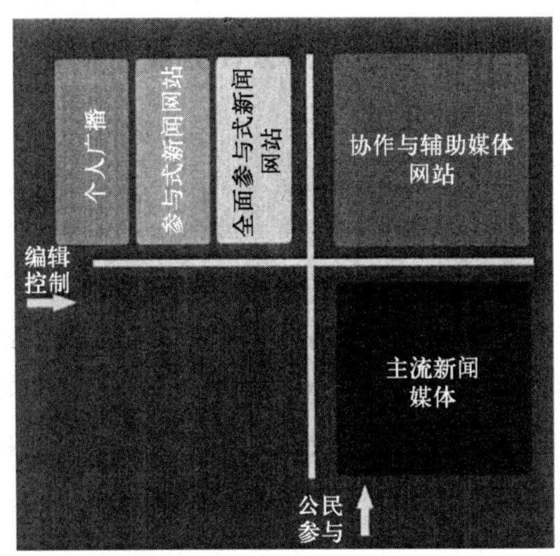

图 3.4　不同类型公民新闻的复合频谱（亚当・克罗）

公民新闻对印刷媒体的赢利能力和可持续发展也具有深远的影响。自 2007 年以来，美国有 175 家印刷媒体倒闭或完全转推网页内容。这一时期的倒闭情况如图表 3.1 所示。这些倒闭的媒体包括所有规模大小不一，声誉高下不同的出版物。一些全美知名的媒体也未能幸免，如《落基山新闻》和《西雅图邮讯报》。造成这些关门倒闭的原因是多方面的，但最根本的是读者人数和发行量在急剧下滑。根据皮尤研究中心的新闻媒体消费调查，仅就印刷媒体形式而言，报纸的读者人数下降到 25%。另外，皮尤研究中心的互联网与美国生活项目的其他研究确认，美国人使用了多种平台来获得日常新闻，而互联网是继地方和国家电视新闻之后第二大最受欢迎的新闻平台。这种排名将在线新闻来源——包括社交媒体框架内的公民新闻来源——置于国家和地方印刷报纸和陆上广播之前。应急管理者和风险沟通者必须要意识到这种变化，在突发事件和灾害发生期间利用新闻资源收发信息时，需要多予考虑。

图表 3.1　2007～2010 年印刷媒体倒闭数量

2007 年	2008 年	2009 年	2010 年	总数
1	40	109	25	175

出处："倒闭的新闻报纸，"报纸在削减 http://newspaperlayoffs.com/maps/closed/（2011 年 1 月 11 日访问）

公众的接受度

如果公民作为公民记者参与到新闻的生产和处理，那么这里必定会有某种关于他们如何和何时发挥这种作用的思考。明确地说，公民参与注定是在事件现场的事件源上，而这长久以来都被界定为响应和公共信息的范畴。比如，如果当地一幢建筑物着火，第一个察觉到现场情况并进行某种程度"响应"的很有可能是当地的一名旁观者。这个人可能有或没有响应这起事件的知识、能力、资源或原动力，但在采取行动（如打 911 电话）之前有可能尚无官方响应。有趣的是，社会心理学家表示，从习惯上看，看客和局外人会有两种反应。消极的反应被称为"旁观者效应"，出于各种各样的原因，包括利他的惰性或者其他社会禁忌，事实上导致了观察者没有进行响应。相反地，根据互联网公司 Greater Good 的一项研究报告，"即便是旁观者我们也能够发挥积极的影响力……当消极的旁观者再三认为情况并没有什么不对劲时，积极的旁观者实际上能够让人们关注问题并激励他们采取行动。"尽管报告当中并没有明确指出，但就保护这些行为的所谓"好撒马利亚人法"而言，这种利他的力量就是其正当的理由。旁观者效应和积极的旁观者行为之间的比较参见图 3.5。

图 3.5 旁观者效应 Vs. 积极的旁观者(亚当·克罗)

简而言之

> 即便是旁观者我们也能够发挥积极的影响力……当消极的旁观者再三认为情况并没有什么不对劲时，积极的旁观者实际上能够让人们关注问题并激励他们采取行动。
>
> ——达彻尔·凯尔特拉和詹森·马奇，“我们都是旁观者”

另外，有些重要的逸闻证据表明，通过使用社交媒体工具而不是其他任何手段，这种旁观者效应能够更为有效地得到克服。除了前面提及的“哈德逊河奇迹”事件当中詹尼斯·克鲁姆斯所利用的 Twitter 和 TwitPic 外，Flickr、Facebook 和移动视频都被证明是重要的信息来源。在包括孟买金融区恐怖袭击案(2008 年)、伦敦地铁爆炸案(2005 年)和东南亚海啸(2005 年)

在内的事件当中，它们也被传统媒体所利用。通常情况下，考虑到重大的个人风险，许多人都愿意报告与灾难有关的重要信息。这些社会和心理状态，连同 Twitter 的影响力，已经重新定义了灾难现场，也赋予了公民观察者通过文本、照片、视频和基于位置的参考资料来提供事件评论和说明来龙去脉的权利。

公民观察者不仅被社交媒体赋予权利成为突发事件的报道者，而且还受到纽约大学教授兼沟通专家克莱·舍基所称的“算法权威”的极大影响。他证实说，这种权威是“决意将一种未受管理的从各种不可靠消息来源当中提取价值的过程视为具有权威性，没有任何人会站在结论旁边说‘因为你相信我，所以请相信这个’”。换句话说，公民新闻虽然缺乏编辑控制和“专业”监管，但其影响力和有效性是建立在既定的为所有社交媒体形式所固有的信誉网络之上。这些参与式新闻网站往往从各种未经审查的来源处聚合信息，由于这些信息源能够共同验证有新闻价值的信息或者突发信息，所以这些网站也就能够成为人们的可靠消息来源，亦即成为了他们的收藏。

这种理念的最佳例子是 Wikipedia 和 Amazon. com。Wikipedia 是一种在线百科全书，由个人用户撰写、编辑和最终确认。这和传统的由所谓专家就特定主题进行撰写和编辑的百科全书形成了巨大的差异。传统模式的百科全书存在的问题是，如果有一个错误出现或参考信息（如地缘政治界限）发生变化，其内容甚至整卷百科全书都会错误和过时。另一方面，Wikipedia 的条目可以被编辑无数次，直到所有用户的集体知识生成了一条在特定时间上尽可能准确的条目。类似地，Amazon. com 和大多数零售商都为产品销售创建了用户反馈机制，它通常以某种评价系统的面目出现。这些评价由可能有也可能没有信誉度的人留下，可供其他人参考。例如，“堪萨斯州威奇托市的爱丽斯”正考虑购买一本得到“宾夕法尼亚州匹兹堡市的乔伊”评价的新书。由于地理分隔，爱丽斯几乎不可能熟悉乔伊或者有任何理由相信他。然而，当“匹兹堡的乔伊”、“南达科他的桑迪”、“新泽西的尼克”、“蒙大拿的马特”和“特拉华的丹”都就这个产品提供了信息反馈时，她就可以相信群的集体信誉了。

对应急管理者和危机沟通者来说，当灾难相关信息通过社交媒体系统聚合和处理时，集体信誉或算法权威的理念就非常重要了。一个人报告突发事件或灾难也许有或者没有信誉，但是如果许多个人都报告了与该事件有关的相同或者相似的情况，那么应急管理者就有理由采取行动来响应这种信息。这种理念正是国家气象局（NWS）为什么最终会运用一种 Twitter 系统来接收极端天气报告的原因之一。具体地说，国家气象局利用 Twitter 工具来聚合与暴风雨有关的信息，然后像对待传统的可靠信息源（如电话报告、气象报告和雷达测量）那样对其加以处理。众包信息及其他聚合工具的影响与益处将分别在第十章和第五章展开讨论。

新闻媒体的接受度

在像 Twitter 和 Facebook 这样的社交媒体系统上，公民会报道一些经过或者未经过传统媒体资源（如电视新闻）证实的事件相关信息。作为新闻或者具有新闻价值的素材，这种信息已经慢慢开始为传统媒体所接受，而就接受程度而论，所有主流媒体要明显高得多。不仅有许多媒体直接利用社交媒体系统来传播和收集信息，而且还有许多媒体名人积极参与社交媒体活动，以就其以前也许有或者没有的故事提供新闻素材、线索和爆料。这样将社交媒体作为主要信息源来利用具有深远的意义，包括对传统报道机制、报道标准、传播速度和新闻业务模式都会产生影响。

首先，无论是何种形式或规模，重大新闻报道的速度都在急剧加快。在过去数百年里，随着每一种新的重大媒体形式的确立，新闻的速度和预期传递时间都以指数方式在加快。印刷媒体、广播和网络电视将新闻周期从每天降低到一天数次。有线电视——特别是成立于 1980 年的 CNN——确立了整周整天的 24/7 新闻周期。在 20 世纪余下的大多数时间里，这种 24/7 新闻周期被持续视为预期的速度。然而，随着社交媒体系统（如社交网络、微博和博客）的兴起，信息周期已降到数分钟乃至数秒钟。精明的社交媒体博主兼商人多明尼克·利滕将这种新的媒体形式形容为“任何人，只要他每一天的每一秒都能叫得最响亮，那么他就会拥有那一秒钟，以及随之而来的数千条推文、希望和流量。”结果是，24/7 新闻周期理应被需要每小时 60 分钟每分钟60秒持续警觉的60/60新闻周期所取代。新闻媒体已经很快设定了它们的目标，不仅仅是要成为头牌新闻工作者，而且还要拥有持续的业务模式。为实现这一目标，许多新闻媒体已开始进行调整以适应社交媒体的速度，并想尽办法采用其信息——不管是何形式或者准确度。

简而言之

任何人，只要他每一天的每一秒都能叫得最响亮，那么他就会拥有那一秒钟，以及随之而来的数千条推文、希望和流量

——多明尼克·利滕，"24小时新闻周期死了"

由于新闻周期长度的变化，社交媒体和Web 2.0技术的兴起还以诸多方式造成分布式媒体的可接受标准出现变化。这种标准上的变化包括来源的可信度和用以支撑新闻报道的材料质量。具体地说，新闻机构不可避免地受到了通过社交媒体渠道建立起来的集体信誉的影响。所以，某个在社交网络或微博上报道事件详情的个别目击者或许不具有足够的信誉，让传统新闻机构采用其信息来编发一则新闻报道。但是，从社交媒体网站上多个消息源获取的集体信息和以传统方式接受采访的多个目击者具有同样的效果。通过社交媒体源获取的信息不仅可以接受，而且这还是一条更快的从事件到新闻报道的途径，对大多数试图缩短现有新闻周期的传统媒体来说，这一点非常重要。在一些新闻编辑部里，社交媒体——特别是像Twitter和Tumblr这样的微博——通常会比传统的电传新闻（如联合通讯社）更快地发布爆炸性新闻。

除了信誉要求的变化，社交媒体的影响还冲击着新闻报道所用材料的接受质量。这种质量的变化在电视新闻当中最为普遍，同时也表现在印刷媒体和有时的广播新闻媒体上。标准上的变化包括各种形式的模糊照片、粗糙视频和失真音频。这些不同的形式源于公民利用Web 2.0技术（如手机摄像头、摄录机和网络摄像头）通过视频流、图片与视频共享这类社交媒体系统来发布共享内容。有趣的是，根据最新的研究报告，当社交媒体及其标准变得越来越普及时，对于公众来说，实际上多半可以容忍和接受

劣质媒体源。特别是 Skype,已变得非常普遍地为电视媒体所利用,这归结于其易用性,以及有助于缩短在镜头前采访时所需要的筹划与准备时间。和以前一样,这类技术(及其质量标准的可接受度)有助于极大地缩短新闻周期。

传统新闻媒体不仅在利用参与式新闻及其相关工具,而且还很明显地在设法与新媒体进行正式协作,以期进一步促进新闻和信息的传播。例如,Apple(苹果公司)与 NewsCorp(新闻集团)创办了《The Daily》,这种 iPad 专属的首款新闻出版物并无网站或印刷版本,其下载费用也非常低廉。此外,AOL(美国在线公司)和 TechCrunch(全球最大的科技类博客)进行了整合,Newsweek(《新闻周刊》)则与 Daily Beast(野兽日报)合并在一起,这些动向都强烈地表明,传统媒体的业务模式正在朝着盈利能力和新闻效益进行快速调整。随着应急技术的兴起和社交媒体的普及,很难想象传统媒体将来会呈现何种面目,但可以肯定的是,传统模式正在发生变化,假若不死的话。

公民记者可资利用的工具

世界各地的人们都在开始利用社交媒体报道他们周围的事物,包括影响事件地理位置"上游"的突发或灾难事故。社交媒体系统和 Web 2.0 技术可用于发布状态更新、照片、视频和流视频,这有力地帮助(有时是推动)了公民新闻的发展。正因为通过这些系统,突发事件的相关信息才能很容易地得到共享和传播。虽然系统很重要,但利用这些系统的工具还是有必要介绍一下。

最常见和最流行的促进社交媒体系统使用的工具是移动电话或手机。美国有近 3 亿手机用户,占其总人口的 93%,要推断出有多少公民会报告其目击信息,移动电话所具有的功能是关键。除了手机的共性之外,有 74%的受访美国人称曾在紧急情况下使用过手机,另有 41%的受访者表示在没有其他活动的空闲时间会使用手机。这些调查结果都有力地表明,公众都将手机视为有效的通讯工具。由于被频繁地使用,因此在观察和记录与突发事故和其他高压态势有关的事件时,手机就会显得特别有用。

简而言之

俗话说得好，当真理还在穿鞋的时候，谎言已经走遍了半个世界。我们可否将此话改为，当我们那需要审批的半真半假的报道还在策划的时候，现场的推文就已经将其传遍了半个世界？

——吉姆·加罗，“不要假装你控制了所有信息”

如果手头有手机并且很快被当成工具使用，那么考虑这些手机具有什么功能就很重要。比如，据尼尔森调查公司称，到2011年，在所有的移动设备当中，有一大半都将是智能手机。它们能够运行软件应用，并且具有其他嵌入式动态功能，如照片和视频摄像头。软件应用程序和图像生成技术的结合让大多数智能手机具有利用社交媒体系统的能力，而社交媒体系统则拥有了可供发布文本、图片和视频内容的移动界面。公民的报道有可能包括与身边事件有关的文本更新，也有可能是提供事件如何进展的实时可视化报告。此外，大多数手机都具有通过短信系统(SMS)协议收发文本信息的功能。SMS协议可发送不超过140字符的信息短包，这也很快成为了一种工具，可用来向其他手机用户发送信息，也可以在社交媒体系统(如Twitter或Facebook)上发布消息。由于有近72%的成年人和88%的青少年手机机主经常发送文本信息，利用这种工具来促进公民新闻的发展就特别有价值，也会被传统媒体供应商和应急管理者们所欣然接受。移动系统的影响将在第十二章深入讨论。

公民新闻面临的挑战

尽管可以利用许多工具和系统来上传和共享信息，但公民记者在这一过程中仍面临着一些挑战。也许，从新闻的角度来看，最重要的问题是谁拥有共享内容。不像传统制作的由主流媒体传播且受到版权法保护的内容，社交媒体的内容可能会不一样。比如，如果有位公民将一张照片或一段视频发布在其社交媒体账户上，并随即被传统媒体重新制作、重新发布或重新传播，那么这需要进行所有权的转移或者提供消息来源的版权声明么？尽管这种特定交换的新闻伦理问题仍待商榷，但2010年的一起国际诉讼案件确认，社交媒体的内容必须是可信的，并且要取得相应的报酬。

有意思的是，由于传统媒体不会按照社群所期望的规模和范围报道事件，有些时候社交媒体用户会求助于特殊和敬业的公民记者。举例来说，2010年，那场发生在田纳西州那什维尔市及52个邻县的大洪灾只受到国家主流媒体最低限度的关注，但在Facebook、Twitter、YouTube及其他系统上，却一直得到大量的社交媒体报道。社交媒体系统发出的不仅是一种影响着个人的声音，而且还是一种放大了的影响着整个社区的声音。

实践者简介：汤姆·埃里克森　约翰逊县治安官办公室

图3.6　汤姆·埃里克森

汤姆·埃里克森（见图3.6）是大堪萨斯市一位受人尊敬的公共信息执法官员，他经常利用社交媒体获得态势感知和参与媒体互动。在被问及社交媒体为何有着巨大的价值时，埃里克森先生说，“社交媒体是应急管理者们唯一可用的可即时和直接地与居民进行交流的工具。”他还称，“如果不利用它来进行态势感知监测，就不可能掌握完整的作业状况。”在被要求就社交媒体对当代新闻业的影响进行评价时，他指出，“自从民众使用互联网以来，还没有什么事情对新闻业和信息交流具有如此深远的影响，……信息共享的速度迫使新闻工作者必须更快地创作新闻内容，必须通过多种平台将新闻报道推向大众，还必须将社交媒体作为一种新的主要信息源加以利用。”埃里克森先生发现，并不是所有的应急管理者都开始欢迎社交媒体并接受其对公民新闻的影响。相反地，他说“很多时候，在公共场合总有那么些与政府的看法不一致的人，应对这种情况的唯一办法是向他们提供正确的信息，而不是保持沉默。”埃里克森先生竭力提倡积极地利用社交媒体，并且清醒地认识到了它不仅对应急管理者，而且对专业记者所具有的影响力。

本章关键词

■ 公民新闻：报道媒体的概念。指公民、观察者或者其他非专业或伪专业者不拘形式地进行信息参与和投稿。

■ 参与式新闻：公民新闻的另一种称谓。

■ 旁观者效应：心理学现象。指事件观察者保持旁观立场，并不发起或促成相应且有效的响应。

■ “好撒马利亚人法”效应：允许和鼓励事件观察者采取适当和必要的救命或保命行动的理念和法律保护措施。

■ 算法权威：由克莱·舍基发现的社会学现象。它强调通过多个消息来源获取信息的能力，在一种经过甄别、可信和能够被有效传播或共享的复合信息源中，很少或者几乎不考虑个人的可信度。

■ 24/7 新闻周期：一种新闻周期的理念。指必须每周 7 天每天 24 小时地关注当前的情况和准备报道有新闻价值的信息。这种新闻周期最早是在 20 世纪 80 年代启用有线新闻网络的过程中确立起来的。

■ 60/60 新闻周期：一种新闻周期的理念。指必须每小时 60 分钟每分钟 60 秒地关注当前的情况和准备报道有新闻价值的信息。这种新闻周期受到应急技术(如社交媒体)兴起及其冲击力的强烈影响。

第四章　高山或鼠丘:社交媒体应用的参与性挑战

问到谁应该在玩社交媒体时,就像是问谁的案头应该有一部手机。假定每个人都在社交媒体上。

——沃伦·维特洛克,《Twitter 革命》合著者

灾难聚焦——“深水地平线”漏油事件

2010 年 4 月 20 日,在墨西哥湾一座被称为“深水地平线”的石油钻井平台上,甲烷气体突然从高压钻柱中喷出,引发了一场大爆炸。大火很快吞没了钻井平台。许多工人通过救生艇逃离了“深水地平线”钻塔。但是,尽管美国海岸警卫队进行了长时间的搜索,仍然有 11 名工人未能找到,后来被推测已经死亡。在燃烧了将近一天半以后,“深水地平线”于 2010 年 4 月 22 日早上沉入海中。在平台最终沉没的那天下午,浮油开始在平台旧址周围扩散开来(见图 4.1)。漏油原因最终被确认是“深水地平线”先前所用的钻杆受损,从而导致海底发生喷油现象。这次石油泄漏在 2010 年的夏天持续了三个月,最后是通过一种所谓“静态封堵”的方法,即用水泥与高密度钻井液混合物密封漏洞,阻止了溢油。据估计,在漏洞被封堵之前,已经有约 490 万桶或者说 2.058 亿加仑原油被泄漏。“深水地平线”石油钻井平台的所有者是越洋公司,操作方是哈利伯顿公司,签约方是英国石油公司(BP),而安全监管则由美国矿产管理局负责。责任划分很快成为响应和恢复行动的焦点。传统媒体和利用社交媒体渠道的公众开始置疑谁应该为“深水地平线”

爆炸所造成的人员死亡和环境影响负责。尽管美国联邦政府最终认定BP公司对该事件负有主要责任，但通过主要参与方的社交媒体应用（或者说缺乏应用），其公共关系的影响被深深地放大了。确切地说，在参与漏油响应行动数周以后，BP公司才开始参与社交媒体活动，并郑重其事地介绍其响应这次漏油的情况。然而，他们那真实的Twitter和Facebook账户却被各自所在网站上的模仿和抵制网页遮挡得黯然失色。现在回头看看，由于没有合理而有效地使用社交媒体来进行应灾沟通，BP公司的品牌形象受到了巨大的冲击，客户也出现了流失，这让它损失了数百万美元的收入。

图4.1 2010年5月16日，在墨西哥湾"深水地平线"事故现场附近从事原油清理工作的船只（美国海军，斯蒂芬妮·布朗）

障碍和阻碍

对于一般的应急管理机构来说，在执行有效和适当的社交媒体计划时，其最大障碍之一是担心做错事。具有讽刺意味的是，这种害怕是荒谬的，想想"深水地平线"漏油事件期间树立的负面榜样，不做事和做"错事"对于敏感的公共信息而言都一样危险。本章将重点讨论合理地应用社交媒体系统，包括实施模式、政策执行和应急管理者所面临的（既有法律上的也有结构上的)挑战。

要开始这一过程,各类应急管理者都必须考虑一下“2.0”实践模式。既然大多数应急管理者都存在于政府或准政府的模式当中,那么安德里亚·迪·梅约(Andrea Di Maio)关于政府2.0的五点基本理念(见图4.2)就应该作为一种开始这种2.0转变的优秀模式得到认真的考虑。第一点理念是新模式政府在政治家和政权经营者之间制造了一种矛盾。确切地说,迪·梅约指出,“只有在政治家停止试图满足政治要求(比如让人们增加对政府的信任感),并开始解决服务交付和资源管理的挑战时,”政府2.0模式才会成功。此外,政府2.0还必须着眼于成为社交媒体对话的一部分,而不是东道主。政府——包括应急管理者——习惯于通过指挥与控制来管理信息的等级结构。不幸的是,这并不是社交媒体社群内部所确立的模式。这种运作上的差异有着不同的基本原因,一种是建立在通过社交媒体渠道进行双向对话的必要性之上,另一种则是基于政府部门所推动的仍处于传统“1.0”模式下的单向沟通。迪·梅约着重强调了第三点基本理念,这也许是最重要的基本理念,并且还和第四和第五点理念有着联系。那就是政府2.0的积极性需要向组织的战略目标看齐。换句话说,对于打算采用政府2.0模式的应急管理组织而言,不能仅仅是为了拥有这样的系统而使用社交媒体。更确切地说,这种使用应当满足组织的需求,比如公共教育、危机沟通、态势感知和操作工具的开发。

图4.2 对于像龙卷风这样的突发事件,社交媒体都有不同程度的参与(美国航空航天局[NASA],杰夫·施马尔茨)

政府 2.0 基本理念

1. 政府 2.0 和政治不混淆。

2. 政府 2.0 与做东道主无关，而是要成为对话当中的一名客人。

3. 政府 2.0 不是一个平台，而是一个工具包。

4. 政府 2.0 不仅仅是对话。

5. 政府 2.0 的积极行动必须与工作目标保持一致。

系统性应用

在考虑应用政府 2.0 模式及社交媒体系统时，其模式可以分为三类：积极的、被动的和静止的。在这三种社交媒体应用模式当中，每一种都存在有挑战和复杂的问题，应急管理者必须要在应用之前就进行评估（见图 4.2）。这些模式之间的差异主要与终端用户或机构运用社交媒体进行监控、分析和验证及信息传播的程度有关。比如，积极的社交媒体应用模式会经常利用社交媒体系统进行信息传播，并积极监测与特定社区有关的社交媒体对话。举例来说，如果某个社区对预报将影响其社区的一场飓风感到很担心，那么一位已经在积极运用社交媒体的应急管理者就会监测社交网络、博客和微博上的对话，以确定社区对事件相关行动如撤离、家用减除和个人准备的反应。另一方面，专业应急管理者对社交媒体系统的被动应用则不具有积极模式的可靠性。被动模式被定义为只支持信息传播或者信息分析，而不是两者都支持。就前述飓风即将来临的紧急情况而言，被动应用社交媒体的应急管理者要么是通过社交媒体系统传播有关撤离路线和其他准备策略的信息，要么是监测与此事件有关的社交媒体对话。最后，静止的社交媒体模式与积极模式完全相反，因为它既不通过社交媒体传播信息，也不监测与事件有关的信息交流。这种静止模式是社交媒体应用的“不作为”形态。一些应急管理专业人员仍愿意抱残守缺，既不考虑积极模式，也不考虑被动模式。

社交媒体应用的静止模式存在的主要问题是，应急管理机构会面临着风险，就像2010年夏天“深水地平线”漏油事故期间英国石油公司(BP)所遭遇的那样。在一起重大事故或灾难发生后，如果相关机构(基于BP公司的模式)因为不能有效利用社交媒体而使某个组织或管辖区受到威胁，那么这种在社交媒体系统中的不积极作为就有可能造成严重的影响。就这一点而言，在“深水地平线”钻井平台发生首次爆炸后不久，有个假Twitter账户(@BPGlobalPR)被创建起来，且很快成为一个重要的公共信息源。到了2010年7月中旬，这个冒牌的假账户拥有了11.6万关注者，比BP公司官方Twitter账户的关注者人数多出10倍以上。所以说，就主要赋予各级各职能应急管理者的公共安全责任而言，这是由于粗心和疏忽而没有运用社交媒体策略，哪怕是被动式的社交媒体策略。

和社交媒体的静态应用模式比较起来，积极和被动的运用策略要有效的多，尽管如此，其在应用过程中还是存在着相当大的挑战。这些挑战包括隐私、安全、政策落实和领导层的认可度以及投资收益率(ROI)的依据。就所有社交媒体和Web 2.0系统的应急管理应用而言，在这些挑战当中，每一种都存在着诸多特殊的问题。但是，通过现代应急管理者的系统性评估和应用，这些挑战能够被战胜。

隐私的挑战

在这些挑战当中，无论应用何种社交媒体系统或者技术，首先是要确保隐私的至高无上。在利用社交媒体系统进行信息传播和信息监测时，应急管理者们都要做到这一点(见图4.3)。举例来说，在医学和健康领域工作的应急管理者们需要遵守《健康保险携带和责任法案》(HIPAA)。制定HIPAA隐私条款的目的是要保护个人健康信息的隐私权。因此，对于应急管理这个领域，在发布或收集任何信息之前，评估社交媒体对HIPAA标准的影响是极为重要的。在执行应急医疗的过程中，如果社交媒体能够为信息共享提供了便利机会，这就会形成一种挑战。例如，可以想象得到，在从事故现场前往医院的途中，利用手机和社交媒体系统(如Twitter)，救护车上的应急医疗技术人员有可能会将患者的情况(如伤口)拍照并发送给急救室的医疗人员,以便于他们在病人抵达前进行评估和准备。这虽然对提高应急响应能力有着潜在的极大好处,但考虑到利用社交媒体网站和 Wi-Fi 信号具有不可控和潜在公开的特性,这无疑会将此类行为置于违犯 HIPAA 指导准则的境地。

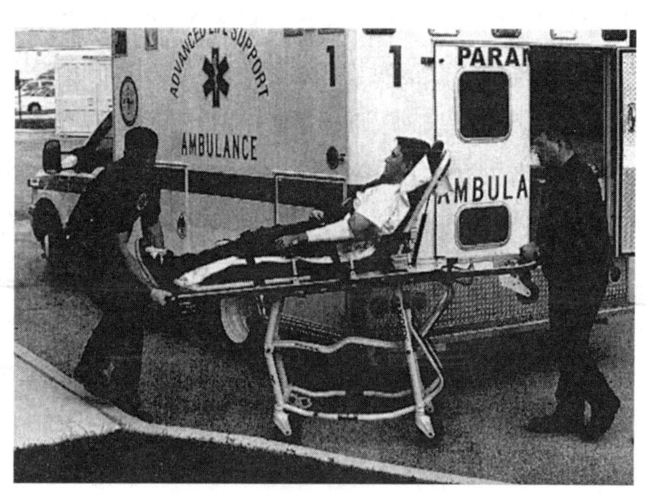

图 4.3 医护人员必须要平衡现有的隐私法规和利用社交媒体所带来的好处(美国海军/大众传媒专家 帕特里克·J.库克)

与运用社交媒体有关的隐私问题不仅涉及到应急管理领域潜在的专业应用,而且还涉及到应急管理者个人对这些系统的使用。这种个人使用与专业应用之间往往并没有明确的界线,那么在何时正确地适用隐私原则和一般适宜性方面,就有可能会造成不小的困惑。2010 年底,在堪萨斯州陆上公园市约翰逊县社区学院,有一件事情曾发生在护士生中间。此事与应急管理并没有直接的联系,但它却是有关隐私问题的最好例证。具体说来,约翰逊县社区学院(JCCC)有一位名叫道尔·伯恩斯的高年级护士生,她发布了一张在护士试验室供研究之用的人类胎盘的照片。发布在伯恩斯小姐个人 Facebook 页面上的照片甫一发现,她就立刻遭到了开除。伯恩斯小姐声称这是“一时判断失误”,而 JCCC 管理部门则称这是一个“严厉的教训”。不管怎样,这是一个意义深远的例子,表明在社交媒体系统当中,个人和专业的界限有可能不容易区分。

另外，应急管理者运用社交媒体所面临的隐私挑战还涉及到工作数据的安全性和外部信息源的信息影响。例如，有些重要类型的数据是被应急管理者——特别是负责执法和本土安全的应急管理者——所控制。其性质敏感，即使不能完全保护好，也得尽可能地远离公众的视线。保护此种信息安全的初衷往往是为了保证调查和响应的效果。然而，有些情况会将此种努力置于危险的境地，比如在 2010 年，通过一个名为 Wikileaks（维基解密）的在线网站，曾发生了一起泄漏近 25 万份美国大使馆秘密电报的事件。这些文件泄漏了美国内部在现有外交政策框架下的外交和运作考量，导致美政府不得不针对内外关系发表既令人尴尬且政治上敏感的声明。

当政府开始接受、参与和响应社交媒体系统（如 Wikileaks）时，这种安全挑战就不可避免地存在着。顾名思义，Wikileaks 是一个类似于 Wikipedia（维基百科）的维基信息源网站，其设计目的是为了收集某一特定主题（如本案例当中的政府通信）的可被用户编辑、审查和组织的信息。作为一个整体，这些用户对某些问题有着超出个人（或维基解密案中的普通民众）认知限度的接近机会和知识。在互联网社群里，这种维基理念正变得越来越重要，对于应急管理者来说，了解这一点极其重要。例如，Wikileaks 自称是维基的一个收集“亚洲、前苏联集团、撒哈拉以南非洲和中东专制政权那不可追查的大规模解密文档与分析材料”的渠道，“另一方面，还能帮助所有地区的人们，让他们如其所愿地揭露政府和企业的不道德行为。”从表面上看，这种目的似乎是利他和良善的，但对有着保密性和隐私顾虑和授权（如可能存在于国土安全领域）的政府或私营企业而言，它无疑会变得极具冲击力。

此外，面对需要提供各种信息成分的信息自由活动，许多政府和准政府应急管理项目都受到了影响。1966 年，联邦政府首先通过了《信息自由法案》（FOIA），其目的是让公众能够查阅所有联邦政府的档案。FOIA 有一些例外条款，且被分为九类，包括国防、人事制度、商业秘密、医疗档案、某些金融档案和一些执法调查相关问题的披露保护。通过出台被通称为“阳光法”的信息自由法律，大多数州都很快遵循了这种模式。很像 FOIA

的例外条款，大多数拥有阳光法的州也都就何种类型的信息能够获得豁免作出了规定。不幸的是，大多数法律专家认为社交媒体相当于其他政府资料，因此若属于许可的类别，就必须要遵从信息自由的规定。因此，对应急管理者来说至关重要的是，他们需要在其管辖范围内就信息保留与保护评估法律上的要求，然后再评估这对社交媒体的使用会造成什么影响。在大多数情况下，政府使用的社交媒体网站都是公开的，因而可被特定的社交媒体系统收集，从而使它们能够在任何时候被任何人公开浏览。不过，有些系统还能更快地搜索被存储的公共社交媒体信息并将其聚合起来，而这既符合信息自由的要求，又能达到操作的目的。这些系统将在第七章展开讨论。

政策的落实

制定符合信息自由要求的本地化政策和流程只是略略触及社交媒体政策的落实问题。为了确保应急管理者能够有效、高效和负责任地应用社交媒体，有些其他问题也必须在政策层面解决。执行坚决的和经过审查的政策有诸多益处，包括保护组织的名誉、廓清含糊不清的法律问题和增强组织的品牌意识。拟定及随后落实社交媒体使用政策的过程都应当受到组织的核心部门和代表的审查，并且还要取得用户对领导层和行政管理的直接支持。这些核心职能部门包括人力资源、信息技术、风险管理、法律和当然的应急管理机构及其各自的合作伙伴。这将确保社交媒体政策符合所有国内现行政策和当地法令以及州和联邦的法律。一个有效的社交媒体政策必须要针对八个方面的关键特性创建一种规则和指导原则的框架，这些特性是：员工访问、账户管理、准用性、员工行为、内容、安全、法律问题和公民行为。在这些特性当中，每一种都具有其独特性，都必须要得到彻底的完善，以确保一个考虑周全的社交媒体政策出台。

第一个政策考量是组织的员工可以拥有的访问水平。Webroot 公司一项以 1000 家美国和英国公司为调查对象的研究证实，有 40%的公司都有禁止员工访问 Facebook 的政策，有 30%的公司限制访问 Twitter，还有 27%的公司禁止雇员访问诸如 YouTube 和 Vimeo 这样的视频共享网站。这表明在接受调查的公司当中,有超过一半的公司并没有严格禁止访问社交媒体系统。每个组织无疑会对这种平衡有所触动,却没有具体地考虑到潜在的应急管理影响。有时候,因担心生产力受注意力分散的影响,组织会坚持员工只能有限地(若有的话)访问社交媒体。有趣的是,有些研究表明,若开放社交媒体系统的访问,员工的生产力实际上提高了。出现这种提高被认为有着多方面的原因,包括年轻一代能力的提高和希望从事多任务工作。其他组织坚持这种限制是因为担心组织内部的网络,还有所有相关功能系统会处于更大的风险之中,其原因是社交媒体系统会暴露在系统缺陷和病毒、木马及其他形式的技术攻击的面前。

落实社交媒体政策的功能性考量

法律

- 隐私法
- 信息自由法
- 档案保留

技术和风险管理

- 互联网带宽能力
- 反病毒和木马保护
- 网络和信息安全
- 病人/顾客数据保护

人力资源

- 员工行为
- 管辖权代表
- 生产力

第二个主要的政策考量与账户管理有关。账户管理适用于那些得到组织正式批准、管理和指导的社交媒体资源。尽管这看起来比较简单,但对于包括既要有保护地收集用户身份标识(用户 ID)和密码,还要确定网站内容

责任者的账户管理而言，关键是要创建一种结构体系来为其确立管理模式。这些类型的协议有助于确保最终通过官方社交媒体系统传播的信息符合组织所要求的样式和质量，而不是最终让组织形象大打折扣。账户管理的作用还与社交媒体使用的整体策略紧密相关。确切地说，如果不能正确地加以处理，组织很快会变得过度依赖社交媒体系统，也就不能正确地管理或者客观公正地监测既有的系统。

在评估社交媒体政策的落实时，还必须要考虑到第三个特点，那就是员工和代表对这些系统的可接受性使用（见图4.4）。可接受性使用的考量与员工的访问和行为密切相关。既然社交媒体从根本上说是基于透明的双向交流，那么政府和准政府机构就必须界定何种对话能够在官方批准的系统上进行。比如，对于官方发布的社交媒体内容，有些组织不允许或者有所节制地让公众发布相关帖子或进行评论。从根本上讲，在尝试进行社交媒体账户管理时，这是存在着瑕疵的办法，倘若考虑到这些系统的核准使用，这不过是一种极端而已。另一个极端是一种开放的和可访问的系统。在这种系统上，可以发布会话内容来鼓励和促进可以预料的要么积极要么消极地反映组织状况的对话。可以预见的是，大多数应急管理组织都会跌落在这两个极端之间，其中许多应急管理者更愿意倾向于更可控和更温和那一端。不管怎样，最终对社交媒体系统负有责任的领导者、管理层和员工都必须保持一致，保证这种过程受到有效且高效的管理。

图4.4　拥有一个强有力且有效的政策对成功的社交媒体使用非常重要（联邦应急管理局(FEMA)，列夫·斯科格福仕与珍妮·克罗）

如前所述，社交媒体的批准使用与员工行为的政策考量密切相关。这种关联性的出现有两个原因。首先，代表组织创作社交媒体内容的员工务必谨慎地创作与其组织的政策和理念相一致的社交媒体"声音"，同时还不要忽视社交媒体透明对话的基本原则。这么做通常是非常困难的，因为普通民众的回应往往是极为随意的，有时表现得好争辩或者具有对抗性——特别是谈论到涉及应急管理领域的议题时尤为如此。员工行为很重要的第二个原因是，在涉及到其职业的问题上，员工——无论是在官方还是在个人社交媒体系统上——都有可能被认为是代表着他们的老板。举例来说，如果有位员工在她的个人社交媒体网站（如 Facebook）上发帖称，她认为最近的一节应急管理培训课是在浪费时间和纳税人的钱，那么有个合理的解读是，这些评论可能出自其老板的想法，而不是员工的意向。所以，为了让他们弄清楚应该如何在官方网站上和公众接触，并且了解他们在个人网站上的预期行为，为员工们创建一种管理模式就显得非常重要。对于个人社交媒体网站而言，在讨论与专业有关或者可能有道德影响的问题时，这部分社交媒体政策在落实过程中，往往只是指示员工在网站上发帖时要加上一条类似于"此非（插入雇主名）正式观点"的措词。纳入一条含有此类员工简要免责声明的程序性要求，将会减少因混淆信息的官方性质而造成的麻烦，或者最大程度地降低问题所造成的影响。

官方内容，尤其是何种内容可以发布和以什么形式发布，是落实社交媒体政策时应当考虑的另一个事项。例如，许多组织都要求所有社交媒体系统都要链接回原来的信息源（如该组织的网站），或者链接到可信的信息源上。对于应急管理而言，这可能包括州应急管理办公室、FEMA. gov 和 Ready. gov。保持不间断的链接有助于确保官方发布的内容在特定的社群或行业内是值得信赖的，同时还有助于支持组织的任务或维护组织的形象。其他内容上的考量与可供官方发布的内容类型有关。从在系统（如网络广播、视频共享、图片共享和视频流网站）上发布和共享内容开始，这种特定的问题就出现了。这些媒体形式可支持的内容既可以是某种程度的即兴之作（在线广播），也可以是具有专业品质的作品。而要获得像后者这样可以接受且符合组织当前标准的作品，其创作者需要潜在地具备一定的技巧或能力。

在落实社交媒体政策时，应急管理机构还必须考虑许多法律上的问题。这些法律问题包括骚扰问题、版权或商标权材料的使用、员工隐私和审查制度。考虑到社交媒体是一种较为时新的事物，可资参考的法律意见有限，这些问题并不总是像一些需要给予法律考量的政务概念那样轮廓鲜明。例如，社交媒体上的隐私是一种特有的概念。在许多时候，公共社交媒体网站上的公共帖子不被视为私有。但是，这个问题被具有各种隐私标准的社交网络系统进一步复杂化，而隐私标准的不同很容易让系统用户产生误解。结果是，组织有能力监测员工在那些公共系统上的行为或者评论，却不能基于所发现的种族、性别、政治观点或性取向信息做出区别对待的决定。这种解读还被访问这些系统的信息提供者进一步复杂化。对于一名员工或公民来说，隐私概念并不像访问社交媒体系统和在由组织控制、管理和拥有的服务器和互联网门户网站上存储数据那样具体。

除了隐私的考量，在政府的社交媒体系统当中，还急需具体地解决版权或商标权材料的使用问题。这正在成为一种挑战，因为许多公民——包括政府雇员——都有一种误解，那就是如果照片、标识或其他创作内容能够被（免费或付费）下载，那么它们就可以被用在任何复制的材料当中。不幸的是，对知识产权使用的这般理解是错误的。在许多情况下，在被纳入官方社交媒体之前，这些材料必须要取得创作者或发明者的许可方能使用。在有些案例当中，版权材料的所有者正在聘请外部公司来追查未经授权的使用，并极力争取最严厉的使用惩罚，包括15万美元的罚款和没收发布内容的网络域名。对于大多数设法利用受保护的知识产权提高公共教育活动水平的政府机构（包括应急管理者），在确定何种内容允许或不允许官方使用的时候，都需要在社交媒体政策框架内小心地做到具体而细致。

公民内容是政策落实的最后一个考量。社交媒体公民内容的定义有时会令人迷惑，特别是对那些并没有积极参与到这些系统当中的人而言更是如此。确切地说，内容只是那些发布在被组织所控制的网页或网站上的材料（文本、图片、音频、视频等）。但是，由于大多数社交媒体系统要求个人创建特定的与社交媒体网站相对应的用户标识，当个人发布响应信息、评论或选辑来关注另一个社交媒体网站时，这里就会内在地产生一个链接。举例来说，如果中央市应急管理局在其 Facebook 网页上发布了一项新的公共教育活动的相关信息，那么它们就内在地为公共评论和内容开放了其官方网页。根据中央市的社交媒体政策，这些内容必须接受审查和控制。不过，如果市民约翰·史密斯向中央市的 Facebook 网页发布了一条响应信息而另一个市民“简·多伊”点击了“约翰·史密斯”，那么中央市应急管理局就不必为那一点以后被浏览的任何内容负责。这个内容是受市民控制，或者就本案例来说，是受“约翰·史密斯”控制的。这些内容流，虽然性质相似，都同样地不需要负责。在社交媒体流当中，这是一个临界点，因为限制过于严苛的政策对网站的实际内容将具有潜在的消极影响。

推广的挑战

虽然社交媒体的系统和政策性推广对于应急管理者成功运用社交媒体至关重要，但在这个过程当中仍然有些重大的挑战和障碍需要考虑。这些障碍包括系统的有效性，如投资收益率(ROI)的评估、基准调查、管理与易化挑战以及适当的公共参与。社交媒体系统的管理和易化活动是从行政领导和当选官员的正确承诺开始。没有这些组织层级的认同，真正的系统性落实将困难重重，如果不是不可能的话。如果有了领导者的承诺，那么具体的组织问题就必须要考虑了，比如管辖区和组织的大小，当地社区的人口特征。这些考虑对保证战略性地赋予社交媒体职责并比照其责任赋予相应的权重非常重要。但是，值得注意的是，管辖区的大小，或者管理这个管辖区的组织的大小，不应该成为有计划地推广社交媒体的一个借口。本书，还有无数关于社交媒体对未来的应急准备与响应至关重要的事例，都应该支持这样的事实，那就是一个迟钝的执行战略在当今时代是不够的。

一旦组织的领导层确定了参与的力度，那么希望就社交媒体的推广设定投资收益率(ROI)便是题中应有之义。不幸的是，由于这些系统的非传统结构，在社交媒体的推广和利用上确立ROI分析是困难的。有些系统（如Klout）已经被开发出来，有助于衡量常用社交媒体系统（如Twitter）的影响，但这些有时与政府的ROI分析并不兼容。此外，社交媒体应用的基准调查也具有挑战性，它往往只是基于那些看起来成功的组织所采用的仿真系统和方法。其结果是，大多数组织采用了基本的产出分析模式，而不是基于更复杂的结果分析来评估社交媒体的效能。换句话说，几乎每一个社交媒体系统都可以支持复杂的分析工具，可以迅速处理某个时间段内的关注者、粉丝、订阅者、帖子、响应评论和许多其他信息片段的数字。针对社交媒体系统的关注者人数是否在继续增长，以及能否提供高品质的社交媒体对话，这些调查结果都可以用来进行基本的分析。社交媒体分析的各个方面将在第六章继续讨论。

另一个推广和有效性方面的挑战是交流上的困难。在使用社交媒体时，既要以一种专业和接近组织沟通标准的方式进行，同时又要以真实、透明和对话为基调保持一种高品质的社交媒体“声音”，这是比较困难的（见图4.5）。那些没有使用这种声音或者严格执行自动化消息传递的组织往往被公众所忽视，而通过社交媒体系统进行交流的好处也就丢失了。不幸的是，在打算拥有一种独特的社交媒体声音的过程中，政府和准政府组织有可能会贪功致败。举例来说，2010年，隶属于美国国土安全部的美国运输安全管理局（TSA）在机场安装了人体扫描器，此后有许多公众强烈抗议这项举措，包括声称这不仅侵犯了旅客的隐私权，而且在乘客保护方面也是多此一举。在其他策略当中，TSA执行了一种包括以Twitter为渠道就公众关心的问题提供反馈的社交媒体策略。遗憾的是，TSA所利用的声音是玩世不恭的，并且很多次都很粗野，很明显与TSA所采用的其他主要沟通途径不相协调。举例来说，在2010年圣诞节飞行季期间，TSA的Twitter账户发布了轻率的与季节主题有关的响应帖，并漫不经心地回应公众的合理疑虑。很明显，政府社交媒体不能以一般民众那样的语调和率直方式说话。不管怎样，通过对一些现实例子进行思考和分析，一种有效的始终如一而又可靠的声音是能够培养出来的。

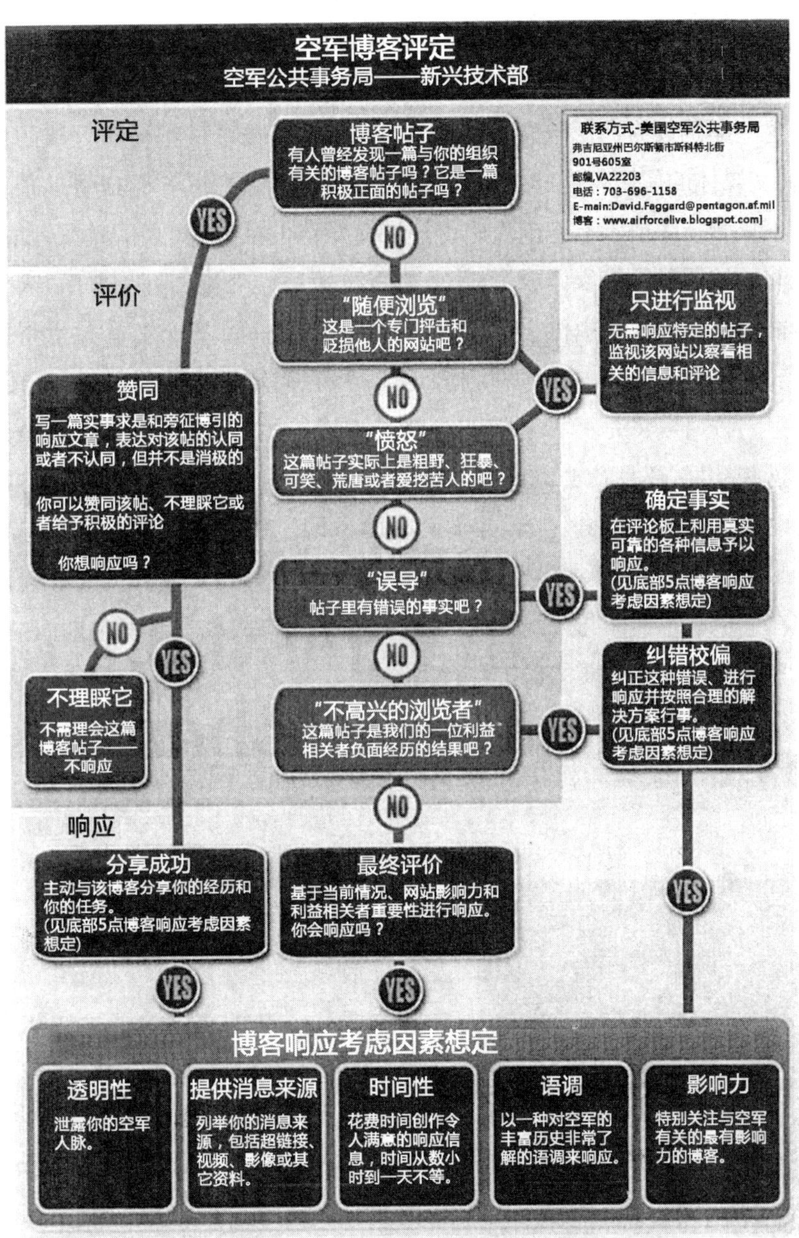

图 4.5　空军启发式矩阵助力沟通设想(美国空军)

最后，还有一种影响政府有效推广社交媒体的挑战，那就是越来越需要向有着功能性或特殊需求的公民提供支持和交流。虽然有着各种各样的定义存在，但有一项应急管理调查将功能性或特殊需求人口划分成五大类：语言能力有限、年龄弱势、体能缺陷（或残疾）、经济贫困和文化/地理上孤立。即使这些类别极为广泛且包含着许多子类，但在联系这些社群人口的过程中，社交媒体的使用可能起作用也可能不起作用。例如，文化或者地理上孤立和不接触技术或没有基础设施支持社交媒体的社群（如孟诺教派社群）就不能有效地通过社交媒体或者 Web 2.0 技术进行交流。另一方面，为了向语言能力有限的人群提供交流机会，利用现有的一些 Web 2.0 技术将书面信息转换成声音文本（如博客广播），或者将它们转换成社群（如西班牙村）内的第二种语言将是一种有效的策略。不管怎样，无论是利用社交媒体来联络这些社群，还是社群需要在总体上考虑利用社交媒体作为沟通与技术整合总体战略的一部分，二者并无明显的不同。理解这种观点对所有政府机构来说甚为关键，而在应急管理领域特别重要的是，专业人员要继续评估如何在危机状态期间与公众交流，以保证在紧急事故或灾难发生期间，有尽可能多的公民收到必要的保护性行动公告。

实践者简介：贾森·林德史密斯　联邦应急管理局总部

图 4.6　贾森·林德史密斯

作为社交媒体领域的先行者，自 2010 年以来，贾森·林德史密斯（见图 4.6）一直在为联邦应急管理局（FEMA）工作。在战略与危机沟通、应急管理、组织协调和最为重要的社交媒体方面，他都有着丰富的经验。在联邦应急管理局，他的工作是在 FEMA 的所有社交媒体（包括 Facebook、Twitter、YouTube 和 Ready. gov）活动当中进行跨部门的协调和关键问题的处理。他是一位精力充沛的管理者，非常乐于支持和利用社交媒体，并且非同一般地坦率。在被问到为什么社交媒体对未来的应急管理如此重要时，林德史密斯先生回应说，“它是让人们直接获取重要信息的坦途大道，它让灾难幸存者无需在瞬息万变的情况下必须等待新闻和官方消息。”另外，林德史密斯先生指出，应急管理和社交媒体的转折性时刻是2010年的海地地震，新兴技术（如Facebook和Twitter）在那里“陪伴着数以千计的灾难幸存者，让他们以应急响应者以前从未见过的方式呼救。”作为一名社交媒体战略运用领域的专家，林德史密斯先生强调，系统性和政策性应用对于社交媒体在应急管理活动中的成功非常重要，因为这反映了一个组织如何对待灾难的幸存者。这种参与式帮助保证了组织在紧急情况下被认为是值得信任和反应灵敏的。有趣的是，在被问到社交媒体是否是应急管理的一个长期组成部分时，林德史密斯先生回答称，社交媒体或许并不在身边，但是“将人们和组织直接与其他人联系起来的目标对于灾难响应而言将仍然极具价值。”毫无疑问，在现代应急管理领域，对于社交媒体正在如何被利用，以及如何战略性地加以推广，林德史密斯先生有着敏锐的理解和领悟。

本章关键词

■ 政府2.0：政府和准政府机构所采用的流程、规则和程序，旨在促进现代形式的强调新技术融合和与公众进行双向对话的社群参与。

■ 积极模式：政府利用社交媒体的正规模式，即利用社交媒体进行监测、分析和信息传播。

■ 被动模式：政府利用社交媒体的正规模式，即在利用社交媒体进行监测、分析和信息传播活动时，只进行其中的一项或两项而不是全部。

■ 静止模式：政府利用社交媒体的正规模式，即不利用社交媒体进行监测、分析或信息传播。

■ Wiki信息源：社交媒体系统的类型。它收集与特定主题有关的信息，其信息可向对该主题有共享兴趣的一群人开放以供集体编辑。

■ 《信息自由法案》(FOIA)：美国政府通过的法律，授权公众可以查阅政府部门所产生的文件资料，但与国防、人事、商业秘密、医疗档案、某些金融档案和一些执法调查信息有关的资料在禁阅之列。

■ 阳光法：州法律的通称，规定公众对政府生成的信息和会议拥有知情权。这些法律通常基于 FOIA 所确立的基础，包括这种法律的豁免部分。

■ 投资收益率(ROI)：概念术语，指分析一笔投入到某特定项目当中的初始或后期投资所能返回的利润是多少。在社交媒体的运用过程中，ROI 对确保取得行政管理层和政策决策者的持续支持和承诺至为重要。

■ 基准调查：概念术语，指基于共享或相似的地理或基础性考虑事项(如人口规模)，在组织、流程和应用之间确立一种现实而公正的比较。

■ 功能性需求人口：总人口当中某些有着功能性或便利性需求的部分。这些人口通常是按语言能力有限、年龄弱势、体能缺陷(或残疾)、经济贫困和文化/地理孤立进行分类。

第五章　黄胶带的谜题：公民与响应者的责任

我希望，我们永远都不要看到这样一种情况，那就是一位围观者急着要报道一个像(弗吉尼亚理工大学校园枪击案)这样的事件，却将自己送上危险之路，然后又懊悔这么做。

——布莱恩·蒙托波利，CBSNews. com 网站上的政论博主

灾难聚焦——弗吉尼亚理工大学校园枪击案

2007 年 4 月 16 日，星期一，在弗吉尼亚州布莱克斯堡镇的弗吉尼亚理工学院暨州立大学(弗吉尼亚理工大学)校园内，一起校园枪击事件突然发生，最终导致 32 人死亡，另有许多人受伤。行凶者是一个名叫赵承熙的弗吉尼亚理工大学高年级英语专业学生，他用两把手枪在校园两个不同的地点实施了攻击。他首先在西安布勒约翰逊学生宿舍行凶，杀死了 2 名学生，随后穿过校园来到诺尼斯楼，在那里枪杀了另外 30 人，赵本人后来也自杀身亡。在美国历史上，这是和平时期由单个枪手造成最多死亡人数的枪击事件。事后，许多媒体的注意力都集中在赵此前的精神不稳定史，还有缺乏应对此类情况的枪支管控法律，但对于这起灾难而言，具有深远意义的是社交媒体所具有的影响力。我们不妨来看看，在美国东区时间上午 7 时许，首批 2 人在弗吉尼亚理工大学被杀死；在东区时间上午 9 时 30 分至 9 时 50 分之间，另外 30 人在第二轮枪击当中死亡。虽然最初通过电子邮件，弗吉尼亚理工大学的学生、职工和教员被告知必须待在室内，但对于大学的官方通报，

他们却迟迟未能收到。到了上午12时整，弗吉尼亚理工大学官方举行了新闻招待会，他们只证实有21人死亡和28人受伤。（见图5.1）很快，为了帮助收集剩余受害者的其他信息，弗吉尼亚理工大学社群，还有学生和教职员工的朋友和家人，就纷纷开始利用各种社交媒体网站。虽然在下午2时13分，弗吉尼亚理工大学官方证实了最终的死亡数字（并无受害者的名字），但在此之前，利用社交媒体资源（如Facebook）收集的信息，人们已经确认了受害者的姓名。尽管社交媒体上的许多名单都未能列出所有姓名，但汇总名单还是准确地确认了所有32名受害者。此外，有证据显示，这些名字曾在不同的系统以不同的顺序出现过，这让灾难社会学家意识到，这种自发的过程是通过多渠道同时进行的。尽管从社会学上讲，在汇聚人员信息方面，凭借松散的社会联系仅需数小时就达到如此水平的信息准确度的确令人吃惊，但作为一起典型事例，其主要意义在于，在突发事件和灾难发生期间，使用社交媒体会带来什么样的伦理学问题。普通民众是否应该利用社交媒体收集信息和参与到灾难当中？应急管理者和第一响应者是否应该利用这种信息？就将来社交媒体在现代应急管理中的应用而言，这些都是非常重要的理念。

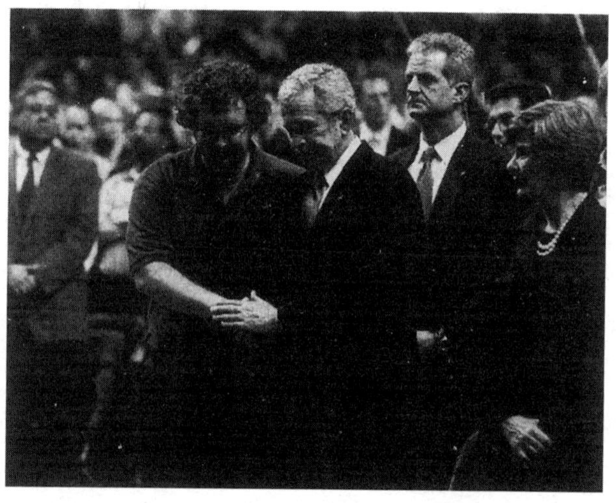

图5.1 在弗吉尼亚理工大学纪念死伤学生、教员和职工的集会上，总统乔治·W.布什安慰一名弗吉尼亚理工大的学生（白宫，埃里克·德雷珀）

公众预期的变化

很像弗吉尼亚理工大学枪击案，在过去10年当中，有许多突发事件和灾难都受到了社交媒体的巨大影响。而且，有越来越多的证据表明，对于各类应急管理者应该如何响应与突发事件和灾难有关的社交媒体报道，公众的期望值正在呈指数增长。举例来说，2010年，美国红十字会的一项调查发现，在不能拨打911电话的公民当中，有20%的人会尝试通过社交媒体或Web 2.0技术来联系响应者。另外，有35%的人称，他们会在应急管理或第一响应者的Facebook或Twitter页面上发布求援帖子，以取得直接的援助。或许，这项调查最具深远意义的结论是，有69%的受调查者表达了一种期望，那就是第一响应者应该监测社交媒体网站，如有必要就发起应急响应。既然社交媒体——特别是积极的监测——在应急管理领域并未得到普遍应用(见第4章)，那么不论是对应急管理者还是对大多数公民，这种程度的公众期望都给他们制造了一个重大挑战。这种期望与能力之间的差距会造成影响公民和响应者安全的伦理困境，还会潜在地影响应急应灾响应与恢复行动的有效性和高效性。

从社会学上讲，通过这些共享系统，社交媒体用户越来越普遍地集聚在一起并不让人感到意外。研究人类集体行为的社会学家们早就注意到，在具备了物理、空间、时间和情感反应的共享基础时，人们的行为具有趋同性。有几位研究者将这些趋同人群分成7类：回归者、焦虑者、帮助者、好奇者、开拓者、支持者和缅怀者。这7类特性有助于吸引人们关注那些可能很快发展成突发事件或灾难的紧急情况。如果这种趋同性是自然且自发的，那么运用社交媒体的新技术和连接系统就是一种自然的延伸，而这也许只是加快了这种联系，或者是将其移入到了虚拟的环境当中。因此，对于所有领域的应急管理者来说，在这种趋同性如何影响响应行动的有效性和高效性上，还有在影响响应者和受害者的安全方面，开始全面地评估如何加以应对就显得非常重要。

具体说来，在突发事件和灾难发生期间，应急响应者和公民需要确立并接受正确的社交媒体使用准则，以保证响应者与公民的安全和保护事故现场。例如，很久以来，突发事故现场都会被防护栏，如众所周知的“黄胶带”(见图5.2)控制起来(或者至少是被划定出来)。然而，随着越来越多的人在利用手机照片和视频功能，这种传统的现场控制差不多形同虚设。利用文本、视频或图片方式，任何公民都可以发布实时而又可能准确的信息，让人们能够清晰地了解现场状况。无论是对普通民众还是对第一响应者，这种程度的现场信息获取都是危险的。

图5.2　随着社交媒体技术使用的增加，现场控制的改革非常重要(美国陆军)

新系统的兴起

社交媒体系统在创建时，它们通常是建立在会员希望以瞬时方式进行交流和共享信息的基础之上。反过来，这些系统往往最终注重于某种社群定位或地理定位。这种理念的一个例子便是 MySpace 的兴起，作为一个成功的社交网络网站，它最终是鼓励基于音乐、乐队和其他艺术形式的交流主题。这种自然的发展也差不多适用于应急与应灾管理。随着时间的过去，许多社交媒体和 Web 2.0 技术系统已经变成了突发事件和灾难相关信息的实时存储库。这种与突发事件和灾难有关的信息交流不仅与传统媒体并行不悖，而且还时常充当着最主要的信息源。例如，2008 年的孟买袭击事件首先是在 Twitter 上被报道出来。一些专家估计，该事件的新闻被率先曝出时，Twitter 每五秒钟就收到 70 条更新（或推文），远远超过传统媒体的产量。比起全世界传统媒体接收和处理信息的速度，这种灾难信息交流的速度要远远快得多。正如第一章所提到的那样，随着越来越多的人在该系统当中变得活跃起来，在突发事件、灾难和具有全国性、国际性影响的事故发生时，Twitter 消息的数量和速度都在随着每一个后续事件的发生而迅速增加和提高。结果是，那些传统媒体很快接受了 Twitter 信息的可用性，并将其作为一个主要的信息源。

除了 Twitter 作为一个强大的公民报道工具兴起之外，维基信息源也很快成为一个强有力的聚合和验证突发事件和灾难相关信息的工具。维基的理念是支持可被注册用户编辑无数次以提供各自主题所需的尽可能多（或少）信息的公共网站。这些主题往往交叉参照外部信息源（如在线新闻媒体），而彼此又共同就这些问题创建一个错综复杂的主题与概念的网络。维基百科（最为常见的维基信息源网站）包含 350 多万个网页，其发布的照片文件、音频文件及相关内容超过 85 万份。这些网页已被编辑 4.4 亿次，平均每页大约被编辑了 19 次。举例来说，对于 2007 年弗吉尼亚理工大学枪击案，维基百科有 129 个独立的支持和生成多项式分录的参考条目。虽然不是每一个网页都被编辑过很多次，但很明显这些条目绝大多数都经过了许多次的验证。实际上，很像 Twitter，这种程度的验证已经构建了一个关于各种突发事件和灾难相关问题的主要信息源。

除了维基百科，在运用社交媒体和新技术获取信息方面，美国国土安全部还将“第一响应者实践社区”作为一个渠道提供给第一响应者和应急管理者使用。在这个系统当中，有许多主题社群还保留着维基站点，可用于收集和编辑与该特定系统有关的内容。比如，系统用户在任何时候都可以发布政策和最佳实践草案，在有新的理念添加时还可以继续给予增补，或者在变得过时或确定不准确时将其删除。很像维基百科，随着这种系统（或与此类似的其他系统)的利用率和用户数量日益增长,共享数据的验证将为应急管理社群创造出可供自由且有效使用的奇妙工具。

图片和视频网站(如 Flickr 和 YouTube)也很快成为公民共享突发事件、灾难和紧急状况相关多媒体内容的工具,同时还成为应急管理者和第一响应者获取事故信息与情报的工具。这些系统主要利用群、标签和反引用来就共同的议题或事件促进自发的公民参与。例如,从 2004 年到 2007 年,至少有 29 个不同的 Flickr 图片群被创建起来,收集了 7 场重大灾难(如"卡特里娜"飓风、弗吉尼亚理工大学校园枪击案和东南亚海啸)的照片并将其分类。这些群都有着不同的图片和会员等级,但对于共享一个指向事件的物理或者情感连接的人们,所有的群都能够有效地将他们集聚在一起。

Facebook 基准界面已经极大地改变了突发事件和灾难发生时的信息交流与传播。但是,Facebook 还是对其主系统进行过数次修改,进一步提高了其性能和启发作用,让公民充分参与更为广泛的社交对话——无论是常规话题还是与紧急事件有关。第一个修改是编制 Facebook 高级程序界面(APIs),可以让第三方网站在自己的网站上创建界面,让 Facebook 用户能够登陆并参与通过虚拟环境创建的会话。有个这种界面的例子是美国有线电视新闻网论坛(CNN Forum)。它于 2008 年总统选举期间被开发出来,利用 Facebook 界面,可以让朋友,有时候是陌生人,就当天的各种政治问题进行公开讨论和辩论。尽管的确说明了公众开始希望就公共事件和活动进行实时响应和对话,但这种界面尚未被政府组织——更不用说应急管理者——所采用。媒体对灾难和突发事件的报道无疑也会面临着这种可能的对待。另外,Facebook 还创建了 OpenGraph API 界面,通过其 Facebook 账户信息,各种网站的用户都可以藉此登陆到第三方网站上。有了这种功能,Facebook 用户针对各种问题的倾向和观点就可以通过更广泛的途径来共享,而不仅仅是靠 Facebook 本身。

不管系统如何,在危机情况下,这些系统能否得到充分且合乎伦理规范的使用,其主要问题依然存在。一方面,为了尽可能快地报道新闻,传统媒体已经在利用这些新的社交媒体界面。但是,为了满足这种需求,公共报道的可信性和验证性新闻的道德准则有时会被牺牲掉。举例来说,利用一种名为 iReporter(网络报道者)的 Web 2.0 技术界面,CNN 让公众能够通过一个易于访问的界面提供内容——不管是文本的还是多媒体的。截至 2010 年 1 月,有 5 万多份网络报道被发布出来,其中约有 3.6 万份在其系统内受到过审查和验证。尽管 CNN 最初于 2006 年就开始实践这一理念,但它为公众所利用并受到 CNN 和传统媒体的看重则是在 2007 年弗吉尼亚理工大学校园枪击案之后。在枪击事件发生时,研究生贾马尔·阿尔巴古蒂注意到了当地的枪声,随即用手机拍摄了现场视频。有趣的是,有些消息来源注意到,阿尔巴古蒂的视频如此受人瞩目,以至于 CNN 付给他一笔金额不详的款子以取得其专用权,而这有悖于社交媒体和 Web 2.0 技术的基本原则,并且对于一个传统而正规的新闻机构来说,这在道德标准上也显得暧昧。这种为公民记者创建易访问界面的模式是所有媒体平台共同的做法,包括福克斯新闻使用 uReport,地方新闻机构利用许多其他界面(如 uLocal)。

另一方面,提高公民新闻的利用率和社交媒体系统的外部集成会造成暧昧不清的道德与伦理后果。举例来说,2010 年,有一位 56 岁的单身妈妈自称胸部不适,登记住进了威斯康星州欧克莱尔市的一家医院。在数小时之内,这名妇女陷入了昏迷。当地医生确诊她得了脑中风并引起瘫痪。由于种种超乎其年龄的复杂因素,她的状况迅速恶化,医生担心会发生最糟糕的状况。由于这名妇女远离所有近亲属独自居住,她的儿子只能提供其有限的健康信息。医生很难确定一个合适的治疗方案,直到有位医生发现了该妇女有一个 Facebook 个人资料页面。通过她的 Facebook 页面,利用其过去数周的 Facebook 状态帖,医生很快确定了其当前状况如何发展的准确时间线。获悉了其病史,医疗组很快诊断出这名妇女心脏上有个小孔且排出了血凝块。这让一个成功的治疗方案得以实施,并最终挽救了这名妇女的生命。毫无疑问,在个人紧急医疗事故方面,这是社交媒体具有救命潜力的一个极好例子,但对于公民和响应者来说,这同时也是一个社交媒体正在如何成为伦理挑战的最佳事例。医生应该访问她的 Facebook 页面吗?这在许多方面都侵犯了这名妇女的隐私权,即使结果是她被救活了。尽管结局若是正面的话,大多数人都会支持这种侵犯,但这种成功的结局并不能得到保证,因而最终也就成为了问题的症结所在。

基于事件的风险

作为一个基于事件风险的例子，如果接到与家庭暴力有关的人质状况报告，地方执法响应机构会对一个当地住户做何反应呢？执法、紧急医疗服务、专业反应小组和其他响应人员（有时来自于多个管辖区）会同时响应一个中心实体位置。为确定领导者和进行现场控制，事故指挥员或联合指挥部很快会得到指定或成立。由于响应现场的复杂性，许多受波及的邻居和一些仅仅是靠近事发地的市民会被吸引到现场，并目击那里的所有活动状况。（见图5.3）

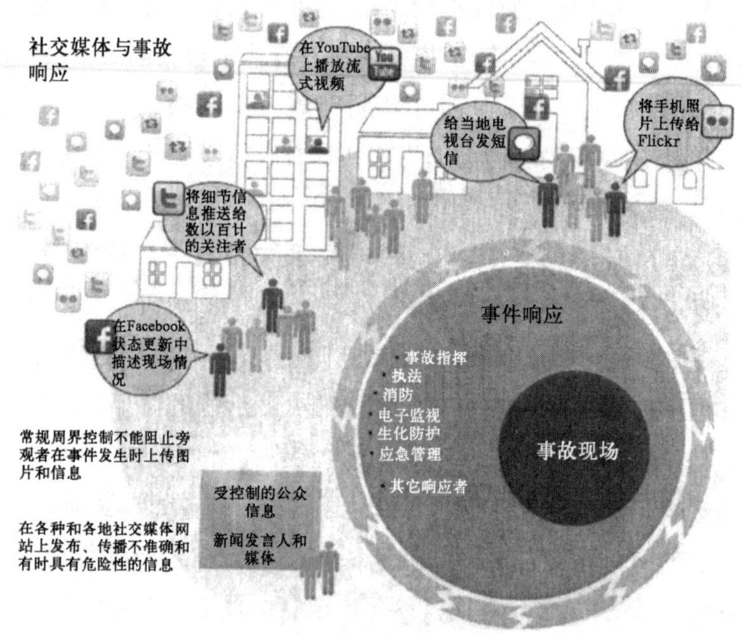

图5.3 现场控制与保护潜在地受到附近使用社交媒体工具者的巨大影响（美国中部区域委员会（MARC），芭芭拉·汉斯莱）

由于拥有许多前面已讨论过的社交媒体和Web 2.0工具，并且因为他们在现场感到震惊、担心或者相反地产生了兴趣，还因为他们被眼前的新奇事儿所深深地吸引，这种程度的市民存在很快会导致数十份（如果没有更多的话）评论、文本、图片和视频被公众发布到Facebook、Twitter和YouTube上。这些社交媒体帖子既有可能是简单的更新，也有可能包含有现场的细节，包括响应者所处的位置、当前的支持力度及其他类似细节。因为现场的观察通过社交媒体被共享，对此感兴趣而又控制着人质的那个人现在就有可能知道执法机构所采取的响应行动，包括小组制服的样子、响应策略、人员位置和所用装备类型。由于如此使用社交媒体，这种程度的察觉就意味着传统战术优势和正确的保护策略有可能被轻松地瓦解。如果战术优势和保护力度被降到最小和消除，那么相较于应急管理者先前的设想或者计划，第一响应者此时会处于远远大得多的危险之中。

这种真实场景发生在2011年，当时犹它州警方将一个名为约瑟·瓦尔迪兹的男子逼入盐湖城市一家宾馆的房间里，他们应法院的要求正在试图拘捕他。当地特警队已将这个宾馆房间包围了16小时，因为瓦尔迪兹身边有一个据信是其人质的女子。在僵持的过程中，瓦尔迪兹在其Facebook网页上发布了6条帖子，他的朋友们则发布了约100条的跟帖评论。这些评论五花八门，既有直接表示支持的，也有急切地要求他“别做傻事”的。其中，也许最为醒目的是一条帖子声称有个特警队员正潜藏在房子外面的灌木丛中。作为回应，瓦尔迪兹只是说，“谢谢你，老伙计……会小心的。”后来，在特警队员冲进其房间时，瓦尔迪兹朝自己开了枪。当地执法部门此后坦承，对于瓦尔迪兹那如此公开地向其提供响应情报的Facebook朋友，他们还不能确定应该如何处置。有些当地的社区领袖甚至提议，鉴于瓦尔迪兹的朋友如此使用社交媒体，他们应该被指控犯罪。

这种情况还可能会把当地市民推入巨大的灾难性危险当中。在某种程度上，这种现象在2008年11月孟买金融区的恐怖袭击当中也出现过。在这起特殊的事件当中，许多当地居民抓拍了恐怖分子穿过事发地域的照片。有些时候，这些照片能清晰地显示出恐怖分子所携带的武器和燃烧装置，且随后被传统媒体如CNN采用以实时更新报道。很显然，如果这些人靠得很近以便于用手机抓拍恐怖分子的影像和多媒体内容，那么这些市民被恐怖分子伤害的危险性就会增加。因此，这里就出现一个重大的问题，即在事故发生时，这些市民利用社交媒体的做法是否会将自己置于更大的危险之中。对于公民记者来说，是不是拥有如此水平的事件相关信息和情报就足以值得去冒险呢？

同样，如果一场像龙卷风和地震这样的自然灾害正在当地社区发生，许多当地居民就会设法捕捉与这场灾害有关的信息——包括照片、视频和第一手资料，不管传统设施（如当地的互联网接入）当前的状况如何，这些信息都会通过移运设备经由社交媒体系统被迅速共享。这种公众反应是由多种因素造成的，包括对影响到他们生活的事件富有好奇心，以及受到当地和传统媒体（如 CNN 旗下 iReporter）的鼓励来提供与事件有关的公民新闻。根据科罗拉多大学自然灾害中心的研究，“灾害会让那些想更多地了解它并想看看直接的破坏情况和响应行动的人产生好奇心……虽然是一种自然的反应，但[这种]被一些人称为‘灾害旅游’的[行为]……会造成问题，如果这妨碍了援救、减灾和恢复行动的话。”应急管理者们必须要提高他们的相关意识并接受这种现象，以帮助降低其所在社区的风险。

简而言之

灾害会让那些想更多地了解它并想看看直接的破坏情况和响应行动的人产生好奇心……虽然是一种自然的反应，但[这种]被一些人称为‘灾害旅游’的[行为]……会造成问题，如果这妨碍了援救、减灾和恢复行动的话。

——科罗拉多大学自然灾害中心

另外，公民往往将目击事件的欲望置于优先地位，而不是呼叫 911 以启动应急响应程序。例如，2009 年，当两个澳大利亚女孩（年龄分别为 10 岁和 12 岁）迷失在阿德莱德市的一条雨水渠里时，她们通过手机将情况发布到其 Facebook 网页上，而不是拨打澳大利亚的报警电话。虽然这些小女孩可能并没有意识到迫在眉睫的危险，但对大多数应急管理和第一响应者机构来说，这种只想到应该在社交媒体网站发布消息的现象是一种新的现象。有趣的是，这种现象也不能仅仅归结于年轻人的无知。2009 年，亚特兰大市一位议员发现，在附近的街道拐角处，有个妇女突然疾病发作。很像澳大利亚的那些青春期的孩子，这名议员在 Twitter 上发文称有个妇女需要医疗援助，而不是拨打 911 报告情况。数秒钟之内，这位议员的 Twitter 关注者就转推了这条信息，而有些人则直接拨打了911电话。事后，这位议员报告称，他决定使用Twitter而不是紧急号码是因为其手机的电量过低。即便事实的确如此，这个事例还是证实了社交媒体用户越来越感觉到，比起传统的紧急情况报告机制，社交媒体网站的可靠性和连通性更为有效。这种现代应急通知和信息传递的潜在价值将在第八章展开讨论。

第一响应者的责任

长期以来，保持高度公平与勤奋都是衡量应急管理者和第一响应者的一种标准。这种理念与人们常说的格言“为最大多数的人做最好的事情”有异曲同工之理。应急管理者及其合作伙伴们在做出准备和响应决定时，切不可基于偏袒或偏见，而只能基于最有效和最高效地保证受灾公民和那些响应其需求者的生命和财产得到保护的处置流程。这种流程的最好例子是执法机关需要规定武力使用范围并进行相关培训，以便在处理特定事件时，在什么可以做和什么不可以做的问题上都有章可循。举例来说，当遇到一个当地市民乱穿马路或者冲闯停车标志时，执法官员应该使用其执勤武器朝他开枪吗？当然不能！这些第一响应者在大多数情况下都会接受相关训练，以保持一种影响尽可能小的响应。不幸的是，有些领域的应急管理者尚未拥有类似于前述武力范围的合理使用标准，对于所有这些领域的应急管理者而言，社交媒体是一种道德和伦理上的挑战。

对于各领域和各响应专业的应急管理者和第一响应者，如果合乎伦理规范和合情合理的响应已经是一种得到认可的模式，那么这对于社交媒体的使用和影响而言也就应该没有什么不同了。有了美国空军社交媒体利用政策的一些启示，所有领域的应急管理者们都应该采用关于社交媒体与突发事件或灾害的6条基本使用规则。这些规则的表述都体现了一点，那就是要确保所有社交媒体的使用都具有机密性、隐私性、准确性和可信性。采纳这些规则非常重要，这有助于确保公众感到满意并且深信，和其他任何领域的应急管理者所发布或利用的信息一样，这些应急管理者们所采用的所有资料都具有同等的准确性和可靠性。

应急管理人员公平和安全使用社交媒体的规则

1. 只使用得到三个或更多可靠消息源发布的资料(其中最好有一个是传统媒体源)。

2. 当官方社交媒体系统因事件相关问题接受监测时须公布日期和时间。

3. 不要泄露事件的关键(亦称机密)信息。

4. 不要侵犯受害者或其亲属的隐私权。

5. 不要使用商标权或版权材料。

6. 承认错误和不许说谎。

在这些规则当中,第一条是要确保应急管理者所使用和传播的所有信息都具有准确性。首先,对于如何验证公众通过社交媒体系统提供的突发事件或灾难相关信息,应急管理者必须要确立一些规则。这些规则要求,一个社交媒体信息源必须得到不少于三个消息源的确认和验证,其中至少要有一个是(已确立起审查制度的)传统媒体。尽管这种数字是完全随机的,但它有助于让应急管理者确认,在应急准备和响应期间,其组织里(若非全行业的话)需要多大程度上学着接受和应用这种规则。此外,这些规则还要求,在向公众发布灾害相关信息时,应急管理者们必须一律做到有错即认和避免口是心非。

除了准确性,对于通过社交媒体系统接收和传播的信息,应急管理者还必须要设法确保其可靠性。可靠性的基础工作是从制定一个社交媒体系统将在何时使用的时间表开始。很明显,应急管理者们证明其使用社交媒体合情合理的主要办法是让人知道,在突发事件或灾害期间,它会作为辅助系统用于紧急公共信息、预警、警告及其他重要信息的发布。不过,许多应急管理者必须要考虑的问题是,在开展准备和减除工作却没有进行为人所知的响应活动时,他们该如何处理其社交媒体系统呢。(见图5.4)鉴于公众对社交媒体网站监测功能抱着越来越高的期望,为了让其保持在合理的水平上,制定这些众所周知的“工作时间表”就至关重要。

图 5.4 在灾难间隔期进行常规准备与减除行动的过程中，应急管理者必须要确定如何使用社交媒体（FEMA，马琳·卡利恩多）

此外，就公众和应急响应合作伙伴们而言，他们务必要保证尊重与灾难事件相关联的隐私、情报和知识产权。这包括与受害者的健康信息和应急响应情报有关的信息内容，以及版权和商标权材料。比如，人们剽窃或使用从互联网上发现的图片，却未取得其使用许可权。在坚持积极使用社交媒体的过程中，这种粗心大意地使用社交媒体在社群当中是危险且无礼的。保持这种程度的透明性（正如社交媒体社群所期望的那样）会让人们觉得，应急管理者是值得信赖和可靠的，而这一点在响应行动当中非常重要。

公民的责任

很像在突发事件和灾难发生时使用社交媒体的实践考虑，应急管理者还有一个职责，那就是要告知公众，在紧急情况下，公民对使用社交媒体负有什么样的责任。与当今在整个美国无处不在的 911 紧急系统很像，在紧急情况下使用社交媒体时，公民可能完全知道，也可能完全不清楚他们的选择会造成什么影响。（见图 5.5）例如，长期以来，911 紧急系统都受到误用和错打的困扰，包括挂断电话、骚扰电话和非紧急电话。

图5.5　安全在心，安全推送（亚当·克罗）

公民在突发事件和灾难期间安全和有效使用社交媒体的责任

1. 我不会因为使用社交媒体而伤害应急响应者和其他公共安全官员。

2. 我不会因为使用社交媒体而将自己和周围的人置于危险境地。

3. 我不会转发灾难相关内容，除非它已经被两个不同的消息来源所证实。

4. 我不会期待应急响应机构的社交媒体响应，除非它们声明可以支持这种响应。

为了解决这些问题，911呼叫中心最后使出了各种各样的招数，包括技术升级、执法干预、应用311系统，而也许最重要的是，加大教育公民正确使用当地911系统的力度。通过这种必要且必需的教育，民众弄清楚了电话的专用性、打电话时的流程和误用的后果。

随着公众对社交媒体使用的期望值在持续上升，应急管理者的官方使用水平也得相应地提高。那种对911系统有必要的教育对社交媒体来说，也同样完全有必要。如果这种教育和公众意识没有发挥作用，那么在突发事件和灾难期间，社交媒体的潜在影响和作用就可能因害怕和误解而大打折扣。此外，就像已经讨论过的那样，在事故发生期间，如果不通过一种共享、共用的平台和规则来使用社交媒体，那么这也会对公民和第一响应者的个人安全带来巨大的潜在危险。在突发事件或灾难发生期间使用社交媒体时，当地民众、传统媒体、应急管理者和当地社区的领导者需要找到某些规则来遵守，以保证民众和响应者的安全。在这些已经提出来的规则当中，大多数都强调要增强社交媒体使用者的态势感知。尽管对应急公共信息和响应活动而言，很多此类规则都算是寻常惯例，但要在传统应急管理与响应系统当中成功地运用社交媒体，这些又是至关重要的。尽管这些规则可能需要社交媒体稍稍延迟传播速度以确保采取正确的措施，但为了保证公民和第一响应者的安全至高无上，这样做最终是值得的。虽然这些规则还具有主观和专断的色彩，但它们有助于为将来在突发事件和灾难发生期间成功地利用社交媒体奠定基础。

社交媒体的"如何"Vs."为何"

在应急管理的各个阶段使用社交媒体时，其产生的伦理问题在很大程度上被忽视了。在突发事件或灾难发生之前、期间和之后，大多数应急管理者只关注社交媒体系统"何时"和"如何"能得到使用。这种思维方式带来的问题是，它往往忽略了"为何"，而在确保这些理念完全融入传统管理与响应结构和假定的过程中，这也许是最为关键的一点。

各个领域的应急管理者们都擅长于其所从事的工作，他们会基于多年的最佳实践和社区观察来制定计划、程序和操作规程。不幸的是，这种操作和计划模式常常并不适合新策略和新技术(如社交媒体与Web 2.0技术)的整合与发展。本章所讨论的社交媒体正在如何影响传统响应现场、态势感知和公众信息的理念仅仅是这种转变的开始。各领域和各级应急管理者们都必须竭力取得实际工作者的意见反馈和认同，以确保这些理念能够完全被接纳。不幸的是，使用传统的靠时间和重复的方法，这种类型的实现是不会出现的。相反地，必须要共同努力来应用灵活和动态的标准，确保它们能够迅速地得到修正或更改，以满足当前的需要或者能力要求。

如果这种实现能够取得以进行更快的决策，那么社交媒体的有效性以及公民和第一响应者的安全性就能得到更好的保证。同样地，本章述及第一响应者、应急管理者和公众责任的规则都只是一些起点。这些规则与预期都会受到变化的影响，应急管理社群应当不断地加以调整，以确保其持续的有效性。在任何时候，这里所提议的机制都不应该因疏于改进与检验而变得僵化和封闭。相反地，要随时检讨每一次突发事件或者灾难事件（无论是多大还是多小），以便分析和应用任何与社交媒体影响该特定事件有关的调查结果。

实践者简介：阿丽莎·格里斯沃尔德　堪萨斯市医务后备队

图 5.6　阿丽莎·格里斯沃尔德

格里斯沃尔德（见图5.6）是一位灾难响应专家。她专攻生物学和放射性灾难的策划与响应，是堪萨斯市医务后备队（MRCKC）执行副主席。另外，她还积极利用社交媒体系统（如Twitter），以推动专业的发展，提高志愿服务水平并参与社区活动。由于具有不寻常的多专业背景，并且对社交媒体有着强烈的爱好且富有志愿精神，受国际应急管理者协会（IAEM）的委派，格里斯沃尔德小姐成立了一个新的委员会以重点研究应急技术，如社交媒体和Web 2.0系统。在被问及社交媒体为何对未来的应急管理十分重要时，格里斯沃尔德小姐称，“通过利用社交媒体工具，如Twitter，我能够在社群当中分享我每天的活动……作为一个纳税人和市民，我很感激有机会能更好地了解其他政府机构是如何运作的。”她接着说，“对于社交媒体或者其他应急技术，我不相信大多数应急管理者都有很好的了解……不过，这是一个伪代际问题，前一'代'应急管理专业人员是通过展示另一学科的专业技能获得工作，而新一'代'则在专注地为应急管理完成课程论文。"在被问及所有领域的应急管理者为何一直不愿意接纳新兴技术时，格里斯沃尔德小姐说，"许多人的犹豫是出于对无法预料的后果，如法律或者指挥与控制问题的顾虑。"她最后说，"我们正在目睹一个新的世界秩序拉开序幕……在这里，虚拟应急响应在灾难袭击时就已经开始，这样志愿者能够从世界任何地方伸出援助之手……而且在这里，使用移动设备就能够帮助羽翼未丰的民主国家推翻专制的暴君，度假者可以不经意地就 FBI 头号通缉犯的追捕令发表实时评论。"就像全世界的实践者们试图解决如何成功地运用社交媒体一样，格里斯沃尔德小姐的热情和领导才能对未来的应急管理也具有非常重要的作用。

本章关键词

■ 公民新闻：公民通过可由传统和主流媒体使用和转换的社交媒体形式报道和记录突发事件或灾难事件。

■ 维基信息源：一种网站或者虚拟概念，指利用一大群人的集体编辑与审查过程来收集和验证信息。

■ 社交媒体伦理规范：为突发事件和灾难发生期间社交媒体的使用和应用确定一种伦理框架，旨在确保第一响应者和公民的安全及事件现场得到保护。

■ 基于事件的风险：由于现场涉入者或者受波及者那既存的人际关系（此即社交媒体联系），社交媒体影响到某个特定现场的应急响应活动的风险。

第二部分

社交媒体的政策、流程、整合与分析

如果你的声誉欠佳，这无关宏旨。其产品不堪用的、商业行为低劣的和背景可疑的人都会被发现。且消息会以骇人的速度传播开来。

——索尼亚·西蒙妮，“卓越沟通”的营销人员和博主

第六章　谁是这些地方的治安官：社交媒体信息的监测与分析

社群感知有三个层次：当人人都知道些什么时，当人人都知道人人都知道些什么时，当人人都知道人人都知道人人都知道些什么时。

——克莱·舍基，《人人时代：无组织的组织力量》

灾难聚焦——《恐怖主义的7种征兆》视频

2008年，密歇根州警察局应急管理与国土安全部门开展了一项名为《恐怖主义的7种征兆》的教育视频活动。该活动号召公民提高警惕，报告恐怖主义的7种常见征兆，即监视、信息收集、试探保安措施、策划、可疑的行为、预演和定位。到目前为止，密歇根州仍在视情况利用其网站和通过DVD播放这个视频。由于该视频有着较为积极的反响，大堪萨斯市区域国土安全协调委员会公民准备分会决定制作一种具有专业品质的与密歇根州的这种视频相类似的视频。在制作过程中，堪萨斯市版的《恐怖主义的7种征兆》是以该市独有的地方标志为背景来展现当地居民的活动。视频制作完成后，在一个星期五的下午，该委员会决定将其发布在一个新建的由美国中部区域(政府)委员会管理和控制的YouTube频道上。借助社交媒体的力量和这种通过互联网共享与传播的信息本身所具有的能力，到了下个周一的上午，该视频已经被浏览了3.3万次以上，其跟帖评论超过250条。大多数评论都是负面的，认为该视频播出的许多具体而耸人听闻的案件在社区里引起了恐慌。当地负责公民准备工作的应急管理者不得不迅速采取措施，复查社交媒体上的相关评论和反馈信息。在事件发展的过程中，由于这种监测和响应没有及时跟进，要妥善掌控这种局面就很困难。这就强烈地表明，为了密切注意公众的反应并在必要时给予相应的回应，必须要对社交媒体进行监测。（见图 6.1）

图 6.1　为了获取实时的态势感知，被指派到规划和情报部门的指挥人员需要监测社交媒体（FEMA，**帕特兹·林奇**）

传统媒体监测

社交媒体的监测与分析是一个复杂的问题，其原因在于可用的系统较多、可靠的程度不一和解决这些问题的必要资源不足。然而，很像本章开篇引用的克莱·舍基之语，无论是对于应急公共信息还是对于态势感知，启用网络协议和系统来监测社交媒体对话——特别是在灾难期间——是至关重要的。就像本书第一部分所表述的那样，无论有没有应急管理者和其他政府官员的存在和参与，社交媒体系统当中的信息和观点的交流都一直在进行着。因此，要成为这种对话的一部分，最方便的办法之一是使用合适的工具来监测正在谈论的是什么，以及出于何种目的。

传统上，突发事件和灾难是通过观察和审查大众媒体得到监测。当报纸还是大众交流的主流媒体形式时，监测不过是读读报纸和查找相关事件的报道而已。同样地，对于广播和电视资源而言，就是在突发事件发生期间对其每天的播报进行定期监测。事件监测时间线的首次重大变化源于有线新闻媒体（如 CNN）的兴起。这将传统的新闻生产周期转变成了每周 7 天每天 24 小时（24/7）。虽然是 24/7 模式，但事件监测仍然依赖于高水平制作的媒体形式，而这种媒体形式需要有与报道事件相关信息相匹配的场地、布景、资源和其他技术装备。为了维持这种流程，需要利用由美联社（AP）、法新社（AFP）、合众社（UPI）和路透社提供的传统有线新闻服务来收集国内和国际突发新闻，然后再传给其共享网络里的新闻机构。

然而，随着互联网被越来越多的公民和传统媒体所使用和推广，新闻监测的正规体系正经历着一次重大的变革。各种形式的互联网都开始更快地报道灾难相关新闻，却没有传统媒体所必需的流程和资源约束。这种过程还受到社交媒体兴起的进一步影响。社交媒体超越了传统媒体控制灾难相关信息的概念，让公民能够像此前在第三章和第五章所描述的那样贡献各种形式的新闻。这种朝着共享新闻责任的转变让新闻报道移至事件发生的接近即时，再到实时。

社交媒体监测

结果是，随着媒体报道的转变，媒体监测也需要转变。在传统印刷、广播和电视媒体继续存在并对事件监测发挥影响的同时，需要创建系统来跟踪网上信息的传播与交流，并且是以信息传播同样的速度通过社交媒体来跟踪。归功于开放的可供大多数社交媒体系统应用的高级程序界面（APIs），社交媒体的这种搜索和监测能力是有可能获得的。这些 APIs 可让第三方系统访问公共社交网络、微博、博客、图片共享网站、视频共享网站及其他社交媒体系统上的数据和信息。

应急管理者们既可以利用社交媒体监测进行态势感知，也可以用于应急公共信息活动。在这两种情况当中，社交媒体信息的收集和审查必须是实时的，并且要反映出与特定事件有关的所有主、次要问题。举例来说，如果一场龙卷风袭击了某个特定的社区，了解社交媒体上所有讨论灾情评估和停电，以及诸如大众避难所与废墟管理等次要问题的信息就非常重要。对于态势感知而言，这种信息在操作上是为必要的调整提供依据，以确保有效且高效的事件响应处于考虑之中。在国家事故管理系统(NIMS)体制内，根据现场状况和事故指挥者的指示，这种信息可以指定由行动或策划部门的情报小组负责。同时，公共信息官员的活动会受到联合信息中心(JIC)常驻公共信息官的监测。社交媒体监测的这种操作利用将在第十章展开讨论。

应急管理者在进行社交媒体监测时，其他的主要应用是在应急公共信息的处理环节。这种处理任务通常是指派给联合信息中心的公共信息官员，同时还会向其分配一个供特定组织使用的应急行动中心(EOC)激活码。从根本上讲，JIC 是负责信息分析、信息发布和媒体监测。要整合社交媒体的监测与应用，就必须对这个决定性的部门加以调整。确切地说，JIC 必须要能从所有社交媒体系统中抓取实时的事件相关信息，以便厘清错误信息，并且判定是否还需要其他信息。这种实时的信息应当能够按照时间、用户、词组、位置、连通性、个人风格、分析学和影响力来进行搜索。

社交媒体监测高度依赖于特定的系统分类特征，如主题标签、关键词、内码和标签。正如第二章所讨论的那样，这些系统分类特征对存在于社交媒体和 Web 2.0 技术当中的连通性有着基础性的作用。无论何种情况下，这些特征都可以支持类似信息的收集和汇总。有趣的是，这些特征都是用户生成的，他们在创建或者制定的过程中，并没有规范性的体系或规则可以依靠。举例来说，Twitter 监测就高度依赖于主题标签(或者一个随机的与某个主题有关联的字母与数字的组合)的创建和使用。类似地，图片与视频共享网站(如 Flickr 和 YouTube)也是依靠标签来驱动。社交网络(如 Facebook)则独立于这种分类规则之外。有些监测系统是使用关键词来搜索这类系统，相较于其他社交媒体系统，其结果有时并不太准确。在某种程度上，这种差异正是进行社交媒体的聚合与验证以及监测所需要的。社交媒体数据的聚合与验证将在第七章展开讨论。

实时的瞬时监测

第一种主要类型的监测与那些提供实时个性化和瞬时功能的系统有

关。具体地说,这些系统能够随时收集与主题、类型、事件、名字或其他事件相关信息有关的信息。(见图 6.2)但是,对于这些类别的超时信息,实时的瞬时监测系统并不具备相应的收集功能。现有的社交媒体监测系统有很多种,其中有许多都锁定了特定的社交媒体网站,如 Facebook 和 Twitter。不过,在这些网站当中,有些能够同时监测多个站点。

图 6.2 相较于传统的监测,有效的社交媒体监测有助于更快地解决公共问题(FEMA,迈克尔·麦地那-拉托雷)

可进行实时的瞬时监测的 Twitter 专用网站包括 Monitter、Topsy、Trendsmap、BackTweets、Twubs 和 Twitter 的 Advanced Search。尽管这些系统都可以用于监测事件相关数据,但每一种系统当中的特定筛选器都不尽相同。举例来说,Monitter(和 Twitter 一样有两个't'字母)是一种基于网络的 Twitter 监测工具,可以让用户写入关键字或词和一个地理搜索参数(基于某个邮递区号的英里数)。这种系统的另一个好处是,它不需要任何注册、密码或者连接到社交媒体系统上。此外，由于具有通过本地搜索获取实时信息的功能，这种监测对应急管理者来说非常有效。对于具有地方性或者区域性影响的突发事件和灾难，Monitter 将是一款实时收集推文的极为有效的工具。比如，对于高度依赖于户外警报器传递紧急公共通知的地区，它们往往会被偶尔出现的引起公众混乱的故障所困扰。针对这些类型的问题，监测社交媒体就能够发现问题的要害和缩短发布公共信息的必要时间，以便于解决由故障造成的麻烦。

另一款优秀的 Twitter 专用实时监测工具是 Trendsmap。Monitter 是利用地理相邻性来提供一些相匹配的推文，而 Trendsmap 则是寻找热门标签并让其显示在地图上。这种方法能很快地反映出公众在任何特定时刻的兴趣和主观倾向。例如，在暴风雪期间，如果当地应急管理者有兴趣监测公众对应急除雪活动的反应，通过用于生成 Twitter 主题标签的关联术语，Trendsmap 能够很快提供这种监测能力。举例来说，在这种情况当中，如果一个像＃plowfaster 和＃plowmore 这样的主题标签正在被 Trendsmap 监测的话，那么这就强烈地向当地应急管理者表明，当地民众对本地的应急除雪步伐和效率并不满意。

最后，也许最为强大的 Twitter 专用监测工具是 Twitter 自身的 Advanced Search。这款 Advanced Search 工具可允许通过词汇、人、位置、日期、个人风格和其他要素进行搜索。在这些参数当中，每一种都具有多目录功能。例如，人筛选具有的功能是查找推自、推到某个特定 Twitter 账户或与该账户有关的推文。有趣的是，它还允许进行与情感有关的特别搜索条件限制，并可指向其他网站或网址链接。在突发事件或灾难响应期间，这有利于应急管理者出于各种各样的原因对紧急情况进行监测。举例来说，很像已经提及的 Trendsmap，在确定响应的有效性与效率和灾民对信息的认可度上，收集并说明与特定事件有关的情感表达（如多少次使用快乐或者悲伤的表情图标）是极具价值的。在弄清保护性行动建议（如发布龙卷风警告）能在多大程度上被当地民众所认可并遵从的问题上，这种功能也格外有用。此外，在了解有关信息在社群内的传播情况时，测算所发布的网络链接被转发多少次的功能也非常有价值。

尽管都是功能强大的监测工具，但就其有效使用而言，这些以 Twitter

为中心的功能还蕴含着挑战。首先，不管使用的是什么监测系统，其有效性都依赖于社交媒体用户在特定时间内使用这种测量系统的数量。举例来说，如果有1,000人发帖响应某个特定事件，但只有100人使用相同的主题标签，那么当地应急管理的官方监测就只能以那些真正报告该事件的10%为基础。此外，应急管理者只有熟练地使用这些监测系统，它们才能有效地发挥作用。如果各领域的应急管理者在非突发事件（社区的节日、典礼等）期间没有经常使用这些系统，那么他们在事件发生期间也不会有效地进行利用。对这些以Twitter为中心的监测系统而言，它们面临的最后一个重大挑战是依赖于Twitter内部的系统命名。Twitter高度依赖于特有的用户标识（用户ID），而这种标识与实际名字和地理位置可能有也可能没有明显的关系。这对真正弄清监测数据是否与被监测的事件有关联构成了挑战，这也是为什么进行聚合和验证显得非常重要的原因。

Twitter的实时瞬时监测工具

- Twitter的Advanced Search
- Trendsmap
- Monitter
- Topsy
- Twubs
- BackTweets

除了Twitter专用的实时监测系统，对于Facebook上公开发布的内容，有些类似的系统可收集与之相关的瞬时信息。与Twitter监测工具不同，这些Facebook工具完全局限于关键字或词，而不是分类术语（如主题标签）、地理位置和表达的情感。当然，随着Facebook监测工具的持续发展，这些筛选手段也可望使用，但它们目前尚不支持这些功能。Facebook的两大专用实时监测工具是Open Facebook Search和Openbook。这两个系统都有一个简洁的搜索框，可以迅速收集所有与搜索请求相匹配的实时参考信息。从监测的角度来看，这两个系统之间唯一明显的不同是，Openbook可以按性别进行搜索筛选。无论使用何种Facebook系统，要有效地对Facebook进行实时监测以获取事件相关信息，其挑战是 Facebook 用户希望收紧个人用户设置的需求越来越受到重视，而这反过来会最大限度地削弱或者排除现有监测系统的有效性。

尽管这些监测系统都是非常有用的工具，但为了监测所有与特定事件有关的社交媒体信息，应急管理者（像大多数社交媒体用户一样）还是应该寻找最为有效和最为高效的办法。这意味着可同时从各种社交媒体当中收集信息的监测系统将极具价值。如果这些系统能够有效地发挥作用，那么在大多数应急管理者没有多少其他工具可用的情况下，它们将是非常得力的监测突发事件或灾难的工具。幸运的是，具有这种功能的工具确实存在。这些多功能监测工具包括 Kurrently、Social Mention 和 Topsy。除了 Kurrently 以外，这些系统都采用了强有力的搜索和监测工具。这些工具不仅具有动态筛选器，而且还有助于促成搜索算法和最终监测结果的选择性外包。相反地，Kurrently 只是按逆时间顺序列出 Facebook 或者 Twitter 帖子，可满足无任何特定筛选功能的搜索标准。由于其简单性，它在结构和效果上与 Openbook 相似，唯一真正的改良是增加了 Twitter 的帖子。Social Mention 和 Topsy 所用的参数既可以用于跨多系统的筛选，也可以在基于网络的访问当中使用。例如，Social Mention 既可以支持通过博客、微博、网络、书签、影像、视频和音频进行搜索筛选，还可以对选定的社交媒体系统，包括 Facebook、YouTube、Twitter、MySpace、Flickr、Friendster 及其他许多系统进行高级监测。对于应急管理者而言，因其具有人们常说的"一站式"潜能，这种功能性在所有监测功能当中极具价值。虽然相类似，但 Topsy 并不提供像 Social Mention 那样的搜索深度。这些聚合网站可搜索较为重要的社交媒体网站，并能够按图片、视频和网页内容进行筛选。虽然不像 Social Mention 那样功能全面，但 Topsy 提供的收集功能对应急管理者还是多有裨益。

Facebook 的实时瞬时监测工具

- Kurrently
- Social Mention
- Open Facebook Search
- Openbook
- Topsy

实时集体监测

有些其他实时监测系统是以集体方式收集社交媒体信息。例如，除了前述系统收集的瞬时信息，这些系统还将搜集满足搜索参数的信息，并且还可以收集长期数据以供分析和比较。举例来说，如果当地有位应急管理者想要监测过去与他或她所在的特定组织有关的评论、反应和反馈，有个可达到目的的最直接的办法是使用集体监测系统来察看过去不断变化的观点。这种观察的时间段可根据事件和某个特定组织的活动情况而定，可以是数分钟到数小时，也可以是数天或者更长。（见图 6.3）实时集体监测工具的实际例子包括 Google Alerts、Yahoo Alerts、Social Mention Alerts、TweetDeck，Seesmic 和 HootSuite。

图6.3 不进行适当的社交媒体监测，与事故有关的重要信息就有可能湮灭在海量的信息当中

对那些满足预定提醒条件的网帖，Google Alerts、Yahoo Alerts 和 Social Mention Alerts 都可以提供相似的电邮或者文本提醒。例如，如果有位当地应急管理者想要监测其组织的名字在社交媒体和网帖上出现的情况，这里所列出的提醒工具都能有效地发挥作用。传统媒体在监测发布在受其控制的网络扩展载体上的互联网内容时，利用这种办法就特别有效。举例来说，如果当地一家电视台采访了这名应急管理者，并将相关视频和文本文章发布在它的网站上，那么这种提醒机制就会生成，可向任何设置了相应搜索参数的人发送快讯。对于与搜索参数相关联的网络内容、新闻和即时信息，Google Alerts 和 Yahoo Alerts 都能提供关键字筛选的机会。Google 具有较好的筛选能力，其对象还包括博客、论坛和视频。不幸的是，在像 Facebook 和 Twitter 这样独立的社交媒体网站上，这些筛选器可能有也可能没有，不过它们可以直接集成到次级媒体网站当中。Social Mention Alerts 是最好的社交媒体内容的实时集体提醒工具。就像已经讨论过的那样，Social Mention 系统不仅支持关键字的筛选，同时还支持针对一个或多个社交媒体系统的内容和提醒检索。

最后三种实时集体监测工具是 TweetDeck、Seesmic 和 HootSuite。这些社交媒体监测和收集系统都是多平台、多功能系统，能够抓取过去或长或短时间段内的大量社交媒体数据。每一种系统都可以利用网页浏览、桌面应用和移动应用来操作。就其设计理念而言，这些工具就是要向社交媒体用户提供一种界面，以监测一个中心位置而非各种原始信息源上的社交媒体评论、响应、私信、照片、视频和其他共享内容。具体地说，利用一些其他由个人监测系统支持的社交媒体路径，TweetDeck、Seesmic 和 HootSuite 都可支持与 Twitter、Facebook、LinkedIn 和 FourSquare 的连通性。这种界面的可操作性主要与时间管理有关。虽然这些系统更多地是用于社交媒体输出信息的监测，但在收集海量信息方面，它们也非常有效。

实时集体监测工具

- Google Alerts
- Yahoo Alerts
- Social Mention Alerts
- TweetDeck
- Seesmic
- HootSuite

和已讨论过的个别实时瞬时和集体系统不同，TweetDeck、Seesmic 和 HootSuite 可以保留所有原系统上可用的功能。例如，基于关键字、用户或主题标签，这些系统上的 Twitter 界面被分成了跟帖内容、回复、直接信息和 Twitter 系统内的系统搜索。每种搜索类别或收集的信息通常都按列表列出，最近的内容排在列表的顶部（按逆时间顺序）。这种内容——特别是在

Twitter 这样的系统当中——是即刻生成的，除非帖子的数量超过列表所能允许的最大量（如 TweetDeck 的默认值是 200 条评论或帖子），否则会一直维持着这种信息的列表。对于应急管理者而言，这也许是最为有用的一种单一监测工具。在与事件、灾难或社区问题有关的准备、响应、恢复和减除期间，有各种系统可用来进行信息传播。TweetDeck、Seesmic 和 HootSuite 在风格和外观上都非常相似，只有少许功能性差异。基于个人对显示、访问和技术倾向上的喜好，大多数末端用户只会使用这些系统当中的一种。

很像实时的瞬时监测，集体监测系统也同样有其局限性并面临着挑战。对于生成提醒的系统而言，如果搜索参数不够具体，它们只能提供有限的和前后矛盾的结果。例如，如果不具体到要查询的地区，用常用名（如 Athens 或者 Johnson）来查询辖区就会生成错误的结果。此外，对于应急管理者来说，如果需要查询的事件是泛型的，那么这些假阳性结果就会生成。例如，为“下雪”、“龙卷风”乃至“飓风”创建提醒服务最有可能参数不足，因为事实上这种类型的事件往往几乎同时在多地发生或者已经发生。正确方法是，搜索参数应该尽可能地具体，包括与事件有关的地理或者常用术语（如“卡特里娜飓风”而不仅仅是“飓风”）。（见图 6.4）同样地，在信息收集方面，像 TweetDeck 和 HootSuite 这样的系统事实上也非常有效，也惟其如此，实际上很难对被生成的信息进行有效的监测或者评估，因为信息量过于庞大。

图 6.4 只有在使用具体、明确且有区别作用的词语来区分不同的灾难时，社交媒体监测才能够成功地实施（FEMA，蒂姆·伯基特）

具有讽刺意味的是，这种人们常说的信息雪崩是如此势不可挡，以至于在此过程当中几乎不可能获取有积极价值的东西。举例来说，在2011年的“超级碗”赛事期间，每秒有4064条推文被推送，这就几乎不可能对相似或者相关的信息进行监测和追踪。和“超级碗”这样一个有着数百万观众（通过传统媒体和社交媒体观看）的全球性事件一样，对于像“深水地平线”漏油事件或者日本地震与海啸这样的巨大灾难，如果没有得到良好组织的个人系统利用非常具体的搜索参数来帮助更好地完成与事件有关的态势感知，生成难以监测的大量社交媒体流量也并非难以想象。

基本监测分析

除了外部监测工具，几乎所有的社交媒体系统都会提供一些内部评测系统，以便对与社交媒体账户的有效性有关的基本信息进行分析。在涉及到社交媒体网站的时候，这些评测系统往往被称为分析工具，通常可供特定的用户对其账户、网页和应用进行分析。例如，Facebook所提供的分析工具（名为Facebook Insights）是评测关注者们如何在Facebook网页上进行跟帖和互动。具体地说，它既可以用于聚合诸如性别、年龄和位置这样的人口数据，也可以对那些经常与网页互动的用户所占的百分比进行分类。对于那些接受评测的网页，这些工具都可选取自其创建以来的某个时间段的情况进行分析。除了传统的瞄准过去一段时间进行用户评测的Facebook Insights以外，Facebook还可以就每个网帖提供即时反馈。具体地说，在较短的一段时间内，系统会（基于响应或者评论）生成浏览次数和参与等级。这两种评测工具都能提供即时监测功能，特别适合判定一条分布式消息在事件发生期间是如何传播的，或者与某个特定的问题有多大的关系。

与Facebook相似，YouTube也拥有一款强大的叫作YouTube Insights的分析工具。具体地说，YouTube Insights可就视频浏览量、视频发现方法、观众人口特征、反馈方式与频率以及观众参与提供分析评测。在网页和视频创建以来的任何选定的时间段内，所有这些特征都适用。发现方法是一种具有潜在价值的监测手段，因为如果直接在YouTube上、通过相关视频、在移动设备上或者发布在外部网站上来观看视频的话，这种特征就会再进行细分。鉴于这有可能反映出一种积极或消极的趋势，知道公众摄取的来源就很重要。比如，对于本章灾难聚焦中所提及的《恐怖主义的 7 种征兆》，如果它被发布在几个反政府和极端组织的网站上(事实上也的确如此)，那么这就强烈地表明该视频被心怀恶意的人所收看。反馈方式与频率分析功能有助于将观众的反馈分类成常用字或词(好、坏、极坏等)、最佳功能的称号和评星数。这种方法还能强有力地显示一个视频在多大程度上被公众所认知或者理解。(见图 6.5)最后的利用人口特征的工具与参与的程度相关联，YouTube 称之为 Hot Spots。据 YouTube 称，Hot Spots 显示了“视频当中每一时刻收视率的起伏状况，相较于类似长度的视频，曲线越高表明你所观看的越受欢迎……这是对视频留住观众能力的一种整体评价。”这种反馈机制是一种有效的监测方法，在应急管理的准备与教育工作当中，这对确定公众的兴趣和参与程度极有助益。

图 6.5　不进行适当的监测，就难以在社交媒体系统上判定负面的公众观点(如此次游行)(FEMA，马文·诺曼)

除了帮助监测社交媒体网站以了解参与及意见总体情况的嵌入式分析功能之外，Google Analytics 还可以作为一款第三方工具在一些其他社交媒体系统(如博客或者网站)上提供嵌入式分析评测。具体地说，通过一个 Google 用户账户激活时，Google Analytics 就会生成特定的 HTML 代码，而这种代码可以置入可定制的博客网站(如 Blogger、WordPress 和 TypePad)

当中。Google Analytics 有助于评测某个选定时间段内的网站使用、访客概况、参与的地理位置、连接源和内容评价情况。网站使用包括基于网页浏览、弹出率、网站平均停留时间和新用户访问待评站点的统计分类。另外，连接源显示了何种网站、搜索引擎或者其他媒体界面与待评站点相连接。很像 YouTube Insights 的类似功能，监测这种连接性会强有力地显示公众对所发布内容的一种积极或者消极的接受态度。

很像已讨论过的其他监测工具，对于某些社交媒体系统上的或者具体由 Google Analytics 支持的常规分析工具，要进行有效地使用还存在着挑战。在准备、响应、恢复和减除各阶段，应急管理几乎都是统一定义的，因此在与项目本无联系的地方和领域，与特定灾难无关的社交媒体内容往往得到共享或者再传播。例如，由于其目的和主题思想的普适性，对于像“小猪准备”、“‘准备蛙’弗雷迪”和“企鹅准备”这样最初在国家（或世界）个别地区出现的教育项目，它们往往会在其他地区共享。社交媒体数据的这种再传播往往影响到基本分析工具的准确性，使之不能准确地反映当地公民的想法。与提醒服务所面临的挑战相似，由于对某个特定事件在哪里出现众说纷纭——特别是当该事件司空见惯（雷暴雨）或者普遍存在（大规模的暴风雪）的时候，通用的灾难信息也有可能影响基本分析。

评测影响力与成果

虽然有许多系统可用于监测各种社交媒体上的信息交流，但对于应急管理者来说，设法在灾难之前、期间和之后监测通过社交媒体传播信息的工作成效也很重要。这些评测通常可分为两类：影响力和投资收益率（ROI）。在将传统的成功或者失败的标准用于评估社交媒体的使用与效能时，这样细分有助于测定某些社交媒体用户是如何被其他用户和机制注意到的。这些测定对应急管理者来说特别重要，因为他们经常需要就灾难之前、期间和之后使用社交媒体的工作成效，包括继续使用的正当理由，进行评测。

第一个要衡量的评测项是社交媒体的影响力。在各种社交媒体系统当中，由于个人、用户和页面的应用和相互关联性总是不断地变化，评测社交媒体的影响力就极具挑战性。而要跨各种社交媒体平台(如 Facebook、Twitter、YouTube、博客及许多其他共用系统)进行聚合评测,其挑战性更是成倍地增加。幸运的是,通过进行各种有效且高效的分类、比较和评估,影响力的评测可以在像 Facebook、Twitter 这样的主流系统上进行。

Twitalyzer 是一种基于 Twitter 的工具,可就个人用户的账户及影响力类别提供影响力评分。这种影响力评分是以用户数、唯一的引用、转推材料的频率和发帖的相对频率为基础。等级类别包括日常用户、报道者、社交达人、潮流先锋和思想领袖。对于需要和他人做比较的 Twitter 账户来说,这些等级有助于进行分门别类并创建比较与基准的标准。此外,Twitalyzer 还可查找与特定账户有关联的共享网络和常用术语。不幸的是,这种基准化分析法对应急管理者来说是无效的,因为对他们而言,最有效的是和其他有着类似人口、响应能力或者在用系统的应急管理者进行比较,而不是普通的社交媒体用户。

除了 Twitalyzer 之外,在监测 Twitter 和 Facebook 用户账户的影响力方面,Klout 是一款极为有效的工具。Klout 将其分析划分为分类评分和评分分析。实际评分由 35 个变量组成,这些变量分为三个部分:真实影响力范围、扩张概率和网络分数。评测影响力的这种总评分范围是 1 分到 100 分,评分越高说明影响力越大。在子类当中,真实影响力范围是基于积极关注留言并进行回应的系统粉丝,扩张概率是指已生成的信息引起系统反应(如转推、响应和直接消息)的可能性。评分分析是就特定用户过去在这些类别上的表现进行评测。另外,Klout 还创建了一种具有 16 种类别的影响力模型。该模型将用户账户归类为其中的一种(如探索者、观察者、健谈者),并确定该账户的影响者和那些受用户内容影响的受影响者。

除了影响力之外,对应急管理者来说,能够就投入到社交媒体系统的时间和资源确定其投资收益率(ROI)也很重要。最初,社交媒体 ROI 是通过"软"指标(如系统粉丝或者感兴趣者)来衡量的。不过,有一种更全面的 ROI 分析已经得到传统商家的认可,并且最终也为应急管理者所接受,他们都在试图为社交媒体的持续计划性利用和发展找到合理的依据。对于应急管理者而言,ROI 分析从根本上讲是要评测其发布的信息在多大程度上被公众所接收。在突发事件或灾难发生之前、期间和之后，弄清 ROI 如何的能力将尤其重要，但困难也是成倍地增加。

市场营销总监最近的一项 eMarketer 调查表明，新的 ROI 评估较以往涵盖了更全面的评测项。比如，其最常提及的评测项是网站流量、好评数、提及数和贡献人数等。在所有接受调查的人当中，有超过 90%的人指出评测 ROI 对未来的成功非常关键。此外，这项调查还表明，Facebook 和 Twitter 的支持和一个开放的评分系统会带来一些最高的社交媒体 ROI。不幸的是，像这样的调查和评估常常是以市场为中心，并且操作的费用不菲，对于供应急机构或者政府运用的 ROI 数据，其适用性受到了最大程度的限制。对于应急管理者来说，在只有一种社交媒体 ROI 评估资源的情况下，要找到有效的 ROI 工具来支持社交媒体工作将具有挑战性。但是，不管这种挑战如何，现代应急管理者都必须要继续设法考虑和评估这个问题。

实践者简介：伊桑·M. 赖利　亚利桑那州应急管理局

图 6.6　伊桑·赖利

作为亚利桑那州应急管理局(ADEM)的一位公共信息官员，伊桑·M. 赖利肩负着各种沟通职责，其中包括参与开发亚利桑那州的应急信息网(AzEIN)。(见图 6.6)作为亚利桑那州一个利用各种不同的社交媒体和 Web 2.0 应用程序的在线消息源，该网可提供紧急公告、准备和风险信息和多媒体资源。在将 AzEIN 战略性地整合到危机与应急公共信息网络的过程当中，赖利先生在全国频频出彩。在被问到社交媒体为何对突发事件和灾难的管理十分重要时，赖利先生称，“在推倒公众和应急管理之间的第四堵墙(戏剧术语，形容观众和表演者之间的分隔)方面，社交媒体的表现毫不逊色于任何商业化的用以弥合政府与民众之间裂痕的工具。”他接着说，有些应急管理者认为，社交媒体是一种“对现状的挑衅……他们迷信‘老套’的信息分享、感知和协调，而将社交媒体斥为一种新奇玩意儿或者一种安全威胁。”在被问到为什么应急管理者在灾难之前、期间和之后监测社交媒体非常重要时，赖利先生说，“在一场突发事件当中，会有一些针对[个别机构]的对话……虽然社交网络具有自我修正的内在特性，但人们还是会传播错误信息和虚假信息，”这意味着“在可能的情况下”应急管理者必须要通过“心理沟通、可行性建议和澄清事实”来参与到监测活动当中。最后，在被要求就社交媒体在战略规划和实施当中的作用提供看法时，他说，“沟通是相互作用的过程，这意味着人们更乐于回应对话，而不喜欢被人指手划脚……移动电话是无处不在的，其结果是，事件相关照片和视频也同样地无处不在……而这些可以提醒你什么东西可能看上去像在现场，什么东西预示着那些还未考虑到的挑战。”赖利先生的学识与见解让人清楚地认识到，面对社交媒体需要有明确而有效的组织适应性。

本章关键词

■ 高级程序界面(API)：社交媒体系统构建的界面，可让第三方开发者利用原始系统构建外部界面。

■ 主题标签：Twitter 当中由用户生成的系统分类工具，可让用户按照某些议题或者主题进行搜索。

■ 监测：针对突发事件或者灾难相关信息，在社交媒体系统上进行必要的积极或者被动观察的活动和系统。

■ 影响力：一个组织在使用社交媒体时如何影响其他用户的观点、情感和行为的能力。

■ 投资收益率(ROI)：与投入到社交媒体活动当中的时间和资源比较起来，利用社交媒体系统所能实现的价值是多少。

第七章　白热化抑或白噪音？社交媒体信息的聚合与验证

这不是信息过量，而是筛选失败。

——克莱·舍基

灾难聚焦——胡德堡枪击案

2009年11月5日，当地时间下午1时34分，美国陆军少校、精神病医师尼达尔·马利克·哈桑进入了胡德堡士兵准备中心（德克萨斯州基林市郊外的一处美国军事基地）。（见图7.1）该中心是一处军事人员在正式部署前和返回后接受例行医疗检查的设施。他随身携带了一把从当地武器商店购买的半自动手枪。据目击者称，哈桑在一张空桌子旁坐了几秒钟，然后站起身向设施内的士兵开枪。陆军预备役上尉约翰·加菲尼和非现役医师迈克尔·卡荷尔都试图反击哈桑，但都在反击当中受伤。在设施内穿行的过程中，哈桑放弃了数次射杀平民的机会，专挑穿制服的士兵开火。最后，哈桑被陆军军事警察击中并遭羁押，其胸部以下已经瘫痪。到该事件结束时为止，哈桑共计杀死13人，伤29人。在事件调查期间，有146枚发射过的弹壳在建筑物内被寻获，另有68枚弹壳在楼外被发现。哈桑和实施反击的警察共计射出214发子弹。此外，治疗哈桑的医护人员后来报告称，他的口袋里还有177发未发射的子弹。在事发后的几个小时里，有另外两名士兵据信卷入该案，但后来被释放。到事件结束时，有多家机构响应了胡德堡枪击案，包括美国陆军刑事调查司令部、德克萨斯州骑警、德克萨斯州公共安全部、宝尔县警长办公室和联邦调查局的官员。作为一名军官，根据《军事审判统一法典》，哈桑后来被指控犯下13宗谋杀罪和32宗谋杀未遂罪。有着这种响应规模和范围，加上这种恐怖主义行为的影响力，公众对信息的渴望与需求非常强烈。传统媒体资源和公民记者都不约而同地迅速报道任何一条与该事件有关的消息。不幸的是，没有可靠的消息来源和工具可用于聚合和验证这些大量的谣言、轶闻和热门信息，受波击的人们很难清楚、简略和准确地了解到底发生了什么。

图7.1　位于德克萨斯州士兵准备中心所在地胡德堡的达纳尔医院（迈克尔·赫克曼，美国陆军第三集团军精神病审查官）

人口结构的影响

社交媒体信息可通过各种各样的工具得到监测和分析。但是，由于消息来源的广泛性和各种社交媒体系统之间互联的复杂性，监测通过社交媒体传播和交流的信息是徒劳的，除非有可用于聚合和验证这种信息的机制。如果这些机制不能正确地得到使用，社交媒体的信息与活动只会变成难以辨别的既无预警作用也不准确的白噪音，而这在急需进行快速高效的响应时是非常危险的。比如，在突发事件和灾难发生时，及时的信息就是效率和成功的根本保障。

举例来说，如果有个社区正在响应一场地震，当地应急管理者们会急切地想知道哪儿发生了局部停电。虽然有些地区可由公用事业提供商来公开发布这种信息，但这些类型的系统有时可能会无法发挥作用，或者只有有限的受众才能看得见。因此，如果不用聚合工具来验证信息，应急管理者可能会通过Twitter、Facebook和博客得知某个地区停电了，但实际上所有这三个消息来源都可能来自于同一个人。显然，如果情况果真如此，那么针对这条信息，而不是社区其他实际上可能有着更大断电面积的地区，来增加资源和响应人员将是一种无效的响应。对于近年来饱受预算紧缩和人员限制影响的现代应急管理来说，这种对资源管理缺乏控制的情形是不可接受的。

要聚合和验证社交媒体信息，首要且最务实的办法之一是了解社交媒体用户的人口结构。根据皮尤互联网的划分，基本人口结构可分为7类：Z一代(18岁以下)、Y一代(18岁～33岁)、X一代(34岁～45岁)、低龄婴儿潮一代(46岁～55岁)、老龄婴儿潮一代(56岁～64岁)、沉默一代(65岁～73岁)和大兵一代(73岁以上)。虽然所有7个世代的人都将其90%的上网时间用在电邮和网络搜索上，但只有Z一代、Y一代、X一代和低龄婴儿潮一代的人将其50%以上的上网时间用在社交网站(如Facebook)上。类似地，几乎所有7类人口结构的人都将最少的上网时间花在博客上和虚拟世界当中。根据消息的来源、内容和所用系统，这些人口统计考量可对事件相关信息提供强有力的验证。(见图表7.1)。

图表7.1　年龄结构类别

类　别	年　龄
Z一代	18岁以下
Y一代	18～33岁
X一代	34～45岁
低龄婴儿潮一代	46～55岁
老龄婴儿潮一代	56～64岁
沉默一代	65～73岁
大兵一代	73岁以上

来源："2010年的几代人：不同世代的人在网上做什么。"皮尤互联网，2010年12月16日。http://www.pewinternet.org/infographics/2010/Generations-2010-summary.aspx

在验证被监测和收集的信息时，文化人口、种族和性别也具有重要作用。比如，有研究表明，使用互联网的拉美人和非裔美国人利用 Twitter 的可能性是高加索人的两倍以上。在每个同龄组群当中，约有 18%的 Twitter 活跃用户是拉美人，13%的是非裔美国人，而只有 5%的是高加索人。同样地，通过移动电话使用 Facebook 的拉丁人占 36%，非裔美国人占 33%，而高加索人则占 19%。如果按性别来分，女性使用社交媒体，特别是 Facebook、Twitter 的人数要略高一些。不过，经济收入是社交媒体用户常规类别的一个例外。具体地说，收入在 2.5 万～7.5 万美元的用户使用的程度最高，随后的是那些收入在 7.5 万～10 万美元的用户，而高于或低于这些区间的用户都大幅减少了对几乎所有主流社交媒体系统的使用。有趣的是，教育程度也具有使用的平稳区间。例如，那些具有大专或学士学位教育水平的人几乎对所有系统都拥有最高程度的使用，而受教育程度有限（如只有中学水平）和受教育程度高（如研究生学位）的人在利用程度上则大幅减少。就像年龄类别一样，了解文化、种族和社会人口因素有助于富有说服力地验证灾难的相关信息。不幸地的是，目前可访问性和功能性需求人群（如儿童、老人、残疾人和贫困者）如何使用社交媒体网站（特别是在灾难期间）的数据非常有限。如果能获得这种数据，这将对应急管理者验证沟通的有效性极为有用，因为这些人群正变得越来越重要，尤其是在全国上下都在强调要规划“全民社区”的时候更是如此。

在利用人口结构作为一种聚合和验证手段时，了解其存在的局限性也很重要。社会学传统会抓住每一代人的某些固有特点。举例来说，X 代公民常常被赋予诸如“懒惰”和“不自觉”的固有标签，而老龄婴儿潮代人（特别是与 X 代人相比较）则是“勤奋的工作者。”不幸的是，按照纽约大学教授克莱·舍基的说法，这种变化与先天性差异并没有多少关系，而更多的是与这些世代人所拥有的机遇有着直接的关系。这种因果关系的误判被称为基本归因错误或者对应偏差。直接用克莱·舍基的话来说，“当我们用限制性因素来解释自己的行为而将别人相同的行为归因于其性格时，这就是基本归因错误在起着作用。”在考虑将人口结构作为一种聚合和验证手段使用时，了解这种评测因素也比较重要。

除了需要考虑人口结构以外，从最宽泛的意义上来说，针对某个网站进行基本分析也是些强有力的机制。通常，基本分析包括对某个特定社交媒体系统的概略性累积观测，包括粉丝、响应、评论等等。所以，如果当地有位应急管理者创建一个社交媒体网站，而粉丝们很快就纷纷关注、喜欢或者订阅该网站，那么这就有效地验证了基于该网站的信息和关联性都是被公众所认同的，因而也是有效的。另外，它保证了通过该社交媒体系统传播的信息会被那些关注者搜索到，而这是每一个网站的终极目标。

聚合的力量

聚合对验证时间敏感的社交媒体信息至关重要。这种信息在灾难和突发事件当中最为常见，因为事件发生期间的信息在不断地变化着，而紧随其后出现的照片也会成为热门话题。弄清信息是否与事件有关或者只是难以辨别的白色噪音甚为关键。要确保社交媒体系统内的信息得到最大程度的验证并非易事。在大多数情况下，应急管理者会指定由联合信息系统（或者实体环境当中的中心）的公共信息官员来聚合和验证所有媒体资源的信息。并且，出于操作上的考虑，被指派到行动、后勤和策划部门工作的情报人员会给予协助。

简而言之

要善于筛选和聚合内容。要在合适的时间，以合适的大小和合适的数量将它交给人们。

——约翰·杨奇在“影响者项目会议”上的讲话

从全球范围来看，最为强大的聚合器之一是Google的Crisis Response。这款工具由Google. org公司（Google旗下的慈善机构）首创，它以全球的重大突发事件或者灾难为目标，利用Google的各种在线工具来将应急警报、新闻更新、捐赠机会和其他灾难相关信息系统化地组织起来。具体说来，Google公司的Crisis Response曾为许多重大的灾难都创建过相关界面，这些灾难包括“纳尔吉斯”热带风暴（2008年）、四川地震（2008年）、“古斯塔夫”飓风（2008年）、“艾克”飓风（2008年）、红河洪灾（2009年）、拉奎拉地震

(2009年)、圣克鲁兹森林火灾(2009年)、"莫拉克"台风(2009年)、海地地震(2010年)、智利地震(2010年)、巴基斯坦洪水(2010年)、"深水地平线"漏油事件(2010年)(见图7.2)、昆士兰洪水(2011年)和巴西洪灾与泥石流(2011年)。得益于Google的可用资源和致力于灾难相关信息的完善与验证,Google的Crisis Response还促成了协作工具(如Person Finder和Resource Finder)的开发,而这些工具都有助于迅速而有效地进行信息验证。Google的Person Finder将在第十四章展开讨论。

图7.2 墨西哥湾着火的"深水地平线"钻油平台(美国海岸警卫队)

另一款被越来越多的应急管理者和社交媒体专家使用的聚合工具是Paper.li。这是一款Twitter和Facebook聚合系统,可让个人用户创建在线"报纸",以收集和概述由指定用户发布和共享的关键信息。对于Twitter报纸而言,聚合是以某些和特定账户名、标签或者Twitter列表一起被提及或者讨论的话题为基础,而Facebook报纸是以发布在Facebook公共网站上的关键字为基础。这些"报纸"可定期(如每小时或者每天)进行聚合,然后在评测系统当中被用来重新参与内容的提供。很像第六章讨论过的提醒工具,这类工具都非常出色,可自动聚合与灾害或者更广泛的应急管理理念或问题有关的信息。

在使用社交媒体时,应急管理者常用的第三种聚合工具是Twitter列表。Twitter列表是基于列表生成器任意特征的Twitter用户群。任何

Twitter 用户都可以基于任意多个特征生成一个列表，该用户只需要将另一个用户添加到那个特定的群里。例如，应急管理者可基于其他应急管理者、当地媒体、当选的官员或其他类似的群来创建 Twitter 列表。有趣的是，在 Twitter 推出这个列表功能数天之后胡德堡枪击案就发生了，这种工具很快就被一些应急管理者和更多的传统媒体用来尝试报道该事件。新闻机构如《赫芬顿邮报》《洛杉矶时报》《纽约时报》《美国有线电视新闻网》《达拉斯晨报》和《华盛顿邮报》率先设置了 Twitter 的可靠信息源列表，包括德克萨斯州的应急管理者、军队人员、市民和一个事发数分钟后由记者在《奥斯汀美国政治家报》上自发创建的名为@Fthoodshootings 的 Twitter 账户。

通过分析网页流量和社交媒体的兴趣，Twitter 列表的潜在影响在胡德堡枪击事件期间被突显出来。具体说来，根据皮尤研究中心的新媒体指数，在来自博客的相关新闻报道的互联网链接当中，有 20％是关于胡德堡枪击事件，同时 38％的 Twitter 活动都与此案有关。但这些数字只能部分地反映这场灾难期间互联网兴趣的大小和范围。确切地说，这些指标都是在评测周期最后一天监测的。所以，通过把第二天（即新评估周期的第一天）纳入进来，则有 67％的博客链接和 88％的 Twitter 活动与胡德堡枪击案有关。在这种规模和备受公众关注的事件发生期间，使用 Twitter 列表对帮助实时聚合和验证灾难相关信息非常有价值。若无与此类似的强力工具，对于社交媒体信息是否与事件有关，应急管理者们几乎不可能有效地进行判断。

社交验证理论

社交媒体可作为一种可被聚合和验证的机制发挥作用，它的一个主要原因在于社交验证理论。根据苏珊·魏因申克博士的观点，这种心理学理论可以概括为“当[人类]不确定要干什么的时候，我们会指望别人来指引我们……然后我们就会自动和无意识地这么做。”这种确认对人类有效履行职责或参与特定的行动至为关键，他们会充满信心地认为这么做不会错，而且符合社会规范。社交验证会促成既具有指导性又易化的行为。举例来说，在商业网站（如 amazon. com）上进行在线购物时，购买者通常会留意聚合起来的意见和其他购买过该商品或类似商品者的评级，以便获得人们对商品质量或价值的某种集体认同。另一方面，社交媒体验证还会促使人们竭力超越其当前的工作或产出水平，特别是当个人的工作质量或者数量在展现给公众的过程中被突显出来或被隐瞒时尤其如此。

简而言之

当人类不确定要干什么的时候，我们会指望别人来指引我们……然后我们就会自动和无意识地这么做。

——苏珊·魏因申克博士

在进行社交验证的过程中，社交媒体是一种强大而又现代的工具。确切地说，社交媒体自我修正的特性主要是受这种社会构建的驱动。当信息被错误地发布时，所有的社交媒体系统最终都将纠正这个信息，因为无论是发帖者还是那些共享系统当中的人都希望验证他们的信息是正确的，并且通过那些共享社群里的人发声而变得可靠。反过来，对社交媒体当中的社交验证和自我修正机制都很了解并且抱以期待还会降低故意发布错误信息的可能性，特别是在时间敏感且以社区为中心的事件（如突发事故和灾难）发生时更是如此。根据灾难社会学家珍妮特·萨顿博士的观点，尽管“由于互联网的非正规架构和具有不经证实即发布的可能性，错误信息和谣言有可能会很快通过在线社交网络传播开来……但集体的‘群体智慧’已被证明……有能力进行自我修正，因为那些在特定主题或者内容上投入了精力的人会监控在线行为，并在必要时修正发布的内容。”

简而言之

由于互联网的非正规架构和具有不经证实即发布的可能性，错误信息和谣言有可能会很快通过在线社交网络传播开来……但集体的‘群体智慧’已被证明……有能力进行自我修正，因为那些在特定议题或者内容上投入了精力的人会监控在线行为，并在必要时修正发布的内容。

——珍妮特·萨顿博士，《呢喃田纳西：技术灾难之后的分布式网络与协作》

这种通过社交验证自我修正的社交媒体现象并不仅限于得到传统媒体大量报道和舆论强烈抗议的事件上。举例来说，2008 年 12 月 22 日，田纳西州罗恩县田纳西河谷管理局金斯顿化石燃料发电厂的一个废弃物封存池发生了泄漏，有超过 540 万立方码的粉煤灰涌进了附近的田纳西河河谷及其支流当中。（见图 7.3）受波及地区的居民报告了各种各样的健康问题，这些问题据推测都和糟糕的空气质量和水土里的重金属如砷、镉、铅和铊含量增高有关。在事故发生的头几天里，媒体报道极为有限，仅仅是当地的区域性媒体如《田纳西人》和《诺克斯维尔新闻》进行过报道。由于缺乏媒体的支持，Twiiter 就成了灾区居民传播和共享当地灾难信息的主要手段，而传统机构对此并未予以重视和控制。结果是，有位研究者指出，“通过检查发帖内容的准确性，纠正错误信息和消除谣言，这个自称[当地]积极主义者和绿色倡导者的小网络……自发地帮助敲响了一场毁灭性技术失败的警钟。”

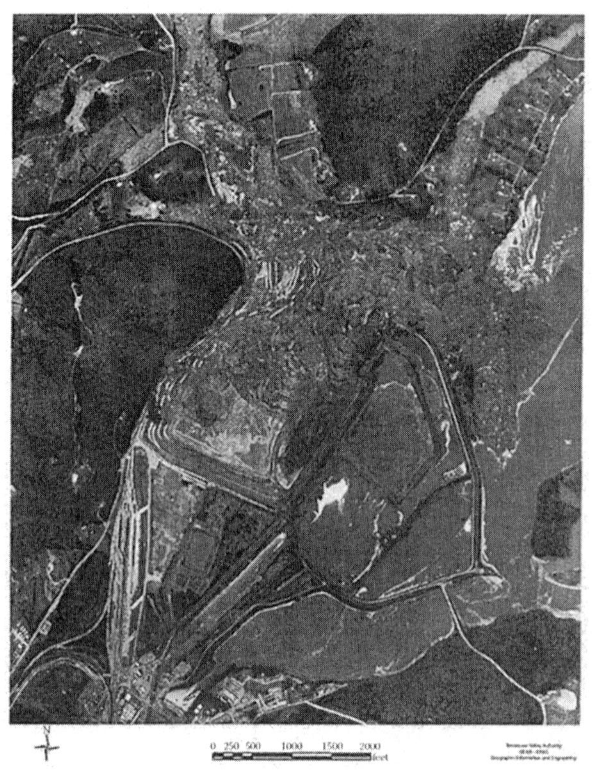

图 7.3 事故次日金斯顿的化石燃料发电厂
（田纳西河谷管理局）

社交媒体系统的这种自我修正能力与传统媒体采用匿名消息源并存不悖。主流媒体常常利用匿名的消息来源，其目的是要保护这些消息来源，让它们以后更有可能愿意分享与报道与主题有关的信息。新闻工作的行为准则通常要求这些消息来源——无论匿名与否——至少要被一家传统消息来源证实，以确保待发布的媒体报道得到验证。从很多方面来说，与社交媒体的社交验证和自我修正机制相比较，这种验证并非更加准确或者没有更多的偏见。鉴于事实上人们——特别是应急管理者——常常对社交媒体表示担忧，认为它充斥着谬误和偏见，那么这也是一种非常有价值的反思。不过，由于既有的心理学和社会学底蕴，与传统媒体的使用相比较，聚合形式的社交媒体并没有更多或者更少地受制于这些担忧。

虚拟声音的力量

在讨论社交媒体时，有时只会盯着个别的系统和无足轻重的想法，而不是全世界将这些系统作为个人和新闻报道系统的数百万使用者的集体力量、影响和声音。从根本上讲，这是只见某个特定问题或情况的相关信息之树却不见其森林的老问题。单个系统和用户固然重要，但只有被当成一个整体来考虑时才能获得有效的影响力。很像通常排除异常值使统计数字相接近的统计分析，政府官员和应急管理者往往对要向公民个人给出相同的答复而感到内疚。如果一个人反对，他或者她有可能将这视为一个异常值或者边缘成分置之不理。然而，当 10 个或 100 个甚至 1000 个人都提出了同样的问题时，通常接下来便是迅速的响应（或者解决）。

就像前面讨论过的那样，在常用系统（如 Twitter 和 Facebook）当中，这种集体声音能够被监测到，而且它也可以通过另一类通常被称为社交新闻网站的新技术表达出来。社交新闻网站的范例包括 Reddit、StumbleUpon、Digg、Newsvine、ShareThis 和 AddThis。Reddit、StumbleUpon、Digg 和 Newsvine 都是基于所发布的网页内容既可能来自专业也可能来自业余消息来源的这个前提，可让用户对链接进行正面或负面的评分。这种功能既可以作为一种 thumbs up（表示推荐）/thumbs down（表示不推荐）界面（StumbleUpon)存在，也可以作为 digging(挖掘)/burying(埋藏)功能(Digg)存在，但最终都要支持创建用户驱动的与最近的发帖内容有关的排行榜。AddThis 和 ShareThis 都是可嵌入的网站插件，可让人们将博客(如 www.mashable.com)和新闻网站(如 www.kansascity.com)上的网页内容直接链接到这些不同的社交新闻网站上，并可附加相应的正面或者负面评论。从这些网站的使用来看，StumbleUpon 每月有 1,000 多万用户，而 Digg 每月有 500 多万用户。有趣的是，随着 Facebook 平台界面的出现，许多这类网站都添加或者更换了一些社交新闻站点，从而具有了"喜欢"该站点的功能，这实际上无须访问社交媒体系统本身就可以提供集体评分。

这些社交新闻网站的功能和重要性对应急管理者来说是双重的。首先，查看公众对新闻内容所持看法的能力是极为有用的，特别是在突发事件或灾难发生期间需要采取校正或预防性行动以保证公众安全时尤为如此。对于验证事件关键信息的能力而言，利用社交新闻网站和灾民集体的虚拟声音是一种很有用的补充。除了聚合功能之外，社交新闻网站还可以促成共同的社区行动。举例来说，在 2010 年海地地震发生之后，Reddit 曾向其用户发起倡议，希望募集 3 万多美元的善款来直接支持地震救援活动。在 Reddit 上发布了一个网络链接之后，首笔捐款在 5 个小时内就募集齐了。接下来再募集 3 万美元的倡议书又发布了出来。在 7 个多小时之内，增募善款的任务又完成了。这次活动当中共有 3787 人捐献了总计超过 18.5 万美元的紧急救济款。这种现代捐赠管理给人们留下了深刻的印象，其相关情况将在第九章进一步讨论。

RSS 及其他聚合工具

最后一种主要类型的社交媒体聚合工具是 RSS。RSS 的全称是 Real Simple Syndication，是一种通过阅读器或者聚合器从各种网站搜集和整理网络内容的工具。举例来说，如果有位当地公民或者应急管理者想要监测各种媒体消息来源，如 CNN、MSNBC、FoxNews、当地媒体和各种社群博客，倘若每隔一段时间就访问这些网站以准确了解当前的情况将极其耗费时间。在紧急状况如突发事件或者灾难发生期间，这种困难会成倍地增加，因为信息和情况变化非常快。幸运的是，RSS 技术有助于迅速而有效地解决这个难题。

最早的互联网聚合技术于 1999 年首次被开发出来，但具体成为 RSS 则是在 2005 年，当时火狐和 IE 浏览器都用橙色方块标志来代表现在所称的 RSS 功能。从那时起，RSS 技术很快变得常见起来，并被互联网内容的所有者频繁使用。具体地说，这些内容的所有者所得的好处是，他们可以将 RSS 种子添加在其网络内容上，这样它就可以被聚合起来，并更为频繁地被他人所阅读。种子是一种独特的通过二级供应商自动生成的代码，能够被添加到其他网站当中。在 Web 2.0 技术领域，尽管 RSS 只是一种有些过时的技术，但在优化各种互联网内容流的有效和高效聚合上仍极为有用。

除了 RSS 种子和阅读器之外，还有一种名为 Yahoo Pipes 的网络应用，可像 RSS 种子或其他输出种子那样通过图形用户界面聚合各种消息来源。这些聚合被称为 Pipes，可让末端用户就各种问题、议题或者兴趣生成个性化的信息流。举例来说，有个 Yahoo Pipe 是获取《纽约时报》的 RSS 种子，然后通过 Flickr 来管理以添加标记为相似类目或名称的图片。为了让其他人来关注或者仿效，每个 Pipe 都是可以复制和模仿的。很像 RSS，Yahoo Pipes 技术是一种比较旧的社交媒体技术（最早于 2007 年推出），但在公众和应急管理者越来越普遍地接受 Web 2.0 技术的时候，它在动态信息管理上仍具有很大的潜力。

除了 RSS 种子和 Yahoo Pipes，Facebook 还拥有一种第三方集成工具，可将关注某些页面或者问题的 Facebook 界面转到非 Facebook 的网络媒体上。这种 Facebook 平台集成可以聚合公众对外部网站（如媒体和社群博客）的网络内容所持的看法。由于有 5 亿多人拥有 Facebook 账户，那么这种程度的集成就是一种极其强大的方法，特别是当第三方网站越来越多地使用这种平台的时候更是如此。确切地说，到 2011 年，通过这种 Facebook 平台，有超过 2.5 亿人在 250 多万个外部网站上访问 Facebook。

与传统系统的集成

要利用社交媒体系统来聚合和验证信息，还可以通过与传统聚合系统的集成来实现。确切地说，社交媒体数据是和公众长期使用的传统信息摄取、管理、分析和报告系统一起被同时收集的。由于长期使用这些传统系统，人们自然就高度信赖这些系统，因而在社交媒体与它们进行集成时，新的与旧的公共沟通策略之间就有了一个兴趣的契合点。

具体地说，旧金山市就曾将其传统 311 电话信息系统与公共 Twitter 账户进行过一次集成。在美国，旧金山率先使用了名为 CoTweet 的 Twitter 应用，让市民能够通过 Twitter 全天候地发送直接信息给@sf311 账户，以报告"非紧急的城市目击事件（如路面坑洞），请求清扫街道和要求提供其他任何可通过电话或者网站支持的服务。"促成直接信息的唯一要求是要让当地民众关注@sf311 账户。提交 311Twitter 报告后，当地民众会收到一条附有联系方式或者要求提供更多信息的直接信息确认信。在旧金山市将 Twitter 与 311 系统集成以后的两年里，他们利用这种系统接收了 500 万条信息。尽管在大公司（如时代华纳、康卡斯特、全食超市和家得宝）中间更为常见，但社交媒体这种程度的集成在政府里面具有开创性的意义，对于希望在事件发生之前、期间和之后尽可能找到更多信息聚合的应急管理者来说，这将是一种了不起的资产。

既然很少有社区拥有旧金山这种水平的 Web 2.0 集成，那么对于政府人员和应急管理者来说，为了从市民那里收集信息以验证每件事（从当前城市状况到突发事件或者灾难）的总体态势感知，他们还需要继续评估其他备选模式。有个此类集成的例子，那就是所谓 SeeClickFix 的社群感知网站。很像前述 311 集成案例，SeeClickFix 网站及相关移动应用主要围绕着一种基于网络的地图展开。在社群当中，与任何被发现的问题有关的匿名公众评论、图片或者视频，这种地图能够显示出来。另外，在特定的地理区域内，任何人都能接收基于关键字筛选的电子邮件提醒。SeeClickFix 创建于 2008 年，目前在美国支持着 2.5 万个城镇和 8000 个社区。休斯顿、费城和图森市政府均在其市级机构内利用 SeeClickFix 来传达工作指示，这最大程度地减少了每月的办公经费。这种应用，尽管主要用于非紧急事务，无疑也会成为一种强大的收集紧急信息的众包手段。这种众包集成将在第十一章展开讨论。

除了 311 集成及其他类似的服务以外，在 911 系统当中，这种综合性的公众参与也为时不远。具体说来，在当今世界的公共安全应答点(PSAPs)和呼叫中心，可将公众生成的图片、视频和文本信息集成的加强版(或者说新一代)911 系统将会受到欢迎。不幸的是，在应急通知流程当中，这种水平的公众反馈至今未能完全发挥作用，从根本上讲，是有些传统应急管理者和沟通者对其抱着怀疑的态度。此种方式的可行性将在第八章继续讨论。

实践者简介：李·阿宁　南方卫理公会大学

作为南方卫理公会大学应急准备与业务持续处处长，李·阿宁曾目睹过其大学系统内的突发事件、灾难和复杂的社区事件。(见图 7.4)由于有着丰富的经验，他很早就采用了社交技术，并且特别注意用它来获取态势感知和进行信息聚合。在被问到在应急管理领域接纳社交媒体的重要性时，阿宁先生说，“在信息化时代的 2011 年，如果在公共安全和应急响应工作上拖延社交媒体的战略发展，其影响无异于 19 世纪中期消防部门延缓采购首批机动消防车，尽管这么做实际上会加快其响应速度，减少生命和财产损失。”在被要求就社交媒体使用的推广挑战谈谈看法时，阿宁先生将这归咎于他所说的“911 系统思维”。具体而言，他着重指出，911 系统的发展强调“一种沟通模式(电话)和一个数字(911)……这创建了一个统一的快速联系警察、消防和 EMS 的通道，但其前提是公众必须能找到电话并且电话总能使用。”鉴于紧急情况发生时不仅有着大量不同的对收发信息具有潜在价值的社交媒体信息流，而且在重大事故期间大多数区域的电话服务往往受到冲击，从而威胁到长久以来都被认为是紧急信息交流

图 7.4　李·阿宁

方式的紧急呼叫系统的完整性，阿宁先生所说的 911 系统思维正面临着挑战。

本章关键词

■ 聚合：收集社交媒体信息并进行分类，使之成为容易管理的信息包。

■ 验证：分析和证实社交媒体信息，使之成为可验证和随时备用的信息。

■ RSS 种子：社交媒体聚合工具的类型，通过特定的技术输出可阅读和可收藏的内容以供聚合和验证。这种种子通常以一个有着三条曲线的方块为标志。

■ RSS 阅读器：社交媒体技术的类型，可将 RSS 种子聚合并收藏到一个易管理和可读取的信息来源当中。人们可通过 Google 和 Microsoft 来使用常用的阅读器。

■ 社交验证：社会学现象，指个人设法通过他人（或消息来源）来验证和证实其接收的信息。这在应急警告与通知过程中比较常见。

■ 自我修正机制：社交媒体现象，指在任何正式的修正可能出现或者被要求之前，整个社交媒体系统就会修正错误信息或不准确之处。

第八章　当现状成为障碍：现代集成式应急预警与通知策略

一个高度数字化和互联化的世界就是一个使权力快速民主化的世界。大媒体在新闻报道上原本拥有优势，但现在社交媒体正在挑战传统媒体的行事方式。

——尼克·葛雯，英国电视台记者

灾难聚焦——伦敦爆炸案

2005年7月7日，伦敦，当地时间上午8时50分。三枚放置在伦敦地铁上的炸弹在不同地点以不到50秒的间隔先后爆炸。第一枚炸弹在地下204号地铁上爆炸，当时该车正在两站之间运行；第二枚炸弹在刚刚驶离站台的216号地铁上爆炸；第三枚炸弹在地下深层的311号地铁上爆炸。这三起爆炸不仅对所在列车造成了重大的直接破坏，而且对过路或者附近的列车及周围的隧道造成了连带损坏。当地应急响应者最初认为地铁系统内发生了6起而非3起爆炸。导致这种混淆的原因是地铁爆炸发生在两个站点之间，造成了在轨列车前后两端的站台出现人员伤亡。上午9时19分，警报被发布出来，地铁系统随即停运。到了上午9时47分，第四起爆炸出现在塔维斯托克广场上一辆由伦敦斯特拉特福德捷达公司营运的双层巴士上。在此之前，该车曾经过因早先的爆炸而疏散了人群的地铁站。爆炸掀掉了上层的车顶并摧毁了汽车后部。有目击者报告称，看到“半个车子在空中飞过”。幸运的是，这起汽车爆炸发生在英国医学会大楼附近，大楼内外的许多医生都提供了及时的医疗服务。后来，有4名年龄在18～30岁的穆斯林男子被锁定为人体炸弹。最终，有56人（包括4名人体炸弹）在连环爆炸中死亡，约有700人受伤。自1988年洛克比上空发生了造成270人死亡的泛美航空103号班机爆炸案之后，这是英国最致命的一次恐怖主义事件。警方的司法鉴定人员审查了2500条爆炸现场的闭路电视新闻，以期查明事故周围的细节情况。有趣的是，最具影响力的证据是数百个目击者通过社交媒体报道该事件的目击证词。在爆炸案发生后的数小时之内，英国政府发布消息称，这起令人震惊的破坏和相关人员死伤是由某种局部电涌造成的。然而，在官方消息发布后的2小时里，有1300份博客帖子认定这起事故实际上是由爆炸造成的。根据一位专家的说法："带摄像头的手机和可在全球共享图片的网站意味着公众能够看到地铁内部和顶部已炸成碎片的双层巴士的影像——证据与官方的说法完全矛盾。"结果是，由于公民新闻和社交媒体工具的影响与冲击，在首次声明发布后不到2小时，英国政府就不得不纠正了其官方说法。（见图8.1）

图8.1　英国首相托尼·布莱尔在G8峰会上宣布伦敦地铁受到袭击（白宫，埃里克·德雷珀）

传统方式的谬误

长期以来，作为一种主要应急通知系统，为了提醒市民警惕严重的气候威胁或者其他社区危险，户外警报器一直在由应急管理者使用。（见图8.2）

它们以人防警报的基础设施和理念为基础，往往根据预算的可用性和人口密度分布在社区的各个地方。不幸的是，技术、人类行为和社会科学已发展到了新的高度，警报器或许不能再充当应急警报的主要系统了。丹尼斯·米勒提和约翰·索伦森指出，有效的公共警告要考虑的因素包括警告来源、消息内容、警告频率和不同警告的需求（如需要使用多种语言）。这种复杂程度并非单单靠使用户外警报器和其他传统方式就能实现，因而需要考虑一种新的吸收了创新技术的手段。

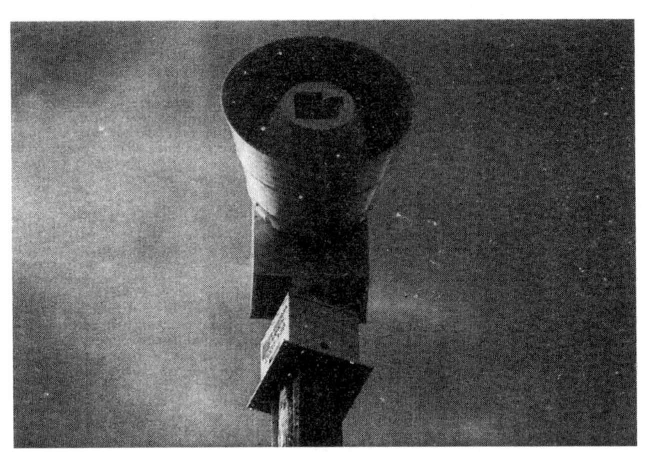

图 8.2　户外警报一直是一种传统的公共通知策略模式（FEMA，列夫·斯科格福仕）

另外，根据环境保护署（EPS）的研究报告，美国人 90%的时间是在室内度过的，这严重地制约了户外警报通知系统的有效性。在通过户外警报器进行有效的公共通知方面，这种基本的时间分配反映出了最根本性的挑战。尽管户外警报器乍看起来创造了一种"通用"语言，但对特定社区的每个人来说，这种"语言"并不必然地表示同样的事物。例如，有些本地社区因为大风事件而启动户外警报，有些社区却并不这样做（即使它们是相邻的社区）。这极大地挑战着当前公认的社会科学研究结论，即如果警报机制包含直接的保护信息并且清楚明了、前后一致和不断重复，那么人们才有可能正确地进行响应。

除了需要从多个信息源处获取一致的信息外，科罗拉多大学拉罗拉多自然灾害中心主任丹尼斯·米勒提指出，公民还受到四个条件的驱动。首先，应急通知信息的内容是关键，必须对民众那受到指导的行动具有特别的重要性。鉴于传统户外警报并不提供保护性行动声明，而只是提供某种紧急状况的通知，这一点就显得特别有趣。其次，米勒提强调称，应急预警通知的信息必须要不断地予以重复，以促成有效且高效的民众响应。他甚至形容民众在紧急状况期间都是"信息吸血鬼"，指出对那些受到突发事件或灾难影响的民众来说，没有什么东西比信息更重要。虽然户外警报在事件发生期间往往不断地重复着，但大多数应急管理机构并没有重复其他通知方法。不过，随着应急技术的推广，这是能够得到纠正的。米勒提的第三点和第四点考量是公众需要观察其他人对应急通知的反应，并和足可信赖的消息人士商讨如何对信息做出恰当的反应。这种点对点的确认可以追溯到第七章所讨论的社交验证理论。该章提出了社交媒体当中的一些基本理念。这最后两点考量对传统应急通知方式而言可能最具有挑战性，但通过可针对共享信息进行反馈和对话的社交媒体和 Web 2.0 系统，这一切能够得到明显地改观。

有效应急通知的四点考量

- 信息的内容
- 信息的重复性
- 社区观察
- 社区证实

地方政府往往追求和保有户外警报器及大多数传统应急通知策略，并为此付出高昂的代价。举例来说，一个普通社区有可能拥有使用了 25～40 年的旧式警报器，而每个警报器的更换费用要超过 2 万美元。每个社区还需要多种多样的警报器，以覆盖整个城区（或者至少是被认为人口最密集或者对社区至关重要的区域）。虽然新的警报系统集成了新增的技术功能，可以针对警报的有效性提供更好的反馈，但是这些系统很少，彼此间的距离也很远，往往并没有与那些至今仍在许多社区使用的旧设备整合在一起。此外，由于总是长年累月地保持静止不动，这些警报器往往有可能无法使用或者出现异常状况。

移动性和便携性

在过去 10 年当中，特别是在后 5 年里，对于支持个人信息、服务和通知便携性和移动性的设备和技术而言，其可用性与受欢迎的程度一直呈现爆发式的提升。这种功能是基于全球定位系统（GPS）和无线、红外、蓝牙和社交媒体技术。这种通知系统包括美国国家海洋与大气局（NOAA）全灾警报广播、移动电话、智能手机、GPS 设备和许多其他系统。这些系统不仅具有可移动性，而且由于其较小的尺寸，都极具便携性，这意味着它们常常就在使用者身边，而不是局限于家里、办公楼内或者像户外警报器所在的区域。

在这些移动和便携通知工具当中，最早抑或最流行的工具是移动电话。随着 21 世纪的到来，美国移动电话的利用率猛增了约 600％，其饱和度在 75％和 82％之间。此外，约有 1/5 的美国人——不论其种族或者性别如何——在其家中或住所内只保留一部移动电话。有趣的是，这种数字在美国是各不相同的，俄克拉荷马州的无线替代率最高，而佛蒙特州则是最低。图表 8.1 是这种趋势在各州的具体情况列表。在所有年龄段、性别和种族的人群当中，移动电话的使用也变得普及起来。随着公众对现代应急公共通知策略的期待和现实利用变得越来越普遍，这已经成了应急管理者需要考虑的关键因素。

图表 8.1　家庭无线替代率（州级）

最高替代率		最低替代率	
俄克拉荷马州	26.2％	佛蒙特州	5.1％
犹它州	25.5％	康涅狄格州	5.6％
内布拉斯加州	23.2％	特拉华州	5.7％
阿肯色州	22.6％	南达科它州	6.4％
爱达荷州	22.1％	罗德岛州	7.9％

出处：美国疾病控制与预防中心（CDC）的研究报告。“美国各地无线电话的使用有较大差别。”CDC 新闻工作室，2009 年 3 月 11 日。http://www. cdc. go/media/pressrel/2009/r090311. htm（2011 年 2 月 22 日访问）

注：无线替代率是指房主只拥有移动电话的比例。

移动电话的一个主要功能是利用"短消息服务(SMS)"共同传输协议发送短信。从2009年起,基于这个协议的短信日发送量超过41亿条。当时,美国移动电话用户平均每月发送和接收的短信达到357条,而每月拨打和接听的电话只有204次。和2006年的情况相比,这种短信的比例变化明显,那时每个移动电话用户平均每月只发送和接收65条短信。有趣的是,同期打电话的比例则保持相对平稳,不过,那些通话的平均长度由2008年的2.27分钟降到2009年的1.81分钟。这些利用率统计强烈地表明,短信并非正在取代传统通信方式,而是已经变成了另一种可持续的双向通信方式。

图8.3 当地居民排队进入大圆顶体育场。作为一处飓风避难所,在卡特里娜飓风到来之前,该场馆向民众开放(FEMA,马蒂·巴阿蒙德)

从以往的经验来看,突发事件和灾难也已经证明,在陆上通信线和其他通信基础设施遭到破坏或者超负荷时,发送短信的可靠性和有效性可以得到保证。举例来说,在2001年9月11日的恐怖袭击发生之后,纽约市手机通信流量猛增到峰值的1300%,导致约95%的电话因拥塞而无法成功拨打。但是,在出现大量需求的灾难期间,短信表现出了大得多的弹性。在卡特里娜飓风期间(见图8.3),手机通讯服务供应商曾向灾区用户发布公共信息,强烈建议通过短信与无法使用固定电话的家人和朋友进行联系。同样,在完成卡特里娜飓风响应行动之后,基于事后的情况简报,密西西比州运输部针对未来的响应宣布了多项倡议,鼓励当地民众事先确定有哪些朋友和家人在使用短信功能以备不时之需,同时还鼓励他们平时多加练习。

除了已有的短信功能之外,许多移动电话还增加了数据传输功能,如移动互联网。这些手机通常被称为"智能手机",诸如iPhone、BlackBerry和Android都是常见的品牌。到2010年底,有超过6000万的美国人拥有智能手机,这意味着比2009年同期增长了60%。这些智能手机很快成为访问社交媒体系统和其他互联网网站的主要设备。具体地说,在2010年,约有33%的智能手机用户是通过手机访问社交媒体网站,比2009年增加了8%。此外,同期Facebook的移动访问量增长了112%,而Twitter则是347%。作为进行准确和实时信息交流的主流社交媒体系统,既然这些系统已经创建起来,那么对于未来公众如何接收应急公共通知而言,智能手机可能会产生深远的影响。这些系统和移动信息的影响将在第十二章详细讨论。

8.4 FEMA援助工作者向一名生活在FEMA应急住宅里的灾难幸存者分发气象收音机(FEMA,珍妮弗·史密斯)

除了移动电话之外，美国国家海洋与大气局（NOAA）还将全灾警报广播作为应急公共通知（特别是在户内）的辅助机制。（见图8.4）根据相关设备的复杂程度，该广播可由终端用户安排在一个地理区域（如县）或者多个地域使用。这种安排要根据国家气象局（NWS）的《特定区域信息编码》（SAME）代码而定。因此，当NOAA下属国家气象局发布天气通知产品，如气象监视、预警、公告或安珀警报时，他们会附加相应的将通知范围限定在受影响地区的SAME码。目前，美国境内有400多个NOAA气象台，其广播覆盖面积约占国土面积的98%。

应急警报系统（EAS）是另一种传统的公共通知系统，拥有较高饱和度并为公众普遍接受和了解。作为一种国家公共预警系统，在局部、地区、州或全国性紧急事件发生时，EAS要求电视、有线电视和无线电广播要能提供发布优先信息的能力，如气象通报或者安珀警报。这在国家层级受到美国联邦通信委员会（FCC）、联邦应急管理局（FEMA）和国家气象局（NWS）的支持。由于这是一种可由各级政府启动的国家系统，因而在何时、何地以及如何启动系统方面通常有着严格的规定，其目的是要保证系统的有效性和最大限度地减少随意滥用。和所有传统的通知系统一样，EAS也同样存在着一些局限性，包括需要个人积极参与到特定网络当中以接收信息。具体地说，如果个人没有打开电视或者广播，EAS系统信息就不会被接收。随着使用数字视频录像机的人越来越多，这个问题就愈发严重，它导致EAS信息接收被再次延迟或者无法接收。

尽管并非适合每个人，但不管是从时间还是从位置上讲，和户外警报比较起来，此类移动和便携式通信手段可让应急通知更加容易和往往更为有效。有了这些位置固定（如NOAA警报广播）的系统，人们在办公楼和家里就能接收到通知和警报，而这些场所是他们度过其绝大部分时光的地方。手机的位置经常变动，但通常就在个人用户触手可及的地方。将它们结合起来之后，由于拥有此类系统的便携性和移动性，人们就足以确保向熟睡的或者注意力分散的人发出突兀的警报，而要通过户外警报来这样提醒室内的人是不太可能的。

动态和多样化应急通知策略

创立一种更加动态和多样化的应急通知策略，而不再将户外警报作为主要手段的理念并非最近才出现。2005 年，一场严重的极端天气造成 25 名生活在一个活动房聚居区的居民死亡。作为对这起极端天气事件的一种响应，印第安纳州通过了一部法律，要求所有新建住宅必须能够接收 NOAA 全灾警报广播。其他社区也落实了专项资金或者拨付款项，为特定地区几乎所有的居民采购了气象收音机。还有许多社区开始着手构建各种形式的社交媒体，并利用诸如 Facebook 和 Twitter 这样的系统和那些越来越多地参与到通信流当中的居民联系。因此，这不过是一种让此种动向从局部转到全行业，再到真正发挥作用的问题而已。各类应急通知系统的综合比较见图表 8.2。

图表 8.2　应急通知系统比较

系统名称	类　型	移动性[b]	便携性[b]	服务目标	实施者	系统建立时间
户外警报器	警报器	无	无	户外通知	当地	20 世纪 50 年代
国家警报系统(NAWAS)	电话	无	无	响应方通知	州和联邦	20 世纪 50 年代
Twitter	社交媒体	有	有	普遍通知	当地	2006 年
Facebook	社交媒体	有	有	普遍通知	当地	2004 年
SMS 文本通知系统	文本	有	有	普遍通知	当地	1992 年
公共安全通信系统[a]	电话	无	有	普遍通知	当地和州	21 世纪初
应急警报系统(EAS)[a]	警报广播	无	有	普遍通知	当地、州和联邦	1997 年
集成式公共警报与预警系统(IPAWS)	集成式	有	有	普遍通知	当地、州和联邦	不明

注：a　许多公司为了获取各种服务费而提供这种信息系统。

b　为了进行这种比较，移动性和便携性之间的差别是和应急通知系统的传播能力相关联。具体地说，移动性是基于与地理位置无关的接收应急通知的能力。便携性是可让通知系统被移动并重新广播或者被指定到新的地理位置使用的能力。这种差别并不明显，但出于比较目的又很重要。

2009年，在一篇名为“集成式公共警报与预警系统(IPAWS)发展所需的改进性策划与协调”的审查报告当中，美国政府问责局(GAO)也证实，需要一种更可靠和更有效的全国应急警报策略。虽然其标题听起来和述及的问题一样令人费解，但该报告还是明白无误地确认，需要有一种现代化的总体策略来全面运用在管(应急警报系统)或者在研的(IPAWS)技术和程序化装备。引人瞩目的是，该报告要求美国国土安全部部长和FEMA行政官员通过更多的项目开发、测试和增加项目透明度来改进应急警报策略。(见图8.5)

图8.5　在政府问责局的报告当中，FEMA行政官员富盖特和国土安全部部长被要求专门负责改进全国应急警报策略(自FEMA，比尔·科普利兹)

对于各个对大规模应急公共通知负有责任的联邦机构，首要且可能最有希望的发展是开发集成式公共警报与预警系统(IPAWS)。IPAWS最早是在2006年为响应13407号总统行政命令而推出，该命令要求美国拥有“一种有效、可靠、集成、灵活和综合的系统，能够在战争、恐怖袭击、自然灾害和其他危险的情况下向美国人民发出警报和预警”。不幸的是，作为取代趋于过时的国家应急警报系统(EAS)所必需的技术和理念发展成果，在联邦应急管理局(FEMA)的控制下，它多年来一直遭受着挫折的困扰。不过，到了2010年底，在重焕活力的领导下，IPAWS取得了重大的飞跃性发展，正朝着可能的成功迈进。

简而言之

美国应当拥有“一种有效、可靠、集成、灵活和综合的系统，能够在战争、恐怖袭击、自然灾害和其他危险的情况下向美国人民发出警报和预警。”

——总统13407号行政命令

这种进步的一个主要原因与商用移动警报系统（CMAS）的发展有关。在特定的地理区域内，该系统可以向无订阅服务或者其他无合同义务的移动设备发送文本警报。基于2008年联邦通信委员会的命令，CMAS协议开始让移动服务提供商选择一种可向所有用户发送应急手机通知的系统。具体地说，CMAS协议可支持小区广播消息（一对多）方式，而非传统的短信（一对一）方式，后一种（在发送给大批量的联系人时）在本已承受着高需求压力的蜂窝系统和设备上会很慢。对于往往缺乏技术、服务、设备和不知如何使用它的当地应急管理者而言，这种定向的消息传送是他们运用现代警报策略的最大挑战之一。如果作为一种综合系统具有可操作性，那么在突发事件发生期间，通过赋予各级应急管理者就所有危险提供必要和及时信息的能力，IPAWS是能够解决这种问题的。（见图8.6）

图8.6 IPAWS部门主任安特万·约翰逊向国内和国际知名人士演示IPAWS项目（FEMA，比尔·科普利兹）

有趣的是，虽然通过IPAWS进行指示性消息传送已取得了各种进展，并且还最终调整了应急警报系统，但这些系统仍然是基于指示性而非会话式互动。社交媒体则可以支持一种集成式的应急通知发布机制，并且可就消息的有效性和发布频率提供反馈。举例来说，对于那些可能有需求或者受到警报影响的众多用户，发布在Twitter上的应急通知可以在他们中间迅速地转推。这可以让最初的应急通知活动得到极大地放大，却无需信息提供者（如应急管理者）再投入任何精力或者资源。

除了那些已经讨论过的社交媒体的基本应用之外，许多这样的系统还可以让信息通过内部系统和手机短信来传播。举例来说，堪萨斯州奥拉西市约翰逊县的应急管理部门就曾创建过一种SMS应急通知系统，利用Twitter的高级程序界面（API），该系统可在数秒钟之内将国家气象局（NWS）的产品（如龙卷风警报）自动发布在Twitter上。该机构大力推广了这个项目，鼓励人们利用Twitter的“快速关注”SMS通知功能来关注特定的Twitter账户（@JOCOAlert）。也就是说，约翰逊县应急管理部门利用免费的社交媒体工具创建了一种自发的大规模通知系统，而其成本仅仅相当于目前在用商用系统的一小部分。对应急管理者来说，这种高效低廉的利用是一种潜在的有效途径，特别是在技术受限或者财政困难的地区更是如此。

新一代911系统

除了大规模应急通知策略的改进与现代化外，人们还要共同努力升级美国全境的911系统，以满足越来越多的利用互联网协议电话（VoIP）、社交媒体和短信来接收、共享和传播信息的需求。自1968年由联邦通信委员会和美国电报电话公司（AT&T）合作推广以来，911系统从概念上讲基本保持着原貌，有鉴于此，这种变化还是很大的。从概念上讲，911服务可将电话线自动连接到中央公共安全应答点（PSAP）上，以根据接收的信息来调度应急响应人员和装备。随着技术的进步，呼叫者的位置信息可以通过改造后的911（E911）系统最终集成到PSAP功能当中。不过，对于无线设备的使用来说，这种功能并未得到充分的集成。PSAP 站点及其接线员从移动呼叫者那里获取的唯一集成信息是呼叫者关于某个事件或事故的口头报告，甚至从辅助信息源（如当地的高速摄像机）获取的次级信息也没有集成到传统的 911 系统当中，这给接线员履行其主要工作职能和监测其他信息源以做出明确而有效的响应决策造成了更多的困难。

这些问题已导致一项重要决定的出台，政府承诺开始评估通常所说的“新一代 911”系统（NG911）。NG911 概念的初始策划始于 2000 年，具体落实则始于 2003 年。根据美国国家紧急号码协会（NENA）的说法，为了未来的 911 服务，需要继续优先落实 NG911 概念。NENA 称，NG911 概念“提供了基于位置的连接到相应应急实体的路由选择”，同时还支持“基于累积的数据将呼叫（包括累积的数据……还包括非语音（多媒体）信息）转给其他具有 NG911 功能的 PSAP 或者其他得到授权的实体”。不幸的是，迄今为止，对于个人交流当中越来越常见并且对公众参与 NG911 系统至为关键的文本、数据、图像和视频，大多数 911 系统都不能处理。这种改造将由国家和各州的应急通信组来指导进行，同时一些拥有重要资源并与 PSAP 业务和有效性密切相关的区域性和地方性行政辖区也负有这种责任。现有 911 系统与拟建 NG911 模型的性能对比见图表 8.3。

图表 8.3　现有 911 系统 Vs. 新一代 911 系统

现有 911 性能	新一代 911 性能
实际上所有访问都是语音呼叫者通过模拟线路电话来进行	语音、文本或视频信息来自许多类型的通信设备，通过互联网协议（IP）网络发送
通过语音来传递信息	自动进行高级数据共享
呼叫者通过传统选择性路由器手动路由，转发/备份能力有限	PSAP 的地理位置变得无关紧要，呼叫者基于地理位置自动路由，备份能力得到加强
处理超容量状况的能力有限，导致呼叫者可能接到电话忙音	PSAP 能够处理呼叫拥塞问题，包括动态地重新路由呼叫者

出处：“美国运输部积极推动新一代 911 系统。”美国运输部，2007 年。http//www. its. dot. gov/ng911/docs/ng2007. ppt（2011 年 2 月 22 日访问）

就在NG911对话仍在持续之际，有些社区已在开始采用其他方式从市民那里接收紧急信息。这些方式融合了社交媒体和Web 2.0的双向信息交流与文件编制理念。举例来说，马里兰大学曾经推出一款新的智能手机应用程序(app)，可让用户从事故现场拨打911并向应急接线员发送流音频和视频。App利用大学的校园无线网络，其流视频数据传输速率约为20MB/分钟。不幸的是，有些学生反对在无线系统尚未覆盖的校园区域使用app，这会迫使用户使用个人流量套餐(如果有的话)并要支付相应的费用。类似地，有些社区已经发布了911登记表，当地居民可提前将个人和健康信息进行登记，这样接线员在应急响应期间就能更有效和更高效地获取背景信息。尽管这些措施都具有创新性，但要更为全面地推广则仍需要积累最佳的实践经验。

简而言之

数字通信设备的功能和性能在不断地演进，这使得懂技术的人会经常选择使用更为先进的通信服务，以取代上世纪60年代建成并成为当今美国911系统基础的开关电路模拟电话系统。就像和朋友、家人和商家进行沟通那样，使用这些数字设备的民众越来越希望能够很容易地和政府公共安全机构交流语音、数据和图形信息。

——沃尔特·韦恩，堪萨斯州联邦E911资助项目监督委员会主席(2011年4月8日的个人通信)

现代化的制约因素

在评估户外警报相较于其他机制的有效性时，也必须要考虑到法律上的要求。不幸的是，这个问题在国家层面并无明确的说法，但在州和地方层级已经通过各种办法得到解决。例如，在格里芬vs.欧塞奇县警长办公室，堪萨斯州最高法院裁定“政府机构发布气象信息……通常拥有自由裁量的职能。”这意味着可以无限制地选择应急公共通知的风格和方式。相反，像新罕布什尔州则已经通过了在全州建立应急通知系统的法律。不幸的是，基于本章前面所介绍的研究结论，无组织的政府通知常常会引起民众的混乱和骚动。

作为公共应急通知的组成部分，虽然警报器和传统应急通知系统很有可能永远都不会被淘汰掉，但对于各个社区，现在也许是其重新评估其战略性应急公共信息理念的时候了。例如，就应急公共通知而言，警报器是不是最有效和最具成本效益的？或者，警报器的位置和作用范围是不是应该调整到户外高危地域（如游憩公园和水路）？此外，在特定的区域，是不是应该提供（如购买）或者资助（如补贴）具有移动性和便携性的次级系统？这种重新评估的必要性得到了研究结论的支持。有研究表明，延长预警通知的前置时间（即延长警报器鸣笛时间）并不意味着与极端天气有关的死亡率和受伤率会大幅降低。要转变这种行业理念，进一步紧盯当前可用的技术，继续利用目前的研究成果和通信技术，进行果敢的行动和强有力的领导将是必不可少的。

公共应急警报策略需要多样化，以便融合基于移动性和便携性的技术，要认识到这一点并不容易，或者说并非指日可待。对于户外警报及其他传统策略的基础设施和技术，许多社区都承担着重大的责任。但是，随着当地经济和政府预算受到经济衰退的影响，对于当地的领导层来说，要彻底评估警报策略以保证将来的规划和实施会成就最为有效的策略，使当地社区尽可能安全地不受极端天气和其他社区危险的伤害，这是一个关键性的时刻。

除了推行现代应急警报策略所面临的法律挑战外，还有经济上的因素也需要考虑。很明显，采购和维护户外警报系统的费用不菲，虽然这些开支全部由社区而非个人或家庭来承担。由于这里讨论的现代策略模式都内在地受双向或者民本潜能的驱动，任何连带成本往往都会影响到个人。例如，前面提到马里兰大学曾推广使用 NG911 系统，如果是在它们所提供的无线系统以外使用，这就需要用一笔额外的费用来营造一种更高程度的公共安全感。此外，根据国情报告，不管以往的使用量是多少，当地用户平均每月要承担的本地 911 服务费为 0.72 美元。这实际上制造了一种递减税体制。在这种体制下，低用量用户就被不成比例地多收费了，特别是与多线用户

（如企业）相比就更加明显。

最后，对于有着功能性和可访问性需求人口，在和他们进行有效的联络方面，所有应急警报通知系统都面临着挑战。这些人口包括那些经济困难、语言能力有限、身体或精神残疾或者在文化或地理上孤立的人，更不用说那些最年幼和最年长的代际人口。在联络这些人口方面，传统的和当下讨论的现代策略模式全部都有其局限性。举例来说，由于厌恶科学技术，在文化和地理上孤立的社会群体（如阿米什人）会拒绝接受通过社交媒体实施的个人通知策略。相反，对于耳聋和听力障碍群体，传统的户外警报是无效的。总的来说，要有效地联络社区，在传统和现代策略模式之间取得平衡是至关重要的。

实践者简介：沃尔特·韦恩　约翰逊县应急通信中心

沃尔特·韦恩在应急通信领域工作了 30 多年，在应急通信及应急技术与新一代 911 系统的集成方面，他是全美公认的佼佼者。（见图 8.7）他目前是堪萨斯州联邦 E911 资助项目监督委员会主席，该委员会目前正在监督 NG911 在该地的落实情况。韦恩先生强调称，NG911 的发展历程始于 9 月 11 日恐怖袭击之后，当时公共安全界认为需要提高学科和地区之间的互通性。在被问到集成新技术如手机短信和视频为何非常重要时，韦恩先生称，“公共安全界越来越倾向于让公众发送图片和视频给接线员，如此提供的事故现场状况要比口头描述详细得多”，这包括“犯罪者或嫌疑车辆的照片，这种资料既可以立刻发给某个地区的应急响应者，也可以稍后供调查人员使用”。不过，韦恩先生指出，“在将这种信息提供给 911 中心时，并无合适的办法来验证发送者和某个特定的事件，那么这些手段就有可能会被用来向应急人员发送错误的信息，或者在哪些影像与什么事故有

图 8.7　沃尔特·韦恩

关的方面起误导作用”，这种情况令人担忧。韦恩先生还谈论了落实方面的问题，包括成本和采用国家通信协议等基本挑战，同时还指出了一些其他更让人意外的挑战。具体说来，韦恩先生称，“当今的SMS短消息是通信运营商在尽最大努力的基础上进行传递的”，这意味着“并不能保证消息肯定会被传递……或者说它有可能会被延迟几分钟或者几小时，……结果是，对于多条消息，它们有可能会不按顺序被传递。”毫无疑问，韦恩先生和其他911业界的领军人物会继续设法改进这些系统，以解决技术的可用性和与之相关的预期问题，从而保证其最大限度地发挥其效益。

本章关键词

■ 新一代911：旨在将应急技术如SMS短信、流视频和社交媒体集成到911呼叫中心的公共安全活动。

■ 移动性：无关乎地理位置的接收应急通知和警报的系统能力。

■ 便携性：可让应急通知与警报系统移动并重新设定程序或者被指定到新的地理位置使用的系统能力。

■ 集成式公共警报与预警系统（IPAWS）：未来将发展的公共通知和应急警报系统，它将基于移动设备和威胁的地理相邻性来使用通知。

■ 应急警报系统（EAS）：国家公共警报与通知系统，具有优先于电视和无线电广播节目发布公共通知和应急警报信息的能力。

■ NOAA全灾广播：国家公共警报与通知系统，通过便携式无线电台基于特定地理区域（如当地的县）的SAME码提供警报的机制。

■ SAME码：NOAA全灾广播系统当中用来限定通知的地理范围的地理符号。

■ 短信系统（SMS）协议：利用信息小包提高消息传播有效性的短信类型。

第九章　志愿者和捐赠管理2.0：社交媒体如何变革人员与物资的管理与招募

让人们进入一个开放的系统当中，他们就会自然而然地想要贡献一份力量。

——奥里·布莱夫曼与罗德·A.贝克斯特罗姆
《海星与蜘蛛：无领导组织不可阻挡的力量》

灾难聚焦——海地地震

2010年1月12日，一场震中位于莱奥甘镇附近的7.0级地震袭击了海地，当地的基础设施遭受了巨大的破坏。由于震中位于太子港（海地首都）以西约16英里处，海地政府估计有300万人受到影响，其中死亡人数超过31.6万人，受伤人数超过30万人，无家可归者达100万人，另有28万栋住宅和商业建筑倒塌或严重受损。莱奥甘镇负责人报告称，当地近90%的建筑物都被摧毁。（见图9.1）许多国家立刻行动了起来，承诺给予资金救济和派出应急响应小组、工程师和其他救援人员来进行人道主义支援。海地当地的通信系统、设备、医院和电网等基础设施系统受到严重损毁，这给政府机构、拥挤的空中交通和传统的通信系统带来了更多的混乱。到了1月22日，海地政府正式取消搜寻幸存者的行动，联合国也确认营救行动的应急阶段已经结束。邻国多米尼加共和国率先提供援助，送来了水、食品和重型机械。在灾难发生后的几天里，来自冰岛、中国、卡塔尔、韩国、以色列、美国及其他许多国家的应急搜索与营救队纷纷赶到海地提供紧急支援和资源。很显然，为了从这场地震的浩劫当中恢复过来，海地急需资金和物资。这起灾难也是一个标志性事件，那就是社交媒体和Web 2.0技术首次被大规模地用于支援公共捐赠和志愿服务的招募与管理。比如，美国红十字会创建了一种捐赠管理系统，任何手机运营商的用户都可以通过它发送“Haiti”到90999，这样就可自动捐款10美元用于海地地震的救济工作。通过这种方式，在最初的24小时，就募集了500万美元的捐赠金额，而最终的募资总额超过了3,200万美元。除了捐赠管理，世界各地的社交媒体志愿者们还从Twitter订阅当中提取信息，将有关消息从克里奥耳语(海地口语)翻译成英语，并利用地图工具来标示响应需求或类似问题的位置。正如雅罗斯拉夫·瓦罗齐所言，“这是人类和机器之间的一种不可思议的共生现象，因为不管技术如何进步……其背后若没有人类的劳动力，它永远都不会发挥作用”。对于未来的应急管理者如何协调突发事件和灾难的响应工作，这种现代化的志愿者与捐赠管理将继续发挥规定性的作用。

图9.1 数百名海地幸存者在拥挤的船上等待航渡
(美国海军，大众传媒二级专家 坎迪斯·维拉里尔)

志愿服务的人口特征

在处理个人、家庭和社区日常需求方面，志愿服务一直都是司空见惯的。由于这些需求在突发事件和灾难发生期间非常复杂，对应急管理工作来说，正式与非正式志愿者的利用和管理向来都是一个无可回避的挑战。不幸的是，这个过程常常既耗费时间又占用大量资源，而这会降低应急响应与恢复活动的时间敏感性。因此，对于现代应急管理者，他们是该接受社交媒体和 Web 2.0 工具对志愿者管理的影响和冲击了。

例如，根据皮尤互联网的一项研究，在所有的美国成年人当中，有 75%的人都积极参加志愿者组织。对于互联网用户，其参与这种志愿服务的比例达到了 80%，而社交网络用户则达到了 82%，Twitter 用户更是高达 85%。显然，在社交媒体的使用和参与志愿活动的兴趣之间，有一种积极的关联性。此外，在那些接受调查的人当中，有近 25%的人指出，通过使用和访问社交媒体，他们的志愿服务能力得到了极大提高。研究发现，随着越来越多的人参加志愿者组织，对于直接使用 Facebook 和 Twitter 的社交媒体用户，他们参加志愿者组织的人数要比非社交媒体用户多出 15%～18%。

在 2011 年的阿拉巴马州龙卷风期间，该州许多社区都陷入极度需要援助的境地，在这种情况下，这种志愿服务和社交媒体之间的内在共生现象得到了集中体现。(见图 9.2)在这些社区当中，有一个是塔斯卡卢萨市。作为阿拉巴马州的两所重点大学之一，同时也是奥本大学长期的竞争对手，阿拉巴马大学就坐落在该市。通常，这两所大学的拥趸、关注者和毕业生之间都存在着高度的敌意。但是，在灾后重建期间，这种敌意被搁置在一旁。这让一位 32 岁的汽车服务中心管理者(奥本大学的粉丝)能够为塔斯卡卢萨市创办一个名为“塔斯卡卢萨宣传员”的志愿服务与捐赠管理网站，并使之成为奥本地区的一个地方性标志。他迅速地创建了 Facebook 和 Twitter 页面，此举获得了巨大的公众支持，最终有超过 8.6 万人通过 Facebook 关注和支持他的活动。这种支持活动一度声势浩大，以至于“塔斯卡卢萨宣传员”专用系统不仅要管理当地的捐赠，还要管理其他 23 个州的捐赠网站。这种现象当然不是新近才出现的，不过此前从未达到此种影响程度。

大多数社区都拥有知名志愿者组织的地方分支机构，如美国红十字会、救世军、社区应急响应小组或医务后备队。毫不奇怪，由于对灾害有着强烈的文化和群体反应，并相应地希望通过志愿服务来提供支援，未正式参加传统志愿者组织的人也会设法参与志愿活动。由于缺乏事前训练或未经预先

图 9.2 通过使用和利用社交媒体，现代志愿服务超越了现有条件的限制（FEMA，蒂姆·伯基特）

筛选，这些非正式和自发的志愿者往往要面临极大的挑战。鉴于此种现状，针对非正式志愿者管理，全美急难救助志愿组织（NVOAD）制定了 11 条必须遵循的国家准则。

非正式和自发志愿者管理的标准化构成

1. 志愿服务与社区生活
2. 志愿服务与应急管理体系
3. 加入组织的价值
4. 四个阶段的志愿者参与
5. 管理系统
6. 分担责任
7. 志愿者的预期
8. 志愿者所受的影响
9. 立足现有能力进行建设
10. 信息管理
11. 统一的术语

当代志愿者管理

在现代应急管理当中，志愿者管理将继续经受管理正式志愿者和非正式志愿者的挑战。不过，对于参与应急响应的志愿者机构而言，众多可用的社交媒体和 Web 2.0 工具既可以进一步阻碍整个过程，也可以扩大招募成员的能力。这种不同取决于各种可用工具的使用与利用。有趣的是，社交媒体工具以种种方式打通了正式与非正式团体的沟通桥梁。社交媒体的使用差不多消除了这样的观念，即一个陌生人出现在响应现场，希望以某种可能的方式提供帮助。相反，人们现在出现在灾难现场，是受通过可靠的社交媒体资源获取的信息和知识所驱动的，是以最佳方式而非普通方式来响应特定需求的。确切地说，在突发事件和灾难发生期间，博客、微博、社交网络和 Web 2.0 技术(如众包)都会在志愿者管理过程中得到使用。

例如，2009 年 3 月，北达科它州法戈市境内的红河流域遭遇洪灾，苦于必要的人力资源不足，救援者无法尽快构筑沙袋堤坝，以有效地降低危险。这时，当地有个名叫凯文·托布萨的男子接到了一个朋友需要帮忙灌沙袋的通知，他马上进行响应，并将那人的求助信息发布在 Facebook 上。而且他还向当地的城市规划者们提出建议，希望利用 Facebook 招集更多的志愿者来支援抗洪行动。得到市级领导们的认可后，托布萨创建了法戈-穆尔里德抗洪志愿者网，并在一周之内吸收了 4550 多个注册会员。(见图 9.3)得益于共享兴趣(本案当中即为抗洪)的连通性，这种社交网络的利用扩大了社区志愿者的响应规模。

2011 年，在新西兰克赖斯特彻奇市发生地震期间，作为一种有效的志愿者招募工具，Facebook 也派上了用场。这场地震让基础设施遭受了严重的破坏，当地急需补充志愿工人来支持搜救、废墟管理和其他响应活动。为帮助解决这种需求，坎特伯雷大学学生联合会创建了一个名为“UC(坎特伯雷大学)志愿军”的 Facebook 页面，以帮助招募和管理志愿者。在地震发生后的两天之内，UC 志愿军声称在 Facebook 上已经拥有 1 万名粉丝，到当月月底，该数字跃升到了 2.5 万人。有趣的是，由于 UC 志愿军的组织者们将

图9.3 在北达科他州法戈市法戈多姆体育场，北达科他州国民警卫队队员和民间志愿者们在装填沙袋（美空军高级军士长 戴维·H.利普）

Facebook作为其首要工具倾注了全部的精力，以至于他们最后不得不在Facebook上发布消息称，针对志愿服务机会的其他交流方式（如电话或者电子邮件）将不会得到回应，因为所有的有用信息都会发布在Facebook上。和法戈市志愿灌沙袋的工作很相似，Facebook明显地放大了响应的能级，因而大大地扩充了愿意成为志愿者参与响应的人数。

与此类似，在应对突发事件和灾难的现代志愿者招募与管理当中，博客也发挥了独特的作用。具体地说，由于可以利用无限制的空间发布文本信息、图片和视频，对于博客上的那些志愿服务帖，其内容及目的均可浓墨重彩地表达出来，以强调那些对响应活动最为重要的问题。因为博客的更新和维护比较耗时间，最经常使用它们的自然是那些正式的志愿者机构。这些机构在事故之前、期间和之后一直都在工作，以便招募、训练和维持一个强大的志愿者团体。比如，在卡特里娜飓风五周年之际，按照准备、响应、恢复和减除期间所能履行的职能，牵手志愿者网利用其博客发布了志愿者在灾难响应当中所承担的39种角色。这种多阶段使用博客的方式符合国家关于灾难志愿服务的多条基本准则，可以针对当前和未来的志愿者对清晰简洁信息的需求进行有效的管理。

志愿推客与其他众包机会

除了社交媒体网络和博客，在突发事件和灾难发生期间，还有许多社交媒体工具得到有机地使用，让志愿者的行为和能力通过技术得到放大。因为社交媒体本质上是以个人或者群体之间的联系为基础，灾难志愿服务的众包往往是基于群体的指向一个共同目标的动力。社交学家将危机期间那些以前不存在或者没有固定结构或具体任务的民众组织称为应急组织。在（各种规模的）突发事件或者灾难发生期间，这些应急组织通常自我组织起来，以应对那些未得到满足的因事件后果而产生的需求。

举例来说，在2010年海地地震期间，美国科罗拉多大学漂石分校的研究者们与CrisisCommons共同创建了Twitter账户，用于转发来自于消息源（如Ushahidi）和第一手账户的灾难相关信息。有趣的是，世界各地的Twitter用户充当了"翻译"的角色，他们将来自于众多消息源的地震相关信息转换成在整个系统都易于浏览的词语。确切地说，这些自称自许的"志愿推客"给应急响应增添了重要的价值，在帮助支援国际应灾的过程中，除了通过社交媒体有机存在的东西，他们并未接受什么指示或者参加什么机构。

除了海地地震期间所利用的志愿推客，灾难志愿者还可以利用其他的众包机会。例如，这里有个名为VolunteerMatch的志愿者招募与联系网站，它可根据志愿机构的需求和功能来匹配相应的志愿者。针对灾难志愿服务，VolunteerMatch创建了一个地图站点，可让志愿者们查看坐落在其所处地理区域内的机构。比如，该网站刊载了南卡罗来纳州数十家各种机构提供的87个不同的志愿服务机会，这些机构包括当地的美国红十字会分会、教会、青年服务站和仁爱之家。每个志愿服务机会的特点都由发布机构给予说明，其中包含有与目标人群（如青少年或者55岁以上者）和兴趣领域（如儿童服务或灾难服务）有关的分类标签。据该网站称，志愿者可以给发布机构评分，而这是一种有效的反馈机制，可让其他志愿者了解该志愿机构的素质和可靠性。

在利用众包援助灾民方面，也许最为知名的是CrisisCommons。据他们自己的网站称，这种松散的关联群体是一种“有待于探讨以给予定义的理念，即一个基于共享的方式如何能够为CrisisCamp（危机救援营）社群和其他志愿者技术社群提供长期的可持续发展，并在共享知识、协作工具、开放式发展、项目管理与数据方面向危机响应组织提供支持。”从根本上讲，CrisisCommons和与之关系密切的CrisisCamp都非常注重利用新兴的技术志愿者社群来支援灾难响应行动。比如，志愿者申请者在接受调查时，会被要求填写信息，说明是否了解wiki功能、地图映射及各种其他的像语言翻译这样的功能。由于众包为全世界志愿者的集体智慧与能力提供了发挥的空间，无论是在发达国家还是在第三世界国家，受灾社区都可以迅速利用这些资源来恢复当地基础设施和增强态势感知，却不必投入任何有限的当地资源。CrisisCommons的优势和广义的众包理念将在第十一章展开讨论。

捐赠管理2.0

与灾难志愿服务很相似，对于应急管理者来说，突发事件或者灾难之后的捐赠管理向来都是一个重大的挑战。毫无疑问，看到局部灾难造成的影响之后，世界上未受波及的民众都愿意伸出援助之手，但由于各种各样的原因，他们并不能成为志愿者。结果是，出于“事业的正义性”，他们往往觉得自己必须得提供捐赠。这些捐赠既有可能是直接的捐款，也有可能是捐献的物资。不管其形式如何，这里都存在着社会、物理、心理、政治和管理上的挑战。例如，在卡特里娜飓风发生之后，英国政府曾捐赠过开袋即食食品（MRE），但这些物资最后被转给其他有需求的国家，因为美国担心食品当中可能含有先前在英国爆发的牛海绵状脑炎(疯牛病)病毒。另一个事例是，为支援卡特里娜飓风救灾，社会各界曾将6000多万美元捐给了联邦应急管理局(FEMA)，这笔救灾款最终全部而快捷地转给了志愿响应与恢复机构，以确保灾民的需求得到满足。就捐赠物资和资金的储存、管理、分配和维护而言，这两个事例只是刚刚开始触及管理上的复杂性。(见图9.4)不论事件的规模和复杂程度如何，这些类型的挑战总会或大或小地出现。幸运的是，就像美国红十字会在2010年海地地震期间筹募资金时所表现的那样，通过社交媒体和Web 2.0工具的使用，捐赠管理的过程正开始变得有效和高效起来。

图9.4　对应急管理者和非政府组织来说，捐赠管理往往是一种资源密集型的工作(FEMA，乔治·阿姆斯壮)

在事故之前、期间和之后，几乎所有的正式志愿者机构，如美国红十字会和救世军，都必须同步地进行捐赠管理。这个过程可分为资金募集捐赠管理和事件驱动捐赠管理。在这两种情况当中，社交媒体都开始对这种过程的实施和推进发挥着强有力的影响。例如，长期以来，传统的节日摇铃人及其悬挂着的红色水壶一直是救世军的宗旨与募资的实体象征。但是，自2010年以来，通过提供一种与Facebook、Twitter、YouTube和Flickr链接的在线红水壶，救世军将其实体募捐转移到了互联网上，以便最大限度地发挥社交媒体系统的募资能力。此外，根据2009年一份关于过去两年非营利募资趋势的研究报告，那些使用博客、视频、社交网站和微博的非营利机构正在急剧地增多，而且为了确定公众对各种组织的看法和意见，它们几乎全部都在应用社交媒体的基本监测功能。

在捐赠管理体系当中，也许意义最深远的变革是美国红十字会于2010年初为响应海地地震时推出的短信捐赠。这种通过短信的捐赠可让人们在任何手机系统上发送“Haiti”给90999，这样就可以向美国红十字会的海地响应与救济基金捐出10美元。（见图9.5）在这场灾难的相关新闻传遍全球的数小时之内，通过与美国国务院合作，美国红十字会迅速采取了短信捐赠措施，并通过参与在线系统（如Facebook和Twitter）来推动捐款需求和提供便捷的操作方法。在最初的4天当中，短信捐赠活动募集到了500万美元。在30天之内，这项活动共计募集了3200万美元。在提及该理念的时候，有420万条推文对这种可用手段的正面价值给予了肯定。虽然这种电子汇款通常需要30～60天才能完成，但所有主流手机运营商都同意加急处理，以确保捐款能够及时到账。

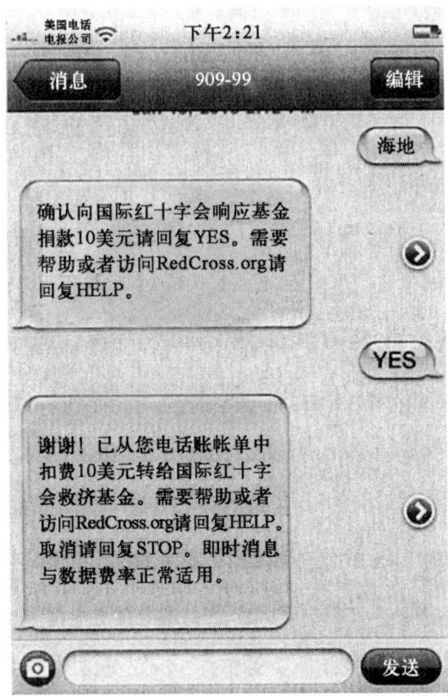

图9.5　在2010年海地地震响应期间，美国红十字会进行短信捐款活动的一张手机截屏

图9.6 针对灾难期间如何使用社交媒体的问题，海瑟·布兰查德提交的国会证词有助于制定相关国家政策（FEMA，比尔·科普利兹）

当时，在7800万美元用于海地短期救济和长期恢复的捐款当中，3200万美元的短信捐款占了41%。到目前为止，这是最大的一次短信捐款救灾活动。具体地说，在此之前，卡特里娜飓风发生后的短信捐款金额为40万美元，印度洋海啸之后的捐款为20万美元，而对于2009年通过短信捐给所有慈善机构的捐款，其总额接近400万美元。由于人们对短信活动有着如此大规模的响应，这种募资与援助模式已变得越来越常见，并在2010年的智利地震、“深水地平线”漏油事件和2011年的日本地震以及许多其他重大的国内、国际灾难当中都得到了运用。这是一种可持续的募资手段，不仅是美国红十字会，其他非营利及灾难响应机构，包括救世军和世界野生动物基金会，也都在加以利用。

除了直接效仿传统的募资机制，还有几种不同的社交媒体系统得以创建起来，让社交媒体活动与参与放大了其成效。举例来说，像HelpAttack!、FirstGiving和Facebook Causes这样的网站都可以让个人或组织创建站点，以便于为特定的组织、问题或者事故接受公众的捐款。例如，2011年，在日本地震发生后的30天内，FirstGiving和Facebook Causes上的捐赠管理网站就分别募集了48万美元和28万美元。不仅是其总金额较为可观，而且这些系统能以极小的成本，甚至无成本，获得捐款并进行管理。和传统的募资策略不同，这种捐赠资金的财务问责是由提供界面的社交媒体系统来处理，无需配备人员和提供实体资源。同样地，有些非营利和募资组织已经开始将 PayPal 和 Google Checkout 桌面小工具链接到其传统网站上，以便快速、有效和负责任地募集捐赠资金。与 PayPal 和 Google Checkout 很相似，通过高级程序界面（API）的连通性和简单的 HTML 嵌入式小工具，FirstGiving 和 Facebook Causes 都可以与传统网站集成起来。

在线捐款易化网站

- Facebook Causes
- FirstGiving
- HelpAttack!
- Network for Good
- Global Giving
- WhatGives!?

除了完全是为了特定的原因促进捐款而创建的 Facebook Causes 及其他 Web 2.0 界面网站以外，其他像 Second Life、FourSquare 和 Twitter 这样的社交媒体系统也很快成了有效的应灾募资系统。举例来说，虚拟世界"第二人生"是建立在虚拟岛屿的创建之上。在这里，"第二人生"用户（或虚拟用户）处在虚拟的岛屿环境当中，彼此能够进行社会交往。结果，旧金山市有个名为 TechSoup Global 的技术供应商创建了一个被称为 Nonprofit Commons（非营利共享空间）的四岛"第二人生"社区，这个社区的成员来自 10 个不同国家的 100 多个慈善组织。为响应 2010 年的海地地震，Nonprofit Commons 主办了虚拟活动来募集捐款，以支持海地的响应与恢复工作。这些活动包括虚拟商品拍卖会、虚拟艺术与音乐节、专家演讲和虚拟舞会，其目的是提高人们的认知和激发捐赠热情。此外，"第二人生"岛还推出了一个三维展区，虚拟用户在这里可以参观一种描绘海地遭破坏的景象，包括一幅显示受灾区域和当地基础设施损毁情况的地图。作为一种培训和支持工具，"第二人生"的实用性将在第十四章进一步讨论。

此外，还有一种由社交媒体用户驱动的所谓"慈善登录"的募资策略。这种理念是利用个人对基于位置的社交网络系统（如 Google Latitude、FourSquare、GoWalla 和 Facebook Places）及其他几种移动应用的使用。例如，在 iPhones 和 Android 操作系统上，有款免费的被称为 CauseWorld 的移动应用，可让人们通过到某些地点登录来赚取“善行积分”。根据既定的兑换率（如100善行积分=1美元），这些“善行积分”可以捐献出来支持某些事业。同样，在2010年影视音乐互动大会活动期间，FourSquare支持了一场慈善登录活动，当时PayPal和Microsoft承诺，将为这次活动当中的每次登录支付0.25美元，直到总金额达到1.5万美元，而这些钱将会捐给儿童救助会海地救济基金会。由于这次活动得到了大力宣传，参与者在FourSquare上的登录次数超过13.5万，48小时之内就达到了1.5万美元的最高上限。基于位置的社交网络（如FourSquare）的影响力将在第十三章继续讨论。

在促进积极捐款以支持灾难响应与恢复工作方面，还有其他Web 2.0理念正在得到有效且高效地利用，包括嵌入式链接、虚拟商品交易和虚拟“追加销售”。具体地说，只需要用数行HTML代码，Hello Bar（网站置顶通知管理工具）就可以将一条简短的消息（如“一场灾难发生了，请向红十字会捐款”）置于网站顶部。在2011年日本地震及相关海啸的响应与恢复期间，这种Web 2.0工具得到了广泛应用。类似地，针对2011年日本地震与海啸的响应与恢复工作，在在线游戏如“星佳城市”、“边境小镇”和“农场小镇”当中，在线社交游戏公司星佳公司（Zynga）利用虚拟商品的促销提供了支持。这次促销活动是和儿童救助会日本地震海啸紧急基金会联手进行，最终募集到200多万美元用于救济工作。在2010年的海地地震期间，星佳公司也进行过类似的努力。最后，为了资助各种应灾行动，通过在线追加销售，让购买了商品的用户向美国红十字会认捐更多钱款，像iTunes这样通常并不被视为社交媒体或者Web 2.0系统的在线零售商也帮助促进了捐款活动。

成功的评定

毫无疑问，只要是用于支持突发事件或者灾难响应与恢复工作，任何一笔捐赠资金都会被视为一种成功。不过，为了公正而合理地评定成功，用解析的方法看待这个过程至关重要，特别是在和传统的募资机制相比较时尤为如此。传统募资流程会通过各种机制来进行评估，如成本与效益分析、总收入、计划的落实和组织自留资金的比例。但是，这些评估措施并不能充分地评定 Web 2.0 世界的捐赠管理。

举例来说，有人认为，对于通过社交媒体和 Web 2.0 系统进行的在线募资，最基本的评定标准应该是每个用户的平均捐款。但是，在许多情况下，与传统的募资活动相比，这个数字是比较低的。这种分析评定并不能全面、如实地反映在线募资的有效性。确切地说，使用社交媒体和 Web 2.0 工具是进行人与人之间的联系，或者说，就这里所言，是进行人和某种事业之间的联系。比如，虽然个人捐款的金额可能相对较低，但对于该事业来说，那些正在更多地了解其问题并对挑战有足够认识的关注者或粉丝可能会多出几百人或者几千人。

简而言之

如果人们因为它而获得了社会信用的话，他们会变得更加无私……特别是社交激励是要在你的个人资料上注明你招募了多少志愿者，或者你募集了多少钱时更是如此。

——乔·格林　Facebook Causes 的创立者

举例来说，在在线募资活动期间，有些社交媒体网站的在线参与明显地增加了。例如，Loopt(一种基于位置的社交网络系统)曾为海地地震工作发起过一场“慈善登录”的活动。在这次活动当中，只要在特定的时间内在 Whole Foods(全食超市)、Chipotle Grill(墨西哥烧烤快餐店)和 Panera Bread(帕尼罗面包连锁餐厅)几个地方登录，Loopt 就会为每次登录捐出 1 美元。在那段时间里，这些地方的登录次数平均增长了 200%。同样地，在一场类似的救助海地的活动当中，星佳公司声称有 6 万名“渔村”游戏者访问了和响应与恢复工作有关的站点，10 倍于平时玩这个在线游戏的访客人数。尽管仍然难以评估，但这些类型的成功性评定确实为在线活动指出了一个有说服力的投资收益率(ROI)趋势，也为打算筹措应急应灾资金的传统非营利募资指明了方向，那就是要持续利用技术来缩小差距。有趣的是，作为 Facebook Causes(共募集了 700 万美元)的创立者之一，乔·格林总结了这种现象。他说，“如果人们因为它而获得了社会信用的话，他们会变得更加无私……[特别是]社交激励是要在你的个人资料上注明你招募了多少志愿者，或者你募集了多少钱时更是如此。”

迄今为止，这些非营利的募资案例都是为了应对国内或国际重大的需要捐赠来支持志愿机构活动的大规模灾难。对于这种模式，其挑战是要确定，如果可能的话，它如何转变成当地应急管理者为应对波及其所在地区的突发事件或者灾难而努力赢得援助。比如，主流电信运营商(如美国电话电报公司、威瑞森或者斯普林特)是不是应该为一个受灾严重的当地社区发起一场短信捐款活动？或者，在发生灾难时，这类 Web 2.0 应用是不是只能通过州级机构、联邦机构或者国家志愿组织才能发挥作用？同样，如果没有大量的关注或者有力的介入，当地社区就极有可能得不到大型社交媒体或者系统发展商的帮助。遗憾的是，在捐赠管理继续发展并完全融入现代应急管理策略的过程当中，面向当地社区构建这种联系和思维方式在将来是非常关键的一步。

实践者简介：海瑟·布兰查德　Crisis Commons 的共同创立者

2009 年 3 月，海瑟·布兰查德与几十名足智多谋而又富有创造力的志愿者携手举办了首届 CrisisCamp(危机救援营)聚会，其目的是促进应急管理者和全球技术社群的合作。作为这种良好合作关系的一项成果，艾尔弗雷德·P. 斯隆基金会和威尔逊国际中心联合提供了一笔受托人企划补助金，以资助布兰查德女士领导危机救援营来“组建一个新的知识团体，记录从志愿响应当中吸取的经验教训，并号召社群支持危机救援营……和其他志愿者技术社群的成长。”2011 年，在向美国国务院灾难恢复与政府间事务专门委员会作证词时，布兰查德女士称，“我们经常面临的一个挑战是，政府部门将社交媒体的使用简单地视为一种公共事务活动，而事实上，在危机期间，访问公民生成的信息有着行动上的必要性”。被问及地方在应急管理实施方面的挑战时，布兰查德女士称，在“地方的应急行动中心，社交媒体信息与行动之间的联系在很大程度上缺失了……这归咎于一些中心缺少高带宽的互联网、专门技能或者协作工具”。她强调称，这种联系非常重要，因为事实上在危机发生期间，应急管理者往往发现自己已经被信息淹没了。在证词的结尾，布兰查德女士向这个国务院委员会提议，要“投入资源，帮助应急管理者进行信息准备与筛选，增加应急管理工作者的使用数字化技术的知识与能力，并赋予他们联系技术支持者的权力”。在社交媒体如何、何时和在何处能够被用来提高应灾能力方面，布兰查德女士的领导才能，还有危机救援营及其他志愿者组织的持续影响力，将会继续发挥作用。

本章关键词

■ 志愿推客：指在灾难响应和恢复活动中利用社交媒体技能和资源的志愿者。

■ 危机共享空间：非政府组织。在突发事件和灾难响应与恢复期间，致力于通过社交媒体和 Web 2.0 系统将志愿服务与捐赠管理的成效最大化。

■ 短信捐款：一些非政府组织在突发事件和灾难响应与恢复期间使用的募资方法，是利用短信的功能与普及性来支持快速而有效的捐赠活动。

■ 慈善登录：一些非政府组织使用的募资方法，是利用基于位置的社交网络系统，让社交媒体系统或者感兴趣的第三方赞助系统参与活动。

■ 追加销售：社交游戏系统使用的募资方法，是通过本能的、游戏内的购买活动来支持第三方的灾难恢复与救济工作。

■ NVOAD：全美急难救助志愿组织。一个全国性的积极参与灾难响应与恢复工作的非政府组织。

第十章　应急行动中心的大笨象：正规响应系统内部的根本性缺陷

若想在社交媒体中获得成功，面对失控的情势，你必须保持心态平和。

——亚历克西斯·瓦尼安，Reddit.com合伙创始人

灾难聚焦——印第安峡谷大火

2011年3月21日，星期一，在科罗拉多州印第安峡谷地区，纵火犯点燃了一场大火。火灾地区位于科泉市以西、丹佛市以南，大部分都是科罗拉多州的乡村。熊熊的森林野火很快蔓延开来，等到周末消防队员们控制了大火时，过火面积已近1570英亩。（见图10.1）事故响应指挥官罗迪·缪尔指出，由于山坡陡峭，加上烟雾弥漫，行动极难展开。在此次响应过程中，科罗拉多州州长约翰·希肯路珀发布了一项应灾声明，授权该州政府拨款150万美元用于灭火，同时希望联邦机构给予更多支持。最终，共有401名来自40多个不同地方、州和联邦机构的消防队员参与了这场山火响应行动。他们使用了大量的资源，包括许多国家事故管理系统（NIMS）的资源，如1型、2型、3型直升机各1架，单引擎灭火飞机2架和固定翼重型灭火飞机1架。在尚未被火灾波及的邻近社区，美国红十字会的避难所和大型动物掩体被构筑了起来。邻近的戈尔登镇镇长雅各布·史密斯在其博客中称，应急响应计划很快启动，并"主要依靠传统的通信模式，即应急行动队搜集和验证与火灾有关的信息，然后再将其递交给我们的公共信息办公室"。史密斯镇长表示，公共信息员"定期向新

闻媒体介绍情况……主要通过电视、广播和印刷媒体来传播信息。"通过定期向个人 Twitter 和 Facebook 页面更新电子邮件、简讯，史密斯镇长和当地议员比尔·菲舍尔扩展了这种正式沟通的作用范围。史密斯镇长在其博客上写道，"有大批群众就这种沟通（尤其是利用 Facebook 或 Twitter）表达了他们的感激之情。"这场非同寻常的灾难突显了通信与情报工具在正规响应系统和社交媒体及 Web 2.0 技术当中的应用差别。是不是一个系统要比另一个更有效？这个镇长使用社交媒体是否干扰了进行应急响应和发布事件相关公共信息的传统指挥与控制体系？是否有一种明确而一致的消息可以在这些众多新媒体平台之间传播？在考虑如何将社交媒体应用于现代应急管理的过程中，这些都是让应急管理者们感到困惑的问题。

图 10.1 科罗拉多州洛夫兰市附近（印第安峡谷地区）的森林火灾响应行动（FEMA，迈克尔·里格尔）

国家准备与响应系统

长期以来，美国应急管理学科都是由国家响应系统基于最佳实践、应灾经验和政治动机与取向来定义的。这样的系统包括事故指挥系统（ICS）、国家事故管理系统（NIMS）和国土安全演练与评估项目（HSEEP）。在突发事件和灾难发生之前、期间和之后，这些系统都曾发挥过积极或消极的作用，并且都受到了社交媒体与 Web 2.0 技术的使用与推广的巨大影响。要了解这些影响，关键是要首先了解国家响应系统的组织结构和预期目标。

2003年2月，乔治·布什总统签发了国土安全总统第五号令(HSPD-5)，指示由美国国土安全部开发和管理国家事故管理系统(NIMS)。(见图10.2)针对2011年9月11日的恐怖袭击，当时和之后的行动报告都指出危机发生时存在着管理与通信上的无序和混乱，而该系统由此应运而生。NIMS的目的是要树立一种全国性的样板，以便在所有类型的不计其大小、范围或者复杂程度的突发事件和灾难发生期间，让所有政府、私企和非政府组织能够协调和有效地协同工作。确切地说，NIMS创建了一种"通过平衡灵活性和标准化来取得互操作性和兼容性的组织架构。"NIMS的具体组成部分包括指挥与管理、准备、资源管理、通信与信息管理、支持技术、持续管理与维护。

图10.2　2003年2月份，总统乔治·W.布什发布国土安全总统第5号令(HSPD-5)，指示建立NIMS。(美国海岸警卫队，特尔菲尔·H.布朗)

简而言之

NIMS创建了一种"通过平衡灵活性和标准化来取得互操作性和兼容性的组织架构。"

——国家事故管理系统介绍

NIMS组织架构内的指挥与管理结构分为三个主要的组织系统：事故指挥系统、多机构协调系统和公共信息系统。事故指挥系统(ICS)是这些组织系统当中最重要的部分，这不仅仅在于它是最传统的，而且还在于它对其他两个部分而言也是最具基础性的。根据 NIMS 的培训资料，ICS“定义了一场事故整个存在周期当中的运作特点、管理组件和事故管理组织的结构。”有趣的是，国家将 ICS 作为 NIMS 的组成部分，主要是基于各种第一响应者领域近 40 年来的最佳实践，特别是基于美国各地的消防服务。最佳实践的特色包括通用术语、组织资源、可操控的控制范围、组织设施、职位头衔、事故行动计划的运用、集成式通信和系统问责制。

要进一步评估 NIMS 和 ICS 如何与社交媒体进行整合，了解 ICS 的这些系统特色是关键。确切地说，ICS 可管理的控制范围、职位头衔和问责制以及通用术语等特色成就了一种天然的指挥与管理结构。在 ICS 体系内，这种结构要受一种依赖于审查与批准的等级结构特性所支配。即使是在理想的情况下，因为需要启动响应行动、获得批准和执行指令，这种结构都必然会造成时间上的延误。不幸的是，这种典型的从开始到结束的时间周期往往与公众预期和社交媒体交流的正常速度不相协调。

在国家事故管理系统当中，另一个指挥与管理部分是多机构协调系统的利用。虽然应急行动中心(EOCs)是最常见的多机构协调系统的例子，但联合信息中心(JICs)也是一个值得注意的重要范例，特别是在评估与社交媒体的潜在互动时尤其要注意到这一点。(见图 10.3)就其渊源而论，JIC 是基于 ICS 的最佳实践创建起来的。作为通信与公共信息成分，从局部事故指挥官到联合指挥部、EOC 主管和其他政府响应实体，它在所有层级都发挥着作用。很像其同类系统 ICS，所有联合信息中心的基本原则是，没有最高层官员(如事故指挥者或 EOC 主管)的批准，公共信息官员或其他响应人员均不得向官方响应等级体系之外的任何人吐露信息。此外，这种结构体系为多组织和多地区协调信息传播和公共“声音”提供了便利。尽管该系统被证明能够及时地传播信息，但和 ICS 很相似，在突发事件和灾难发生期间，要想足够快地发布信息来帮助应对通过社交媒体系统进行的信息接收和发布，它同样面临着挑战。

如前所述，另一个必须要考虑到的多机构协调系统是应急行动中心(EOC)。从许多方面来讲，为了发挥事故指挥系统的作用，这种由国家事故管理系统建立起来的协调系统体现在大多数应急行动中心身上。通常，

图 10.3 FEMA 代表在葛林斯堡(堪萨斯城)应急行动中心传达指示(格雷格·亨歇尔,已获准刊用)

EOC 基于的是一种系统性的往往发挥着相似功能(如控制范围、统一指挥、事故行动策划等)的层级体系。因此,在 EOC 和 ICS 体系当中,社交媒体的使用都存在着一些相同的挑战。这两种指挥与管理系统都要求始终保持高水平的态势感知,以便启动合适的响应行动,确保有效和高效地保护生命、财产和社区资源。不幸的是,如同 JIC 所面临的挑战,当公众能够通过社交媒体和 Web 2.0 系统以近乎瞬时的方式接收和发布事故信息时,态势感知的速度也要以指数方式加快。

除了国家事故管理系统和事故指挥系统,在制定和执行各种演练计划时,应急管理者也被鼓励(在接受联邦基金时则被强制要求)要充分利用国土安全演练与评估项目(HSEEP)。该项目涵盖了包括小型研讨会、专题讨论会、桌面演习、操练、情景模拟游戏、功能演练和综合性演练在内的各种演练活动。无论是哪种演练,都要拟定和利用一种情景来检测和评估某些预定的演练目的和目标。若是如此,就有必要利用真实的响应者、装备和资源,而这有可能不仅费钱费时,而且会让公众感到迷惑。比如,如果当地社区正在通过综合性演练来测试一个有着大量人员伤亡的情景,这就需要配置各种应急响应人员、车辆和装备。由于关键是要保证操作方案的有效性,通过回填或者互济支持,大多数机构往往将装备和物资从实际的响应当中去掉来实施演练和支撑主要行动。不幸的是,在测试涉及到整合社交媒体的方案和响应行动时就不可能这么做了，因为真实的社交媒体渠道很难置身事外。因此，就公共信息和态势感知而言，要安全有效地检测牵涉到社交媒体的计划和响应方案，基于 HSEEP 模式的演练有时会收效甚微。

冲突与矛盾

随着社交媒体越来越广泛地得到利用，在应急公共信息领域，正规化的应急响应系统，如国家事故管理系统（NIMS）和事故指挥系统（ICS），正迅速成为矛盾的存在。NIMS 是建立在所有应急行动（包括公共信息传播）的指挥、控制和批准都有正规组织的基础之上，而社交媒体是建立在公开、自发和非正式的响应之上。NIMS 也是基于最佳的实践，并被视为灾难响应（包括公共信息）的国家模式。不幸的是，这并不足以应对社交媒体形式（如社交网络、微博、博客和视频共享网站）的影响，后者在突发事件和灾难当中很快会变得无处不在。这两种存在（官方指挥体系和社交媒体）从根本上讲是相互矛盾的，必须要加以协调，以保证未来的应急公共信息传播是有效且高效的。

在突发事件或者灾难发生期间，NIMS 要求所有向公众发布的信息都要经过事故指挥官（或在较大的事故当中经过 EOC 主管）的审查和批准。但是，鉴于突发事件或者灾难发生时的时间限制和事故指挥官的普遍责任，当需要取得批准以利用传统宣传策略（如电视、广播和印刷（常常是在线）媒体）时，公共信息人员难以继续做到及时而有效。如果 NIMS 不能正确地为策划、行动和后勤部门制定态势分析规程，那么由于 NIMS 结构与社交媒体的不兼容性，重要的灾难相关信息就有可能被错过或者未包含在内。在应急准备过程中，这些不兼容性会形成重大的缺陷。

随着突发事件发生期间使用和监测社交媒体的需求在增加，加上各种形式的社交媒体本身都具有并且需要短暂的时间，这种时效性的挑战正趋于严峻。对于传统媒体（如电视和广播）来说，新闻稿从创作到批准可以在数小时的时间内从容地处理，因此这些媒体都觉得满意，在下一次广播或者发布消息时是有信息可用的。另一方面，社交媒体（如 Twitter 和 Facebook）对信息的需求是近乎瞬时的，是近乎完全透明的。这意味着社交媒体在数分钟之内就会发挥作用，而不是传统通信的数小时。因此，不言而喻，事故指挥官要以类似的时间周期批准通过社交媒体传播的消息和信息是极其困难的，如果不是不可能的话。不管怎样，社交媒体（和传统媒体一样）必须要得到信息的供给（即"输送"），以减少错误信息的传播，并在涉及突发事件或者灾难方面最大限度地避免出现不同的声音。

在 2007 年弗吉尼亚理工大学枪击案（见第五章）当中，这一点表现得最为明显。在这次事故发生期间，通过 Facebook 和其他社交媒体资源，事发大楼内外的学生都在提供稳定的事故相关信息流。传统通信流（如新闻稿和记者招待会）都反应迟缓（相对而言），都花了几个小时才发布事件相关信息，包括学生死亡的人数和名字。举例来说，虽然枪击发生在上午 7 时许，上午 9 时 30 分又再次发生，但弗吉尼亚理工大学行政机关直到下午 2 时 13 分才正式宣布死亡人数（没有名字）。不过，社交媒体网站和在线社群，如 Facebook 的"I'm ok at VT（我在佛蒙特一切安好）"群，都在积极证实那些遇难者的身份。尽管研究者发现没有一份在线社交媒体名单能够列出所有 32 名遇难者的名字，但它们通常都是准确的，并且提前至下午 4 点钟就正式公布了部分人名，到下午 5 点 15 分则发布了完整的名单。显然，在搜寻并获取准确的事件相关信息方面，社交媒体通信要比传统媒体快得多。

简而言之

通过提供耳朵和嘴巴，社交媒体以最简单的方式惠及应急响应活动。换句话说，利用它能帮助响应者倾听当下的对话和收集有助于告知响应工作重点的有用信息，还能帮助了解公众的情绪和确认新出现的问题、错误信息和谣言。

——杰拉尔德·巴龙　PIER 系统的创立者

这个弗吉尼亚理工大学的例子有着重要的意义，因为 Facebook 用户社群和其他社交媒体系统成功地确认了所有的受害者，从未错误地发布过一个人名。而且，在事件发生期间，由于通过社交媒体传播的公共信息所具有的速度和准确性，传统媒体开始参考社交媒体内容，而不是等待校方正式发布消息。(见图 10.4)最终，就像第三章所讨论的那样，这个事件和其他类似的重大灾难引起了公民新闻的极速成长，并让社交媒体系统广泛地用于新闻追踪、记录和发掘。有些专家甚至指出，社交媒体资源(如 Twitter)是新的新闻发布系统，最终将取代当前的新闻发布系统。传统响应系统的管理者们对公共信息的发布负有监管责任，对于那些伴随着现代通信系统的实际应用而确立起来的最佳实践，如果他们不直接解决社交媒体如何才能被用来对其进行优化的问题将是可笑的。

图 10.4　弗吉尼亚理工大枪击案发生后，该校学生举行烛光悼念活动

在 NIMS 框架内，应急公共信息的另一个挑战是所发布信息的风格和结构。确切地说，信息发布最常见的形式是新闻稿。新闻稿所包含的内容通常会得到精心的组织，其行文方式非常结构化，所用的语言比较形式化，上下文的处理也经过了反复斟酌。为了个性化、增加认同感和确认紧急状况，它们往往包含决策者或当地其他政府官员(如市长或州长)那概括和非特定性的原话，以支撑传统危机通信模式。不幸的是，这种模式与社交媒体所期待的风格完全对立。例如，Twitter 只允许发布 140 字或更少的状态更新。由于可供状态更新的空间有限，这必然要求在响应时无需过多拘束，实际上大多数用户都是很随便、随意和言辞简洁的。

由于其多方面的用途，Facebook 的复杂性进一步加大。除了链接图片、视频和网站，它还增加了微博式的状态更新。在社交媒体系统内，有关紧急状况的文字和视频内容都可以通过既有的、可信赖的网络进行发布。在伦敦爆炸案(2005 年)、卡特里娜飓风(2005 年)、弗吉尼亚理工大学枪击案(2007 年)、明尼阿波利斯 I－35 大桥坍塌事故(2007 年)(见图 10.5)和南加利福尼亚森林火灾(2007 年)期间,通过社交图片共享功能的应用,这种现象就愈发明显。这些社交媒体网站的风格和内容与标准的新闻稿有着很大的不同,说到二者的结合,即便作最乐观的估计,也是很微妙的。此外,对于成功的公共信息管理而言,某些其他形式的新闻稿,如预先确定和事先批准的社交媒体信息,也是极其重要的,但这目前并未明确地为 NIMS 体系所接受。

图 10.5　2007 年 8 月,明尼阿波利斯境内 35 号州际公路西线的密西西比河大桥发生崩塌,一些车辆被搁置在坍塌的桥体上(美国海岸警卫队,凯文·罗斐达尔)

最后,对于正规化的 NIMS 体系而言,其部分职能是要保证支撑整个事件重心的信息要统一。这种统一的报文结构主要是为了增加消息的可信度,并提高公众验证已发信息的能力。应急公共信息所面临的挑战是,政府信息通报的可信度往往不高。在某些文化与种族人群当中,政府信息通报会受到特别的质疑。例如,密歇根大学社会研究学院早就指出,有些人群,如非裔美国人,对政府的不信任程度通常要比其他社区人群表现得更高一些。其他研究表明,信任政府的预测因素包括种族、性别和个人社会资本(如公民参与或者人际信任)。在官方应急公共信息活动当中,超越这些既有的障碍是必须要克服的诸多挑战之一。有趣的是,有些人认为,社交媒体或许有助于弥合这些信任隔阂,因为在线社群,如 Facebook、Twitter 及其他,都不是建立在强制关系(如传统的官民关系)之上,而是立足于可以信赖的信息来源与合作关系。

摒弃筛选

由于既有的空间或者时间上的规定，传统媒体有机会筛选官方核准的政府信息，而这有可能导致一种怀有偏见或扭曲的陈述，或者让原本已经受到质疑的信息更加破绽百出。相反地，社交媒体网站则解决了这两种问题。从根本上说，社交媒体网站（如 Facebook 和 Twitter）是建立在可以信赖的网络和开放的社群之上。确切地说，这些社交媒体是通过做某人或者某事的“朋友”或“粉丝”建立起来的。这样，社交网络就向本地社群提供了机会，可让其另行验证已发布的紧急事件相关消息。其次是，通过摒弃传统媒体及其解读与表述，社交媒体网站可以让人们直接与受灾社区进行联系。虽然社交媒体也难以避免地存在着偏见，但它的核心原则之一是自我修正。对于任何通过社交媒体渠道有意或者无意地发布的信息，它们都极有可能很快得到共享社群成员的纠正。结果是，在突发事件发生期间，至少是在支撑传统的正规信息通报（如新闻稿）方面，这两种因素使得社交媒体的使用具有了潜在的有效性。

最后，就应急公共信息而言，遵循 NIMS 指导原则和运用社交媒体在当前来说是相互冲突的，是达不到预期目的的。结构性的审查与批准流程极大地降低了社交媒体的有效性，这最终不利于应急公共信息和态势感知流程的整体成功。NIMS 流程受到过严格的审查，在全国范围内得到了实际运作，并且是基于最佳的实践，但社交媒体的兴起是迅速而猛烈的，这让应急管理者和公共信息官员处于一种不值得羡慕且又具有挑战性的境地。对于未来所有领域的应急管理来说，找到办法并切实解决这种冲突将极为重要。

截然不同的观点

有些应急管理者认为，从最根本意义上讲，国家响应系统（如 NIMS）与社交媒体的整合并不像看上去那样富有挑战性。有个普遍的观点是，社交媒体仅仅是一种交流的工具，类似于灾难响应者常用的电子邮件和移动电话。持这种观点的人还强调称，NIMS 没有明确规定应该如何、何时以及在何处使用其通信系统，但是它们也是非常重要的。因此，基于这种观点，对社交媒体就没必要给予特别的规定，只要 NIMS 在技术和应用上保持其灵活性。不幸的是，这个观点从根本上讲是有问题的。尽管社交媒体是一种与电子邮件和手机类似的交流工具，但它的适用范围和应用要比那些系统大得多。与社交媒体的使用联系在一起的时间、应用和系统性预期往往更为复杂。

有些人支持调整国家响应系统以更好地与社交媒体和 Web 2.0 技术进行整合，其观点是建立在对这些响应系统的基本解读之上。比如，哈尔·格里比，一位杰出的积极利用社交媒体的应急管理者（见第二章实践者简介），在提到 NIMS 的持续管理与维护成分时说，"对于 NIMS 的进一步改进和完善而言，科学与技术的持续发展是不可或缺的。"换句话说，格里比先生提出了一种观点，即 NIMS 的建立本身就要具有灵活性，就要吸收冲击着国家应急应灾响应系统与结构的新技术和系统。他接着说，ICS 有着"灵活的指导原则，允许通过多点吸收信息和情报……因此，事故指挥部既可以自己获取信息与情报，如指定某人为信息/情报指挥参谋，组建一个总参谋部信息/情报分部和在策划部门增加一个职位，也可以为了取得更多的战术决策信息直接派出小分队在事故行动部门的领导下展开工作。"问题是，在开始创建 NIMS 的时候，对于像社交媒体这样的动态和复杂的新兴技术，系统组织者们是否预想得到。

毫无疑问，格里比先生对 NIMS 和 ICS 的系统构成非常了解，也全面分析了如何在突发事件或者灾难发生期间设立一个社交媒体部门。问题是，在大多数社区，除了适于本地社区的基本训练之外，对于 NIMS 或者社交媒体，平常有可能担任事故指挥官的响应者们还没有机会仔细研究或者适应它们。此外，如果他们只能在基本和基础的层面上应用 NIMS 理念，那么他们很有可能并不关注社交媒体内在的灵活性和适应性，却把注意力集中在指挥与控制和审查与批准流程上。当然，这些流程不仅是 NIMS 最重要的组织部分，也是许多响应组织的日常职能与组织程序。

正是这种普通用户在认知和应用之间的差距证明了，并非需要更多的训练，而是需要调整适于大多数响应者的系统和训练。如果 NIMS 和 ICS 课程没有具体地提供像格里比先生所提议的应用实例，那么响应机构就不太可能在它们的响应体系内正确地利用社交媒体。此外，缺乏思路明确的应用可能会导致利用不足，或者完全无视与灾难有关的社交媒体情报与信息。这种回避会极大地影响响应活动的有效性及响应者与灾民的安全。

在社交媒体的使用、审查和批准方面，NIMS 模式有望改进的一个地方应该是，特别允许事故指挥官或者应急行动中心（EOC）主管确立一个信息范围，明确哪些信息可由社交媒体传播而无需每次都要取得批准。通过本质上与传统危机通信模式所用的消息映射或新闻稿模板相似的事先专题评审，这种预先批准是可以实现的。同样地，在事故指挥官或 EOC 主管与公共信息官员之间，也可拟定一种口头或书面的协议，以便就社交媒体应如何和何时使用设定相应的限制条件和背景。在 2011 年响应龙卷风期间，奥巴马政府就做出了这样的第二种选择，当时是利用非传统工作人员（如根据《应急管理互助协议》[EMAC]配备的公共信息官）和新的社交媒体系统来共享重要的公共信息。

社交媒体与演练管理面临的挑战

在社交媒体与国土安全演练与评估项目（HSEEP）的整合过程中，也存在着类似的挑战，但通过创造性地运用某些社交媒体系统，这一切或许能够被克服。作为所有专业领域制定、执行和评估应急管理演练的方法，HSEEP 得到了美国国土安全部（DHS）的授权。与国家事故管理系统很相似，这授权当中的某些部分与 DHS 提供给应急管理组织的准备资金有关系。例如，只有维持 HSEEP 模式，通过国家资助项目（如国务院国土安全项目（SHSP）、城市地区安全倡议计划（UASI）、城市医疗响应系统（MMRS）、港口安全拨款项目（PSGP）和其他许多项目）提供的支持资金才可用于演练开支。另外，HSEEP 的设计目的是用于测试和评估特定地区或专业领域的能力。既然这些能力往往独立于所提议的事件类型之外，假设情景往往作为检验手段被直接用于测试那些需要检测的能力。

如前所述，这种授权所面临的挑战是，必须要确定某种资源（如消防车）能够执行被测试的功能（如灭火），而这往往要抽调处于日常备勤状态的特定资源、装备或人员，以确保其能力得到充分的不折不扣或者无可挑剔的测试。不幸的是，在将社交媒体系统整合到实体模型当中时，这种测试与演练建模无法达到目的。对于公共信息或情报官员来说，由于有可能与真实的信息混淆和具有损害那些现有可靠通信系统的潜在危险，将演练或者训练资料放在真实合法的社交媒体网站上有着太大的风险。例如，有许多地方应急管理办公室习惯用社交媒体系统（如 Twitter 和 Facebook）发布与龙卷风有关的准备信息，包括关于应急避难和风暴减灾活动的常规信息。随后，如果还是这些社交媒体渠道被用于发布有关该地区龙卷风的模拟信息，那么系统用户（粉丝或关注者）很有可能感到迷惑或者被无意地误导。这种迷惑最终会对该系统的有效性产生负面影响。传统的演练模拟和 HSEEP 模型就不能适应这种问题，因此从最严格的意义上讲，在如何有效和高效地测试现代应急管理当中的社交媒体方面，它们并不是合适的选择。

但是，在社交媒体系统内，一些有创意的应用或许有助于弥合这种缺陷。例如，大多数公共微博（如 Twitter）都支持账户保护，没有账户所有人的允许，公众无法看到发帖内容。采用这种方式，创建几个只有彼此才能共享信息的保护性账户就具有了可行性。这样就可以模拟当地民众的兴趣和公共响应，而普通民众不会看到或者潜在地误解演练内容。尽管从技术上讲是可行的，但这种另有目的的账户创建不会得到社交媒体系统及其用户协议的赞同，如果不是完全被禁止的话。

也许，要想模拟创建私人微博账户，一个更成功的替代办法是使用 Yammer。作为一种企业微博服务系统，Yammer 始创于 2008 年。和其他微博（如 Twitter）相反，它只能通过人们的专用网络（如某个企业或组织的内部网络）来访问。虽然最初只是一种企业微博网站，但它很快发展成为一种成熟的企业社交网络，具有支持企业微博、个人资料、群、私信、社区、应用开发和移动界面等功能。除此之外，在世界范围内，Yammer 已经被 100 多万个用户和 8 万多家公司使用。尽管在形式和结构上不同于主流社交媒体网站（如 Facebook 和 Twitter），但 Yammer 可以成功地用于响应与管理方案的概念测试，而不会对真实的社交媒体信息源构成危险。在突发事件或灾难发生期间，这种响应与管理方案既可用于公共信息活动，也可用于态势感知活动。

最终，在联邦应急管理局（FEMA）人员的指导下，美国国土安全部将需要重组其正式的结构配置，或者重新调整响应系统（如国家事故管理系统（NIMS）或国土安全演练与评估项目（HSEEP））的相关训练，以更好地解决这些系统对社交媒体应用不足的问题。尽管有些解读和应用能够成功地兼顾这两种互相冲突的平台，但并非所有地区和学科领域都能够统一且一致地做到这一点。如果这种分歧得不到纠正，国家建设响应系统的进程就会受到影响，若非毫无建树的话。实际上，这种需要建设的响应系统具有灵活性与动态性，适合于所有地区和学科领域，并且基本上都可以用相同的方式加以利用。

实践者简介：杰拉德·巴龙　公共关系与危机沟通顾问

杰拉德·巴龙（见图10.6）做过大学教授、出版商和国家民选公职候选人，自称是个“多面手创业家”。他还是PIER系统的奠基人和创建者。2009年底，该系统由奥布赖恩响应管理公司购得，并在各种地方、州和联邦机构（如休斯顿市和美国海岸警卫队）投入使用。此后，他曾做过奥布赖恩公司的沟通执行副总裁，现在则是该公司的高级顾问。他写过几本书，包括《为时已晚：生存在即时新闻时代》和新近出版的《源源不断地流淌：墨西哥湾漏油事件沟通案例研究》，后者研究了2010年“深水地平线”漏油事故的危机沟通挑战。

图10.6　杰拉尔德·巴龙

巴龙先生是国内危机沟通领域的一位领军人物，同时也是一个热情的观察家，时刻关注着社交媒体的兴起及其对应急管理的影响。在被要求就社交媒体如何与国家响应系统整合的问题进行评论时，他说，“ICS[和NIMS]在有效整合社交媒体上并没有出现重大障碍……但是……根据互联网、社交媒体和更先进通信技术的现状，有些部分，特别是在公共信息机构当中，明显出现了障碍。”巴龙先生接着指出，在往往被分隔开来的情报和公共信息领域，有个特别的挑战是需要对社交媒体进行监测和观察。确切地说，他指出，“将这些职能部门分隔开来的做法制造了一种障碍，导致难以和所有利益相关者和高度关注事件的受众进行有效而高效的沟通。”在被问到为何社交媒体在重大的灾难期间表现得如此有效时，巴龙先生说，“通过提供耳朵和嘴巴，社交媒体以最简单的方式惠及应急响应活动。换句话说，利用它能帮助响应者倾听当下的对话和收集有助于告知响应工作重点的有用信息，还能帮助了解公众的情绪和确认新出现的问题、错误信息和谣言。”在被问及社交媒体为何如此难以通过国家响应模式来接纳时，巴龙先生说，“围绕事件和响应而产生的看法、公众情绪和对事实的了解都是无法操纵和控制的……正规响应机构可以参与或者不参与对话，但参与仅仅意味着这种响应是诸多声音当中的一个。”他还指出，“无视这种新的现实或者抵制它，都会将那些受事件影响的人，或者那些正在自行响应的市民置于危险境地……也会将公众的信任和信心置于危险境地。”无疑，巴龙先生是充满热情的。他表达了自己的信念，那就是社交媒体正在对传统的响应机制构成挑战，但这通过积极的作为和目标明确的决策是可以克服的。

本章关键词

■ 国家事故管理系统（NIMS）：基于最佳实践、响应灵活性和组织模块化的国家突发事件与灾难响应模式。NIMS包含其他管理系统，如联合信息中心（JIC）、事故指挥系统（ICS）和应急行动中心（EOC）。

■ 国土安全演练与评估项目（HSEEP）：国家突发事件和灾难演练开发与管理模式，适用于所有应急管理与响应部门。

■ 事故指挥系统（ICS）：NIMS的基本组成部分，是基于一种通过控制范围和职能部门来限制的指挥与管理结构。所有决定在执行之前都要获得既定等级体系的审查和批准，在这种管理体制下，会有一位担任行政决策者的事故指挥官。

■ 联合信息中心（JIC）：突发事件或者灾难发生期间进行公共信息活

动的实体位置。公共信息主管官员往往在事故指挥官或者 EOC 主管的监督下管理这种职能机构。

■ 应急行动中心(EOC):进行应灾协调的实体位置。它通常是在指挥与控制体系内组织起来的,具有与事故指挥系统(ICS)相似的特点。

第三部分

社交媒体工具与虚拟社区的力量

协同生产是人们必须彼此配合来完成某些事情，它比简单地分享要艰难的多，但其结果也会深远得多。通过利用无关乎经济利益的动机，允许截然不同的贡献水平，新的工具能够让大批的人共同协作。

——克莱·舍基，《人人时代：无组织的组织力量》

第十一章　培育一个有准备的社区需要一村人的努力：众包的力量与目的

直到互联网因其连通性而备受瞩目之时，人们在很大程度上并没注意到人类的一个基本事实……那就是与公司的背景比较起来，劳动在社区背景下往往更能有效地组织起来。

——杰夫・豪，《众包：大众力量缘何推动商业未来》

灾难聚焦——克赖斯特彻奇市地震

2011年2月22日，当地时间12时51分，一场6.3级地震袭击了新西兰南岛的坎特伯雷地区。地震震中位于特利尔顿镇以西约1英里，克赖斯特彻奇市(新西兰第二大城市)中心东南6英里处。这场地震造成181人死亡，是新西兰历史上第二大致命的自然灾难(仅次于1931年霍克湾地震)。保险专家们估算，地震共造成了1200万美元(1600万新西兰元)的损失。(见图11.1)此外，2010年，即在这场地震到来的6个月前，7.1级的坎特伯雷地震袭击这个地区，但没有造成人员死亡。2011年2月的这场地震不同于上次地震，因为它发生在午休期间，当时该地的商业活跃程度高，许多大楼的入住率也明显增加。此外，许多建筑物已经在2010年的那场地震当中受到损伤，并且还受到当地造成大量地层运动的土壤高度液化的严重影响。后面这种地质现象导致当地80%的自来水和污水系统受损，还让约20万吨的淤泥上涌。尽管局部基础设施受到大面积破坏，但在补充物资、人力和进行态势感知方面，众包发挥了巨大的作用。确切地说，在灾难发生后1个小时之内，危机共享空间社区的一个工作组就创建了一个协同编辑网站，并与当地应急管理者合作在Crowdmap.com上推出了一个事件实例。众包志愿者们迅速将自己分成四个同步功能群：态势感知、危机协调与应急响应、(向更可靠系统进行)技术迁移和志愿者计划与管理。随着一幅全方位集成的众包灾难地图(eq.org.nz)在震后6小时之内被推了出来，志愿者的人数及其所用工具的复杂程度都呈几何级数增加。这个网站收到了大量与灾难有关的问题反馈，包括灾难幸存者需要护理治疗和查找食品与燃油出售位置的援助请求。

图11.1　2011年克赖斯特彻奇发生地震，FEMA副局长蒂姆·曼宁视察该市(美国驻新西兰大使馆，珍妮·伯恩斯)

什么是众包

用最简单的话来说，众包就是利用一群人来解决单个人无法解决的问题或者挑战。构成“大众”的这群人能够提供卓越的各种能力，包括知识、技术、才能、装备、资源、时间和基础设施。这些能力是作为物理、社会和经济的集合体存在的，远远超过个人或者普通的能力，因此有助于解决手头上的全局性问题。此外，人们在进行能力贡献时往往成本极小，若非无成本的话。因此，对于正在寻找更稳妥行动方案的组织或者社群来说，众包理念是一种极有效和极具成本效益的选项。

虽然乍看起来，众包像是所有社交媒体系统都具有的一种内在特性，但这并不正确。要对问题和需求以及积极属性获得一种总的和聚合性的认识，监测、分析和调查社交媒体领域的活动就有着巨大的价值，但这种活动并不要求从终端用户那里得到任何特定的回报。终端用户可以参与或者不参与进来，但也不想当然或者保证有任何可量化的价值回馈。另一方面，由于群里存在着必然得到放大的知识、技术和才能的能力，本章所表述的众包理念都有着行动的导向性，要求明确地界定需要完成的任务。由于有可能带来极其有效和高效的响应，在成为应急管理与响应的动态工具的过程中，这些行动措施要比传统系统表现的更好。

对于所有领域的应急管理者来说，众包的效能具有潜在的极端重要性。像许多其他领域的工作者一样，应急管理者常常承担着大量的工作职责，但往往由于缺乏时间和资源而难以完成那些确实具有积极作用的准备或者计划工作。即使是在志愿者得到有效利用的时候，能够正式赋予志愿者的责任往往都有着现实和法律上的约束，而志愿者为支持应急管理而愿意付出的东西也可能同样地有着时间或者资源上的限制。因此，在突发事件和灾难发生期间，众包的潜在好处几乎是无止境的，并且已经在数起国内和国际灾难，如本章灾难简介所谈论的克赖斯特彻奇地震，发生期间都得到了有效利用。很像已经讨论过的许多其他社交媒体和新兴的 Web 2.0 技术系统，应急管理者面临的挑战是要解决如何将众包整合到传统的响应机制当中，因为它主要是由网络有组织地发起、管理和拓展，却没有得到正式的监管。

众包如何发挥作用

要开始思考这种运用上的挑战，重要的是要对众包进行正式定义。举例来说，杰夫·豪在其《众包：大众力量缘何推动商业未来》一书中表述了众包的 9 条基本理念。豪认为，有效的众包是建立在找到正确的模式和人群的基础之上，并且要解决集体应用将如何得到激励并被整合到既有的框架之内。豪描述了 5 种模式：集体智能、大众智慧、大众创造、大众投票和大众募资。面临的挑战是，简单地确定合适的人数是不够的，还要根据需要确定正确的人。例如，要求科学家们讨论梦幻棒球赛可能会生成一个聪明者的群，但这个群对指定任务只有少得可怜的集体知识。相反地，让一群梦幻棒球的球迷们讨论梦幻棒球赛则会迅速生成很多与指定问题有关的集体知识。

豪还强调，为了做到有效且高效，众包要求任务应当简洁明了，群的领导层要有组织性，并且还要能够自我修正。他指出，对于那些往往想提供帮助却缺乏集体能力的大众，需要有"仁慈的独裁者"来领导他们，以便聚合他们的团体知识和技术。这种领导者的影响力或许还可以被视为一种催生大众反应的催化剂，它有助于促进有益的反应而形成有效和高效的活动，特别是在突发事件和灾难发生期间尤为如此。最后，在行动之前，大众的任务和预期就必须受到掌控。例如，大众领袖们必须要迅速地从官方应急管理代表那里或者根据已确定的社区需求弄清哪些问题必须要得到解决，然后要在大众中间落实行动策略来明确活动的界限，以便于重点收集与手头问题有关的知识。不过，随着事件重心的变化或者特定的需求变得明朗起来，大众的活动能够并且会进行自我修正。这种自我修正是大多数社交媒体系统的一种基本概念，众包也不例外。

从概念上讲，通过商业网站和支持某些在线商业站点，众包活动是非常普遍的。例如，有许多图片网站（如 iStockPhoto. com）可让个人用户递交免版税的图片（和其他多媒体资源），这类资源可供免费下载，或者在支付一笔基本费用（通常非常低）后下载。这些网站生成了大量的可供他人使用的内容。很像本章稍后要讨论的应灾使用一样，这类常用网站以指数方式放大了单个摄影师的技术、资源和能力，而使用者只需要付出些微额外努力和绝对负担得起的成本。同样地，诸如 Amazon、TigerDirect 和其他类似的在线商业网站，则是利用用户和消费者的集体反馈来为售出产品创建评级和评估。在准确性和真实性方面，用户和消费者对这些商品的个人意见缺乏任何有效性。但是，当许多无效的意见被集聚在一起成为大众的意见时，这种集体意见就具有了有效性、准确性和精确性，因此就消除了个人真实性的风险，因为它被集体解决了。

有趣的是，这种众包现象已经迅速地渗入全世界应急管理与灾难响应活动当中。众包平台（如 Ushahidi）很快从其最初的政治监测工具被调整成，由一群自发的志愿者管理的基于地理位置的灾难信息聚合器。传统的社交媒体网站，如 Facebook、Twitter 和 YouTube，也被用来促成众包机会。基于以往的利用情况，应灾众包可分成四种群体：虚拟志愿者、商业与非政府组织、传统媒体和本地志愿者。

目击灾难

在世界范围内，虚拟志愿者使用的最有效的众包工具是 Ushahidi。Ushahidi 公司是一家公益性组织，开发过一款免费和开源的软件，可用于信息搜集、可视化和交互式制图。2007 年，在肯尼亚总统选举期间，两个候选人所在的政党都操纵了选举，最终造成大范围的敌对状态和种族暴力。为应对这种暴力活动，Ushahidi（斯瓦希里语意为"目击"）公司的经营者们创建了一个旨在收集目击者暴力报告的众包网站。这些报告利用电子邮件和短信发送，然后通过 Google Maps 被标绘出来。从那时起，Ushahidi 就一直被用于追踪南非的反移民暴力，公布刚果的骚乱和进行墨西哥与印度的选举监测，以及发布 2008 年至 2009 年加沙战争期间的目击者报告。Ushahidi 还为社会活动和政治观察持续提供众包能力，并最终利用公民新闻和地理信息与背景进行应灾响应与管理。

Ushahidi 创建了三大平台来提高其众包能力，即原来的 Ushahidi 平台、SwiftRiver 平台和 Crowdmap。这些平台都被不同程度地用于促进目击者实时信息的搜集。其主要差异与众包信息的时间、主机资源和管理源有关。Ushahidi 平台是 Ushahidi 公司推出的最强版本，是一种基于服务器的免费软件，可通过 GNU 较宽松通用公共授权来获取。它提供了通过多种公共输入源（如短信、电子邮件、Twitter 和网页表单）来创建互动式制图的能力，还提供了众包信息的详细时间表。类似地，SwiftRiver 可用于众包数据的筛选与验证，这些数据的输入类型与 Ushahidi 平台所用的相同。通过"利用语义分析给内容添加语境"，还通过基于关键字和其他分类标签把来自于电子邮件、Twitter、短信和其他网络内容的似乎无甚关联的信息进行分类，这种筛选能够发挥特别重要的作用。最后一种可供使用的 Ushahidi 工具是 Crowdmap。Crowdmap 工具提供了与 Ushahidi 平台类似的功能，包括大规模事件、突发事件或者灾难的众包信息搜集，但并不要求本地服务器承载和处理这种数据。更确切地说，Crowdmap 平台是托管在 Ushahidi 的服务器上。这三种 Ushahidi 平台为众包活动创建了一种强大的动态工具。

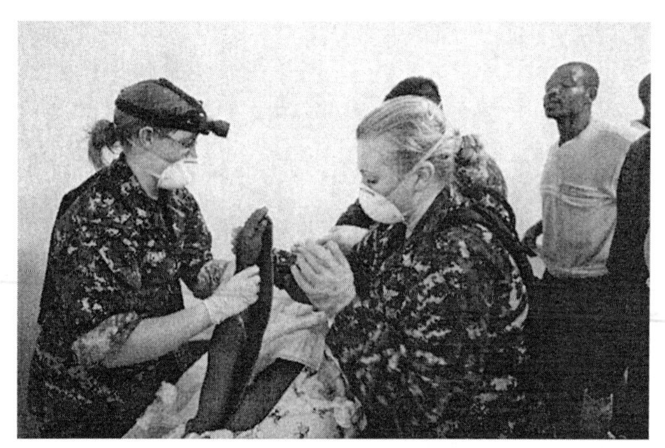

图 11.2 治疗海地地震受害者
（美海军大众传媒二级专家阿德里安·怀特）

自 2010 年以来，有各种 Ushahidi 装备被开发出来，并在数起国际突发事件和灾难得到运用。具体地说，作为一种应灾众包的便利工具，在海地地震(2010 年)(见图 11.2)、智利地震(2010 年)、华盛顿特区暴风雪(2010 年)、克赖斯特彻奇地震(2011 年)、阿拉巴马州龙卷风(2011 年)和日本地震与海啸(2011 年)的响应与恢复工作当中，Ushahidi 的投入使用都发挥了重要的影响力。尽管 Ushahidi 是一种极其强大的众包工具，但在应急管理和响应过程中，它并不是唯一可用的工具。相反，评估众包所运用的方法才是关键。

虚拟志愿者的众包

也许，灾难众包最常见的运用主体是身处灾区之外的虚拟志愿者们。这些虚拟志愿者往往是那些未受波及地区的人群，他们能够运用人类知识、技术和连接端口，而无需承受灾区基础设施受损的压力。另外，这些集聚在一起的人群往往带来超强的能力，而这些能力在事件发生之前就在灾区存在，更不用说在灾难袭击该地区之后。从许多方面来讲，这种虚拟志愿服务是基于一种要向灾区更好地交流信息和技术的感受性需求。在基础设施、政府响应和当地生活质量非常糟糕（如海地地震）的国际灾难期间，或者在灾难的破坏力如此巨大，以至于强力系统都受到灾难影响（如日本地震与海啸）的全面压制时，这种感受性需求就会特别明显。（见图 11.3）

图 11.3　2011 年日本地震与海啸重创仙台机场
（美空军，塞缪尔·莫尔斯）

从最宽泛的意义上来说，这些虚拟志愿者的群体就是所谓的 BarCamps。这些 BarCamps 是非正式和即兴的集聚，是受一种让人们在开放环境当中共享和学习的愿望所驱动，往往会引起参与者之间的激烈讨论与互动。大多数 BarCamps 都接受了禁止旁观者（无论是真实的还是虚拟的）参与的规则，以保证所有与事件相关的力量都集中在处理与现有主题有关的信息交流上。作为研讨会式的事件，这些 BarCamps 先后在世界各地举办过，任何想要参加并愿意在 BarCamp 维基网站上分享内容和信息的人都可参与进来。最早的 BarCamps 注重于通过开源技术和开放的数据格式的网络应用。2005 年 8 月，首届 BarCamp 在加利福尼亚州帕洛阿尔托市举办，有约 200 名参加者。从那以后，BarCamps 分别在北美、南美、非洲、欧洲、中东、澳大利亚和亚洲的 350 多个城市里举办过，其中一次的参加者人数超过 4700 人。

在过去的几年当中，灾难 BarCamp 的理念迅速趋于成熟，并最终成为众所周知的 CrisisCamp。和较受关注的 BarCamps 一样，CrisisCamps 同样集聚着信息技术专家、软件开发者、应用程序设计师、Web 2.0 用户和其他志愿者。这些自发集聚的志愿者群体主要致力于为响应工作提供可视化服务和指导，帮助那些受到各种危险，如地震、洪水、龙卷风和海啸，袭击的地区协调有针对性的救灾工作和灾难援助。举例来说，BarCamps 曾帮助构建社交网络，让灾区的人们能够查找失踪朋友和亲属的位置，或者创建所需物品的清单。在受灾地区或灾难地带，这些系统几乎无一例外地都以地理为主要考虑因素。

简而言之

干一件工作的最佳人选是那个最想干这件工作的人；而评估其工作成效的最佳人选是其朋友和同事。顺便说一句，这些朋友和同事会满腔热情地参与进来改进最终产品，而这仅仅是为了互相帮助和创造惠及众人的美好事物所带来的纯粹愉悦。

——杰夫·豪 《众包：大众力量缘何推动商业未来》

图 11.4　2010 年，CrisisCommons 针对巴基斯坦洪灾举办了一次 CrisisCamp 活动。此次活动帮助解决了一些区域性问题，如因这座桥梁被冲毁而造成的困难（美陆军，哈瑞斯·穆雷）

尽管在支持大规模的灾难响应当中极有助益，但这些 BarCamps 仍需要有效的管理和组织。比如说，据克莱·舍基的《人人时代：无组织的组织力量》一书所载，“协同生产是人们必须彼此配合来完成某些事情，它比简单地分享要艰难的多，但其结果也会深远得多。通过利用无关乎经济利益的动机，允许截然不同的贡献水平，新的工具能够让大批的人共同协作。”举例来说，自 2009 年以来，在一系列灾难（如海地地震（2010 年）、智利地震（2010 年）、日本地震（2011 年）和泰国、那什维尔和巴基斯坦洪灾）当中，有个名为 CrisisCommons 的组织帮助管理和协调了 CrisisCamps，其中有 3000 人参加了在 10 个不同国家的 30 多个城市举办的 CrisisCamps 活动。（见图 11.4）2010 年，作为 CrisisCamps 获得成功并对 CrisisCommons 实施监督与管理的一种强烈信号，艾尔弗雷德·斯隆基金会和伍德罗·威尔逊国际学者中心共同出资，设立了一项 12.4 万美元的计划补助金和一项 1.2 万美元的受信人补助金，以资助成立一个 CrisisCommons 经验储备库，同时继续支持各级政府的 CrisisCamps 活动。

正如 CrisisCommons 在其博客上所称的那样，在虚拟志愿者的应灾支援活动当中，2010 年 1 月份海地地震的众包援助是一个转折性的事件。为响应海地而创建的 Ushahidi 网站（http://haiti.ushahidi.com）为公众发布信息提供了多方面的便利。具体地说，在该网站上，通过 SMS 短信、国际 SMS 短信、电子邮件和网站提交，公众可按主题（如当地的紧急事件、公共卫生事项、安全风险、自然灾害和急救站及其他各种需要报告的问题）发布公共报告。而且，利用嵌入式 Twitter 和 Google Person Finder 小工具，它还可以提供经过筛选的关于海地这个特定事件的动态内容。此外，它还可提供本地事故报告、主流新闻报道和公民新闻报道的嵌入式列表。除了内容的功能性外，整个网站还能以 4 种不同的语言版本供人浏览。所有这种公开生成的内容都经过了地理映射和基于类别（如图片、视频和报道）的筛选，这最终在视觉上清晰地反映出那些需要更多管理、资源或者直接响应的事件模式。对于专业响应者、受害者家人和潜在的受害者本人来说，利用这种单一来源的聚合工具是一种非常有效的信息获取方式，不会受到官方的任何正式控制或干预。

Ushahidi 系统的这种特殊应用得到了塔夫茨大学志愿者们的强力支持。为促进该系统的使用与推广，在设立于华盛顿特区、伦敦和波特兰的"情景室"里，这所大学帮助培训了数百名志愿者。这种通过国际虚拟志愿者网络的服务易化有助于映射海地 Ushahidi 网站的 3000 多个紧急而又可行的报告，而这最终帮助指导了海地当地的应急响应者们，让他们能够提供直接指向最需要地区的服务和援助。海地的行动刚由应急响应状态转到长期恢复阶段，塔夫茨就立刻与当地政府合作来持续利用 Ushahidi，以确保在此阶段继续承担相关责任。这些类型的功能都是应急响应者的利器，可藉以评测 Ushahidi 和其他众包工具在多大程度上不仅能够用于支持灾难响应，而且还可以用于支持应急管理的所有阶段。

众包的组织实施

除了海地地震，在其他许多区域性和国际性突发事件和灾难的应急管理活动当中，众包都得到过无与伦比的运用。这在第三方（如企业、公共机构和非政府组织）参与时表现得更为明显。这种参与的主体既可以是直接的响应机构，也可以是灾难事件的受害方。换句话说，这些组织能够运用众包技术观察事件并参与其中，或者为涉及事件响应的行动或者错误行动承担责任。具体而言，众包专家杰夫·豪总结称，这些组织"利用众包并不是在免费搭车……而那些将大众视为廉价劳动力的人注定要失败……因为将所有成功的众包工作统一起来的是一种对社群的坚定承诺。"这就是这些组织解读风险与收益的关键性问题。不管怎样，有或者没有正式的投入，众包往往都会产生一定的影响。

简而言之

那些将大众视为廉价劳动力的人注定要失败……[因为]将所有成功的众包工作统一起来的是一种对社群的坚定承诺。

——杰夫·豪　《众包：大众力量缘何推动商业未来》

也许，2010 年夏天的"深水地平线"漏油事件是这种现象的最好例证。

(见图 11.5)2010 年初,有个名为"路易斯安那应急突击队"的环保激进组织正在与杜兰大学的一个地理信息系统(GIS)班合作,设法利用 Ushahidi 制作一份路易斯安那州历次炼油厂事故的互动地图。巧合的是,就在这个班期末考试那天,"深水地平线"油井平台爆炸了,这让"应急突击队"有机会基于 Ushahidi 模型迅速推出溢油危机地图。新地图侧重于跟踪、确认和验证溢油事故如何影响墨西哥湾沿岸的居民和环境。提交给溢油危机地图的社群报告囊括了各种各样的环境和人道主义问题,包括有报告称出现了大量死海龟(密西西比州圣路易斯湾),空中弥漫着化学气味(佛罗里达州达尼丁市)和受石油污染的雨水出现排放问题(路易斯安那州马尔罗市)。虽然溢油危机地图在功能上与 Ushahidi 的海地地震应用软件相类似,但在分类条目上却有着明显的不同。确切地说,与相关应急响应比较起来,溢油危机地图更注重威胁(如漏油状况)的即时态势感知。因此,其类目和有可能受影响的基础设施(如学校、幼儿园、炼油厂和危险材料厂)有关,还与墨西哥湾沿岸地区的溢油风险报告有关。爆炸发生后不到 1 个月,溢油危机地图就收到了 300 多份(通过短信、电子邮件、Twitter、图片、移动应用或网络报告提交的)现场报告——其中有 80%最终被项目人员确认是准确的。

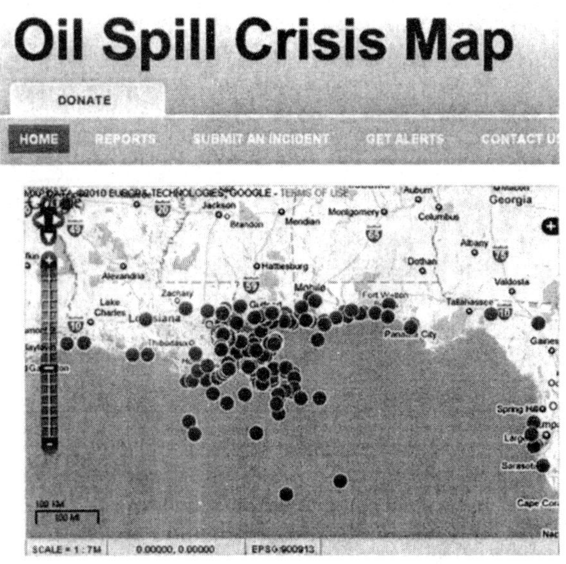

图 11.5 "深水地平线"漏油事故期间,溢油危机地图的屏幕截图

不幸的是，不像在“深水地平线”漏油响应与恢复期间所表现的那样，有些众包并未得到成功的运用。（见图11.6）在墨西哥湾地区，一些当地政府是利用商业产品进行信息收集，而不是选择像Ushahidi这样的开源众包网站。这种机制是让被派往搜集现场的响应者来收集信息并进行数据反馈。尽管这些响应者所收集的信息肯定是有效的，但他们在进行响应时受到了时间和空间的限制。当数据没有结合由传统审核机制和开源网站（如溢油危机地图）提供的其他态势感知进行比较和参考时，这种工作的局限性就会暴露得特别明显。在接纳社交媒体并将其应用于现代管理和响应策略的过程中，这是应急管理者们所面临的最为重大的挑战之一。许多应急管理者并不去利用那些得到他人集体响应验证的免费信息，他们固执地认为民众在信息方面是不可信或者不可靠的。但是，毫无疑问，这种思维通常会受到社交媒体，尤其是众包的贬低。

图11.6　商业众包系统用于响应“深水地平线”漏油事故，但未与开放式系统同时使用（NASA卫星照片）

除了虚拟志愿者利用众包系统确定受影响社区的需求以外，媒体也开始利用像Ushahidi这样的系统来收集与社区事件有关的信息。例如，澳大利亚广播公司（ABC）曾尝试利用Ushahidi的Crowdmap功能来收集昆士兰地区特大洪水的相关影响信息。确切地说，ABC承认，虽然它们的通讯员和记者正在从各种新闻角度报道相关事件，但无法面面俱到，所以非常需要利用众包来填补与该事件有关的信息缺口。换句话说，据那个已经创建起来的网站称，“Crowdmap 旨在综合那些来自于政府机构和媒体（包括 ABC）的经过核实的报告，但潜在的非常宝贵的信息是由大众提供的……因为他们会直接看到、听到或者记录洪水事件或状况。”与先前讨论过的 Ushahidi 网站相似，ABC 的 Crowdmap 也接受民众通过电子邮件、短信、Twitter 或者其他网站提交的公共报告。虽然主流媒体很快接纳了公众生成的图片和视频，但这种利用毕竟是一种新趋势，对于所有领域的应急管理者们而言，无论是获取态势情报还是了解公共信息，他们都必须要密切地进行观察。

灾民的众包

在突发事件和灾难发生期间，并不是只有世界各地的虚拟志愿者和当地的媒体参与众包活动。确切地说，为了稳定和维持其当前的状况，灾区的居民和游客也在利用众包理念亲自参与事件的准备、响应和恢复活动。这种众包援助方式也可以用于帮助身处灾区的邻居、朋友和家人。这也许是最令人惊讶的众包利用，因为它对个人承诺和能力的要求可以完全不同，这对 CrisisCamps 或者外部组织的虚拟志愿者而言是必要的。再者，即使没有正规响应机构的直接支持或者介入，它也会让应急管理的各个阶段进行得更容易些。

比如，有些时候，灾区居民会向那些因突发事件或灾难而受到影响和失去居所的人（当地人和游客）提供交通和住宿上的便利。例如，有个名叫 GetUp Austrailian 的独立社区倡导组织创建了一个名为 OzDisasterHelp 的网站，该网站宣称要“向受自然灾害影响的澳大利亚人敞开心扉和家园”。该网站非常简洁地推出两种选项：找一个住的地方，或者提供一个住的地方。这种模式很快让需要住宿的人和那些能够提供这种大众关怀的人集聚在一起。即使没有政府的正式激励或者介入，这种众包的典型例子还会再次出现。

同样地，2010 年，冰岛艾雅法拉火山爆发，导致欧洲大部分地区的空中交通出现严重延误，其持续时间长达数周之久。受影响的旅客们很快作出反应，利用 Facebook 和 Twitter 来发布消息，并使用了像＃getmehome、＃putmeup、＃ashtag 或者＃stranded 这样的系统标签。利用这些词语的分类与聚合功能，人们可以很快向乘坐各种其他交通工具（如巴士、火车和私人车辆）的人，或者从各种备用交通工具上发布消息，以请求和提供拼车或者住宿援助。很像澳大利亚的那个例子，这真正地是由民众自我搜集可用资源来解决由突发事件或者灾难造成的区域查找难题，却没有政府响应管理者的正式发起或者管理。这个火山例子的独特之处在于，它运用了传统的社交媒体系统，而不是像 Ushahidi 这样独立的众包系统。就像前面所讨论的那样，这么用并不是这些系统本身所固有的功能，但如果围绕某些分类和类别进行系统组织，这又是有可能做到的。

图 11.7 在龙卷风瓦砾中发现的一张结婚照片。通过使用 Facebook 众包页面，它最终回到了那对夫妻手中

在进行众包援助时，当地民众并没有只停留在向灾区其他人提供直接的基本照顾。确切地说，有些灾难性状况促使人们利用众包手段向那些有需求的人提供间接的支持。例如，在前面所提到的昆士兰洪灾期间，有个名为 Animal Rescue QLD(昆士兰动物救助)的慈善机构发现，昆士兰地区现有的动物收容和救援组织已经不堪承受动物救助工作的重压，无法完全满足此次事件带来的动物医疗与救援需求。为了帮助解决这个问题，Animal Rescue QLD 创建了一个名为"昆士兰洪水动物失物招领处"的 Facebook 网页，帮助促成受灾家庭与其失踪的动物重新团圆。类似地，在 2011 年袭击美国东南部许多地区并造成数百人死亡的龙卷风爆发期间，有个标题为"2011 年 4 月 27 日龙卷风之后发现的照片与证件"的 Facebook 网页被创建起来。(见图 11.7)这个 Facebook 网页致力于搜集当地在进行恢复工作时发现的无主私人照片和证件。这项特别的工作最终吸引了 10 多万个关注者。在这两个事例当中，对于灾难响应与恢复期间的那些要么过于复杂，要么尚未被政府的正规响应所解决的现实问题，这些自发创建的众包机制都提供了真正的解决办法。

政府响应中的众包利用

尽管虚拟志愿者、媒体和灾民都在大量进行众包活动，但正规的政府机构并不乐意应用这种社交媒体理念。虽然也有些例子是军队在利用众包让士兵直面战场挑战，以便向其他战士学习最佳的实践经验，但这些活动基本上都是保密的，国内应急管理机构无从借鉴和应用。对于这种应用，美国地质调查局(USGS)是一个例外。它利用一款被称为"Did You Feel It?"的程序来收集人们感觉到有地震发生的地点。具体地说，美国各地的电子监测器会对地震进行监测，有结果后就发布在 USGS 的网站上，然后由那些地区的居民进行证实。USGS 众包系统为该组织提供了一种强有力的手段，它由此能够感知局部地区的危险，还能够开始判断和映射地震是如何被感觉到的。有了这种信息，在全国许多容易受某些断层线影响的地区，USGS 的工作者们就可以提前开展规划和准备工作。另外，联邦政府也曾通过其 Challenge. gov 运动来利用众包，但民众的建议很少关注应急管理或应急准备方面的问题，因此这一行动并未导致任何可行的措施出台。

所以说，在突发事件或者灾难发生期间，各类政府应急管理机构其实很少正式利用众包活动。出于各种各样的原因，各级政府的应急管理者们都不愿意正式接受从民众那里收集到信息。从许多方面来说，众包利用的是那些未经审查、未获批准和往往对整个行动匿名的消息来源，应急管理者们因此对其怀有一种高度的不信任感。不幸的是，这种存在于传统应急管理与响应当中的冷漠很难被大多数政府组织和地区所克服，特别是在将众包作为响应和恢复活动的主要信息来源时更是如此。然而，毫无疑问，在公民、媒体和关注者如何参与灾难响应和恢复活动上，众包正在发挥着巨大的影响力。也许更令人惊讶的是，相较于传统的响应机制，这些有组织的众包典范在许多方面都能更有效和更高效地对特定的事件需求作出响应。

实践者简介：吉米·加罗　费城公共卫生部

吉米·加罗（见图11.8）在费城公共卫生部从事突发事件与危机沟通的协调工作，他对社交媒体有着非常特别的关注。作为一位自称“着眼于未来灾难的策划者”，在闲暇时间里，加罗先生会在其“直面问题”的博客（jgarrow.posterous.com）上撰写一些关于应急公共信息的文章。作为＃SMEM Twitter发起方（美国国土安全部虚拟社交媒体工作组和危机共享空间沟通工作组）的一名正式成员，在社交媒体如何能够成为应急公共信息活动的一个成功的组成部分上，加罗先生曾向一些国家级团体做过介绍。在被问到社交媒体为何对应急管理和准备非常重要时，加罗先生谈到了客户服务的重要性，尤其是援助灾难受害者的重要性。具体说来，他指出，“我们的成效（生命安全）依靠成功的信息传递，如果我们不能进行这样的联络，我们就没有成效可言……而如果我们没有成效，那么我们的工作符合谁的最大利益呢？”在被问及目前应急准备社群运用社交媒体的水平时，加罗先生说，社交媒体

图11.8　吉姆·加罗

已经开始被运用到日常的行动当中，“这个过程有可能持续很长一段时间，而无论从操作的角度还是从公共关系的角度来看，其时间表都会被振奋人心的成功和重大的挫败所打乱。”另外，加罗先生指出，这种与社交媒体和 Web 2.0 系统紧密结合的趋势正迫使“应急管理者们……不再将其用户视为无助的芸芸众生，而是有价值的能够帮助通知响应信息的合作伙伴。”至于那些还在反对接纳社交媒体的应急管理与准备人员，加罗先生表示，竭力想成为可靠信息来源的地方机构反而会被边缘化，“无论是在平时还是在紧急情况下，越来越没有多少人会找它们来获取信息。”加罗先生接着强调称，“空白需要填补，拒绝交流的政府官员会造成真空，而进入真空的将是其他成千上万的想用上扩音器的人”，他们会成为可靠的信息来源，而这也是大多数应急管理者在其社群当中所追求的目标。加罗先生对社交媒体充满着热情，并且设计了一条如同沙地作画般寓意明确的展望线。这条线是民众为应急管理者们画的，它的一侧是通向成功，另一侧是走向失败。

本章关键词

■ 众包：一种理念，指在突发事件和灾难发生期间，利用个人互联网用户的集体知识、技术和能力来增加信息和虚拟产品的交流。

■ CrisisCamps：互联网用户的实体集聚。他们有着共同的兴趣通过众包活动来解决特定的与突发事件或者灾难有关的挑战。

■ BarCamps：互联网用户的实体集聚。他们有着共同的兴趣通过众包活动来解决特定的挑战，包括选举监测和公共暴力。

■ Ushahidi：CrisisCamps 和 BarCamps 使用的众包系统，它有助于人们利用公开报告的与主题有关并标绘在地图上的信息。

第十二章　被击败的浏览器：动态视频、音频与信息的崛起

网络浏览器并不是数字革命的顶点。

——克里斯·安德森与迈克尔·沃尔夫，《网络已死：互联网万岁》

灾难聚焦——塔斯卡卢萨龙卷风

2011年4月27日，下午5时左右，阿拉巴马州塔斯卡卢萨市遭到一个半英里宽龙卷风的袭击，造成36人死亡、990人受伤和大面积破坏。龙卷风的行进路线靠近当地一所中学和阿拉巴马大学校园，该区域内的住宅、大楼和商店几乎全部被摧毁。（见图12.1）此前的暴风雨已经浸透了地面，使得这个龙卷风的破坏力加剧。狂暴的龙卷风不仅仅折断了树枝树干，而且还将树木连根拔起，造成当地33.5万用户无电可用。阿拉巴马州电力公司的代表们声称，电力中断的次数不亚于伊万飓风或者卡特里娜飓风所造成的影响。当地医院的官员报告称，有600多名伤者接受了治疗，其中有50多名无家长陪护的儿童来到医院。在视察灾难现场时，总统奥巴马说，"我从未见过如此严重的破坏。"这个突袭塔斯卡卢萨的龙卷风只是一场大规模龙卷风的一部分。2011年4月25日至28日，这场龙卷风侵袭了美国东南部地区，在7个州造成339人死亡。在各种社交媒体流上，有大量的事故相关信息在交流。例如，利用Facebook、Twitter和uStream，伯明翰市超级受欢迎（有2万多个Twitter粉丝和4.2万个Facebook粉丝）的气象学家詹姆士·斯潘一边发布气象信息，一

边接收普通民众提交的风暴报告。在塔斯卡卢萨龙卷风袭击期间，当地有线电视公司的信号中断，只剩下斯潘的 uStream 在播送电视节目，让人们能够密切关注风暴的动态。当斯潘的电视台雷达在风暴期间暂时无法使用时，他就直接用上了个人电脑(此前已被连接起来转播 Facebook 和 Twitter)，让它充当一种在线雷达系统。对于各类响应者而言，将来继续定义其应急应灾与恢复工作的正是这种无处不在的移动应用和便携技术。

图 12.1　2011 年阿拉巴马州龙卷风之后，一面美国国旗插在废墟堆上

网络在变化

据 Google 执行总裁(前 CEO)埃里克·施密特称，这个世界每两天创造出来的信息量相当于从文明之初直至 2003 年人类所创造的信息总和。他认为这不仅仅是因为用户生成的内容(如视频)在增加，还因为移动设备的可用性和功能性在迅猛地提高。正因为如此，有些技术专家估计，到 2013 年，将有 1 万亿台具有互联网功能的移动设备。很明显，在人们如何利用所谓互联网的信息流进行联络上，这里出现了一个重大的变化。

最早描述互联网是何物的时间是 1962 年 8 月，当时麻省理工学院的 J.

C. R. 利克里德提到一种“银河网络”。这种网络将是计算机的全球连接，人们藉此能够迅速地交流信息和节目。在随后的十年当中，利克里德和美国国防部高级研究计划局(DARPA)其他富有远见的人开始试验利用网络信息的数据包，而不是电路。此举让1966年首个名为ARPANET.的网络得以构建起来。在接下来的20年里，主要工作是继续提升现有网络的性能以支撑互联网。到1990年底，英国软件工程师蒂姆·伯纳斯-李创制了传输协议，以及一种可以在共享界面(如浏览器)当中显示的互联网语言(HTML)，这最终成就了所谓的World Wide Web(万维网)。让人意想不到的是，首个万维网页面显示的项目信息是，伯纳斯-李正在致力于创建一种互联网界面。

互联网的转折点是网页浏览器的持续开发，这让人们可以更直接地参与信息共享。例如，1993年，作为一种图形界面，Mosaic网页浏览器首次被用于信息交流。根据1991年原参议员阿尔·戈尔的“高性能计算和通信法案”，Mosaic网页浏览器获得了项目资助。到1994年，Mosaic浏览器的开发者们进行了重组，随后推出了一款更新的浏览器，即Netscape Navigator(网景导航者)。后来，微软推出了Microsoft Explorer(微软探索者)浏览器，这款浏览器成了多年来一直占据着主导地位的网页界面。随着这些性能可靠的互联网浏览器的开发和推出，互联网信息交流的质量获得了提高，并最终带来了互联网的极速商业化和上世纪90年代后期的网络热潮。

但是，互联网浏览器的功能也存在着局限性。不像本书通篇讨论的社交媒体和Web 2.0理念，通过浏览器进行的互联网访问是单向性的。通过图像、图形和文本格式，企业、组织和政府部门已经有能力向个人提供可靠的信息渠道。在人们如何接收与兴趣话题有关的综合信息方面，这是一个突破性的进展，但对于终端用户而言，基于浏览器的互联网参与缺乏反馈机制。在21世纪的前几年里，这种缺陷开始被社交媒体的远见者们所发现。社交媒体和Web 2.0网站开始彻底地改变了互联网的建设和利用方式，让诸如RSS种子和评论框这样的机制能够嵌入到基于浏览器的互联网页面当中。随着这些工具变得日益普及，其他机制也开始被开发出来，从而让互联网的基础架构能以新的方式得到利用，而不必运用传统的互联网浏览器理念。(见图 12.2)这种人们如何从互联网接收信息上的转变还为信息的移动性和便携性打开了方便之门。

图 12.2 灾难幸存者演示如何通过移动手机使用 Facebook (FEMA,戴维·法恩)

移动参与的兴起

尽管互联网的万维网界面只存在了约 20 年,但通过浏览器门户网站的互联网参与与使用还是江河日下。2010 年,在一份关于互联网使用的长篇评论当中,《连线》杂志甚至宣称,"网络已死。"根据这份评论,"在数字世界,有个最重要的转变是从完全开放的网络转向半封闭的平台,这种平台利用互联网进行信息传递,却不用浏览器来显示"。此外,据摩根士丹利的专家们预计,到 2015 年,通过非浏览器界面的互联网流量将超过传统的网络流量。(见图 12.3)例如,Yelp 公司(一个基于地理位置的社交网络)拥有一款移动应用程序,该程序在其网站上只产生 10%的用户数,而在 Yelp 上则产生 33%的实际搜索。毫无疑问,相较于传统的网站浏览者,移动用户的参与越来越频繁。

到 2009 年底,全球共有 46 亿多个手机用户。在发达和发展中国家,有大量个人手机用户正在设法利用手机银行、医保菜单及其他移动参与机会。这些辅助应用需要予以重视,因为一些通信专家曾预测,到 2011 年底,将有

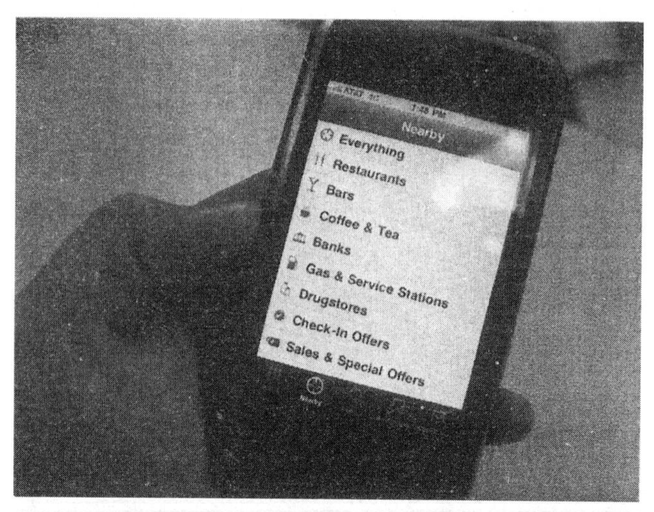

图 12.3　移动手机上的 Yelp 应用(亚当·克罗)

50%的美国人拥有智能手机。有趣的是,使用智能手机的男性要稍多于女性,拉丁裔美国人和亚洲人的智能手机用户比率要稍高于其他人种,这个趋势在其他新技术的早期采用上也有着同样的表现。此外,虽然智能手机最初是瞄准商界,但现在有超过三分之二的购买者仅限于个人使用。尽管2010年只有27%的美国家庭仅仅使用手机(即没有固定电话),但这个数字自2007年(当时只有14%)以来一直在平稳地上升。有一项研究表明,只有13%的家庭只拥有固定电话而没有手机,这也从2007年的24%下降了许多。移动电话的使用不仅仅在增加,而且它还在很大程度上影响着人们如何通过传统电话方式和现代通信系统进行交流。

从本质上讲,智能手机是具有计算机软件和功能的移动电话。智能手机用户在使用过程中,只有3%仅限于语音通话。而且,由于常用多媒体功能的较好品质和易用性,使用内置相机和视频功能的智能手机用户超过了20%。另外,使用Wi-Fi互联网信号的智能手机用户增加了近50%。智能手机的其他功能,包括各种各样的软件应用(apps),如地理空间程序、办公工具、文件共享、社交媒体和多媒体系统,都有助于通过各种方式和机制来提高个人的功能性,并使交流变得更为容易。有了这些开放且先进的通信手段,在日常生活和紧急状况当中,智能手机用户(和基本型手机用户)就能够记录他们周围的世界。

2011 年 4 月，肖娜 · 雷登曾乘坐西南航空 812 号航班旅行，当时这架飞机正由亚利桑那州菲尼克斯市飞往加利福尼亚州萨克拉门托市。在飞行途中，由于她身后第五排座位上方的飞机机体出现了一条 6 英尺长的裂缝，飞机开始转向。并不是简单地只想在个人记忆当中保留悲惨事故的可怕体验，在整个事件当中，雷登女士都在利用她的手机记录现场情况，包括飞机的裂缝图片、氧气罩的分配和航空公司人员的响应活动。在紧急降落到亚利桑那州尤马机场后，她马上利用 Twitter 和 Twitpic 移动应用将这些照片发布在她的 Twitter 上。就像第三章所讨论的那样，这种公民新闻很快报道了（在口头和视觉上）一场事故，若在以往，这种事故也许就直接过去，并不会得到媒体和当地公民的报道，而且航空公司也会将其作为保密事件处理。

从最基本的意义上讲，雷登女士是利用社交媒体应用来发布和分享通过手机收集的信息。几乎无一例外，社交媒体系统都是在利用移动应用来扩展和放大其用途和影响。鉴于手机的可移动性，并且几乎总是在机主伸手可及的地方，社交媒体的社交网络和微博应用就显得极为给力，因为它们现在让随时进行稳定的信息接收与传播成为了可能。比如，Facebook 的内部统计表明，有超过 2.5 亿用户通过移动设备频繁访问 Facebook。在这个系统当中，移动用户的活跃程度是非移动用户的两倍。

科里 · 布克是新泽西州纽瓦克市的市长。2010 年 12 月，在那场被称为“末日雪灾”的暴风雪期间，他利用 Twitter（主要是通过其手机）与数以千计的当地受困市民进行交流。这场暴风雪带来了五英尺高的雪堆、肆虐的狂风和罕见的“雷打雪”，所有这些最终导致美国东北大部分地区交通中断。由于成功地利用了 Twitter，布克能够亲自指导或者参与满足当地民众需求的工作，比如向受困的母亲送上尿布，向临产的女性提供援助和亲自为当地市民铲雪。他不停地参与在线对话，要求灾民直接发送信息反映他们的需求和忧心之事。他频繁地参与社交媒体活动引起了大量的媒体关注，同时也得到了民众的普遍肯定。

除了社交媒体系统外，还有大量的实用工具和人身安全上的移动应用已被开发出来，并广泛地投入使用。长期以来，应急管理人员一直在提醒当地居民要备好手电筒和电池，以便应对当地的突发事件。不过，已经有几家移动应用开发商开发出了“电筒”应用软件，可以提供足够的亮度满足准备活动的基本需求。有些移动应用软件还可以将通知程序，如紧急联系人和过敏症，显示在移动电话和智能手机的启动屏上，而不是让这种信息保存在其他只有机主才知道的地方。(见图 12.4)还有些其他应用软件可以向人们提供口头指令和视觉指南，以便有效和安全地实施心肺复苏术(CPR)和海姆利克急救法。对于那些需要直接医疗或者向医疗提供者提供建议信息的个人电话用户，这些类型的个人移动应用可以为他们的应灾准备与安全提供强有力的支持。

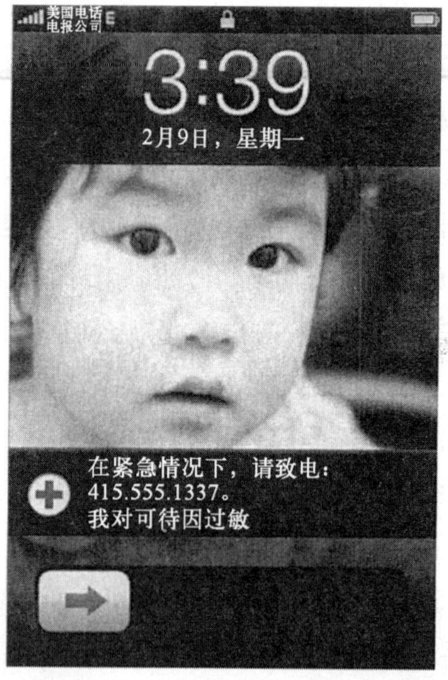

图 12.4　个人准备的移动应用截屏

灾难响应中的移动应用

除了用于应灾准备，移动应用软件还在灾难响应当中得到利用。在2011年的昆士兰洪灾期间，有一款由非政府组织资助的供 iPhone 和 iPad 系统使用的移动应用软件被开发出来，可让用户观看当地媒体播出的该事件相关节目，浏览与此次灾难有关的最新新闻，查找道路封闭和电力中断情况和浏览所有使用相关标签（如＃qldfloods）的推文。奥斯汀佩耶州立大学地理信息系统（GIS）专家也和当地应急管理者们联手开发了一款评估灾损的移动应用软件，名叫"灾难减除与恢复工具包（DMARK）。"据该大学称，这款移动应用的主要功能是"通过移动电话帮助收集损失评估数据，然后以近乎实时（如果能进行无线连接的话）的方式传回给应急行动中心"。这些报告来的损失数据可与财产评估师的数据结合起来，这样具体的财产估值就可以用于进行整体损失的估算。为便于应急行动中心进一步研究和进行长期的恢复活动，DMARK 系统还可以让训练有素的损失评估师们对每一份被评估的财产进行数字语音记录和拍照。不同寻常的是，这种特别的应用并不仅仅停留在理论上，在 2010 年那场千年一遇的袭击田纳西州中部城市那什维尔及其他地区的洪灾当中，它得到了实际运用。（见图 12.5）由于要争取尽可能快和尽可能有效地获取准确的灾难信息，这种移动应用技术的实际运用和相应的实地考察将会对现代应急管理产生巨大的影响。

图 12.5　2010 年那什维尔洪灾航空照片（FEMA，戴维·法恩）

除了 DMARK 项目，还有一些例子是通过移动应用创造性地使用和改进社交媒体系统。例如，在 2010 年，冰岛火山喷发，火山灰云层导致欧洲空中交通大面积中断。据估计，在不到一周的时间里，国际航空公司（包括英国航空公司和维珍航空公司）因此损失了 17 亿美元。事件发生后，航空公司的客户服务中心立刻被乘客呼叫所淹没，情绪激动的他们竭力搜集航班延误与取消的信息。不幸的是，在大多数情况下，这些航空公司无法跟上呼叫量的攀升速度，也无法及时更新网站的可用信息，以便让受影响的乘客随时得到通知。不过，正像第十一章所描述的那样，由于当时欧洲的 Twitter 用户纷纷开始自发地用＃ashtag 和＃ashcloud 这样的标签围绕这次受影响的旅行建立了对话，这种状况得到了缓解。（见图 12.6）作为受影响的乘客，可以推测得出，大规模使用 Twitter 是通过移动设备和手机实现的。由于有了一个自发创建的社群，荷兰航空和汉莎航空（以及后来的波罗的海航空公司与英国航空公司）就可以开始利用这些标签与其顾客进行沟通。在第一周里，提及 Twitter 标签＃ashtag 的次数超过 5.5 万次。就社交媒体系统（如 Twitter）的移动应用而言，这场特别的灾难为其提供了大幅提高响应事件能力的空间。

图 12.6　尽管飞机（如这架）因冰岛火山喷发而无法起飞，但利用移动设备使用社交媒体，受困乘客的需求越来越多地得到了满足（FEMA，迈克尔·里格尔）

移动应用还有另一种出色的用途，那就是保证采用合适且正确的响应技术。具体说来，以应急医疗技师、医护人员和救护车操作为目标，匹兹堡地区应急医疗服务提供商曾开发出 EMS Field Partner 移动应用软件。这款应用含有与医疗协议和州法定护理清单有关的信息，同时还有进行应急空运和附近体系医院的地理空间信息。在本案例当中，移动应用取代了传统上由应急医疗操作者随身携带，或者放在其交通工具上的纸质文档和协议。在进行应急管理响应的每时每刻，提高效率和效益向来是移动应用的一个极端有益的部分。

2010 年海地地震发生之后，有个免费的电话号码(4636)很快开通，可让灾民向当地应急管理者发送短信，请求提供医疗、食物、水、安全和住所方面的援助。通过“使命 4636”服务，海地居民共计发送了 8 万多条主要是雷诺兹语的短消息。众包志愿者们根据需求和优先顺序翻译了这些短信，并将其映射在管理类别当中。这种信息有助于应急管理者进行目标明确的响应。对于海地的响应活动而言，创建一个最大限度地发挥移动平台潜能的系统有着巨大的好处。技术先进的移动设备在经济落后地区能够有效发挥作用，这似乎有些荒谬，但显而易见的是，随着社交媒体对应急应灾活动持续发挥影响力，那些先入为主的看法正在烟消云散。

对于通过手机和其他便携设备(如平板电脑)运行的移动技术应用，唯一对其构成重大挑战的是每种设备的操作平台。很像传统的运行 Windows、Apple 或者 Linux 系统的电脑，移动电话也是在各种系统上操作，因此也就潜在地只与特定的应用或功能相兼容。在手机(特别是智能手机)上，操作平台通常主要是由 Apple、BlackBerry、Windows Mobile 或者 Google Android 来提供。每种操作平台都有其独特的设计思路，在应急应灾过程中考虑移动应用时必须要认识到这一点。比如，如果前面所讨论的 EMS Field Partner 应用软件只适合 Apple 平台，那么就需要考虑它的运行设备及适用性。与此同时，每种平台的用户数也会驱动移动应用的开发思路及其基本原理。Apple 和 Android 是目前最成功的操作系统提供商，其系统具有各种各样的功能，并且拥有最大的市场份额。但是，随着技术的变革和调整，当前和未来的移动操作系统也会出现相应的变化。

用户控制的视频信息在兴起

手机的可用性越来越高，使用也越来越广，但它并不是唯一开始影响应急管理的移动媒介。在过去几年当中，视频的使用与传播已经发生了巨大的变化。视频生产已经脱离了专业应用，现在往往是由个人基于兴趣与动机进行创作、控制和传播。社交媒体视频网站（如 YouTube、Vimeo、Skype、UStream 及许多其他网站）都创建了开放的平台，各种各样的从业余到专业，从荒诞不经到严肃的主题内容均可在这里展示。这种应急技术已经对公民新闻（见第三章）和信息资源的保存产生了巨大的影响。例如，在 2011 年的 NHL 斯坦利杯总决赛当中，波士顿棕熊队打败了温哥华加拿大人队，随后温哥华市许多地方都爆发了骚乱。幸运的是，一些头脑敏捷（和守法）的市民拍下了那些骚乱参与者的照片和视频，随后又将其发布在 Tumblr 博客上，当地执法机构由此获得了一种极端动态场景的实物证据。

普通民众和应急管理者利用的最早抑或最常见的视频系统，是一种在线视频存储网站，如 YouTube 或者 Vimeo。这些网站可让用户创建视频通道，通过一个独有的网络地址，视频可以在这里发布出来，并和普通民众或者私人访客共享。这些系统可用于发布长度较短或者容量较小的能够被评分、共享、评论和嵌入到其他网站当中的视频。由于这些系统也具有移动应用功能，且大多数新式手机都有可摄像的内置相机，因而通过这些系统发布的内容正在呈几何级数增长。确切地说，截至 2010 年，YouTube 用户每分钟上传的视频超过 48 小时。目击事件的第一手视频记录能力也在成倍地提高。举例来说，2011 年日本地震发生后，曾出现过数十份记录目击者经历的视频，其场景包括火车、停车场、摩天大楼和购物商场。因此，移动设备的性能和社交媒体系统的在线存储格式，已经极大地增加了公民新闻的机会，同时也增加了各种在第三章当中详细讨论过的连带风险。

简而言之

我保证，从现在开始，五年之内，我们所熟知的电视将会消失。那会是一种已持续了 60 年的体验，继之而来会是别的东西。

——道克·塞尔斯，哈佛大学贝尔曼网络与社会中心资深会员

除了事件记录，对于各领域和各级政府的应急管理者们来说，在线视频存储系统（如 YouTube 和 Vimeo）还为他们提供了许多公共教育和社区外展的机会。由于大多数移动设备具有视频记录功能，且传统的可出色地记录

音、视频的照相与视频设备在价格上也具有可购性，许多应急管理组织便开始自我制作公益广告和其他教育内容。例如，费城应急管理办公室经常将制作好的视频发布在其 YouTube 通道上，以强调准备工作的主题，提供事故相关信息，或者发布其他个人和家庭准备帖士。同样地，一些较小的政府机构(如约翰逊县(堪萨斯州)应急管理与国土安全部门)也基于常见的准备工作制作了一系列视频节目。约翰逊县甚至围绕一种名为“准备小猪”的吉祥物制作了系列视频。(见图 12.7)在社交媒体兴起之前，这种利用视频的创新性外展服务有着高昂的成本，很难长期支撑下去。

图 12.7 准备小猪，一种旨在提高社区意识的视频准备活动的角色(马特·史密斯和亚当·克罗)

另一种基于视频的社交媒体是流式视频。这种技术可让实时视频流通过各种机制播放，或者上传到互联网上。流式视频提供商(如 LiveStream、uStream. tv 和 Justin. tv)都允许用户自行创建通道，这样利用系统生成的 HTML 代码，就可以将流式视频播放器嵌入二级网站以提供视频流。最常见的视频流信息源是网络摄像机或连接起来的传统摄像机，而大多数流式视频系统还提供移动应用程序，可用来获取移动设备和智能手机的流式视频。很像其他的移动系统，这后一种功能极大地提高了利用流式视频捕捉和记录动态事件(如突发事件和灾难)的可能性。

举例来说，在 2010 年“深水地平线”溢油事故期间，BP 公司曾坚持对海平面以下 5000 多英尺处的喷油口进行摄像。尽管最初是作为 BP 公司的内部录像用于监测和态势分析，但通过美国立法者们(如马萨诸塞州众议员艾德·马基)所施加的政治压力，该视频的获取方式很快被公之于众。作为美国众议院能源与商业委员会下属能源与环境委员会的主席，马基说，“这或许是BP公司的镜头，但这里是美国的海洋”，接着又称，“我们将通过技术和透明性来战胜这场灾难，这样我们最优秀的人才就会带来所有资源来终结这场漏油事故”。在被添加到全球数以千计的网站上并在这个国家几乎每一个新闻中心进行现场直播时，BP公司的视频直播也就成了那场灾难的决定性时刻之一。随着时间的过去，马基最后几句关于技术和透明性的话或许显得最富有见地。

除了BP公司的“深水地平线”溢油事故视频，在2011年4月阿拉巴马州龙卷风爆发期间，相关响应活动也得到了流式视频使用的帮助。具体地说，随着极端天气出现在他的各个观察区，伯明翰市ABC 33/40电视气象预报员詹姆士·斯潘便开始将uStream和Facebook及Twitter结合起来提供气象威胁的专业信息。在恶劣天气肆虐期间，ABC 33/40的雷达一度停止工作，但利用一个基于网络的在线雷达，斯潘很快就能继续提供应急通知和警报。另外，在此期间，有个向5000～9000个家庭提供服务的地方电视台出现了信号中断，但由于斯潘的预报是通过流式视频在uStream上同步广播，许多家庭都能够继续接收他的气象报告。斯潘迅速运用移动技术和该电视台不遗余力地提供稳定的气象节目或许挽救了数百人的生命，因为这保证了及时而准确的保护性行动声明能够持续地被尽可能多的个人和家庭所接收。

还有最后一种用户控制的主要视频类型，那就是通过互联网进行的视频通话。就像传统电话一样，视频通话服务可将两个不同地点的用户通过互联网连接起来进行一对一的视频对讲。尽管有些应急管理机构在利用商务视频通话系统，但事实上商务系统的终端用户必须要有特定的专利设备和必要的互联网连接，所以这类应用有其局限性。另一方面，像Skype和ooVoo这样的视频通话系统则并不需要这种程度的功能性。若要通过Web 2.0系统发起和完成视频通话，互联网访问和网络摄像能力是唯一需要的条件。

很像前面谈论过的视频存储和视频流功能，对于应急管理社群来说，在线视频通话也有许多应用机会。首先，它可以让全球应急管理专家们集聚在一起针对业界的热点议题进行讨论、培训和情况介绍。在2011年的德克萨斯州应急管理协会会议、堪萨斯州公共信息官协会会议和美国中西部灾难 2.0 社交媒体研讨会会议上，这种功能均得到了应用，让专家们能够分别和密西西比州、华盛顿特区和德克萨斯州的其他应急管理者建立联系。除了增加连通性，视频通话服务还开始被传统媒体用来进行即兴采访。例如，当一起极端天气事件影响到其所在地区时，当地电视台常常会采访美国国家气象局的专家。但并不是用传统电话进行采访，Skype（网络电话）往往被认为更能拉近与受访者关系，因此在传播气象相关信息方面是一种更为有效的工具。

语音系统信息

通过语音沟通也许是最基本的交流方式。这无疑是许多历史记录和文化传统的基础。有趣的是，从 1440 年左右发明印刷机开始，就人们如何在全球范围内进行交流而言，口头语言已经明显地变得不那么重要了。不过，随着 21 世纪多元通信技术的兴起，通信流量变得极其巨大，大众传播——特别是在突发事件和灾难发生期间——很难以一种统一的方式来实现。在像卡特里娜飓风这样的灾害当中，这种问题被进一步突显出来，在人们如何、何时、何地以及从何处接收信息通报方面，由于存在着特别的功能性和访问性需求与挑战，这已经对社区构成了重大的影响。不幸的是，就在应急管理社群的领袖们（如 FEMA 的行政主管克雷格·富盖特）呼吁要为“全民社区”进行规划和响应时，对于其所在地区有着访问性和功能性需求的人群，大多数应急管理机构都缺乏资源通过改变其信息来给予直接的关注，以满足他们特有的需求。（见图 12.8）

通过使用当前可用的和那些即将出现的 Web 2.0 工具，这种信息传递的缺口有可能被填补起来。例如，Google 已经着手为其 Android 移动电话操作系统开发语音自动翻译软件。这种翻译软件将把 Google 现有的在线翻译功能与其语音识别系统整合起来，以构建翻译大段语句的能力，而不是从一种语言到另一种语言的逐字转换。即便不甚完美，但这种技术会让应急管理者们拥有一种强有力的手段，可藉以向受影响的有着访问性和功能性

图12.8　“乔普林”(密苏里州)龙卷风发生后,联邦应急管理局局长克雷格·富盖特在听取第一响应者们的汇报(FEMA,“贾森”利奥·安德森)

需求的社区发布保护性行动公告、社区消息和其他必要的声明。如若不然,这些群体就有可能难以接收到完整的消息。

语音到文本的转换能力已可以由许多移动应用供应商来提供,包括Google、Jott、Vlingo和Dragon Dictation。虽然只是一种无需动手即可生成文本信息的技术被投入市场,但作为简化作业流程的手段,这些系统还为应急管理者们提供了诸多的机会。例如,许多此类应用都拥有高级程序界面(APIs),可让应急管理者在作业响应当中用手机自动填写事故管理报告系统(如WebEOC),或者事故指挥系统(ICS)的表单。这种语音到文本的功能不仅能够潜在地大幅降低填写这些文档所需的时间,而且还可以增加报告的准确性,因为这可以更贴近事件发生的时间来完成,而不是要等到事后有足够如实上报的时间才来完成。

另一种重要的利用语音技术的Web 2.0工具是Google Voice。从本质上讲,Google Voice是一种电讯通信系统,是基于联系人群组(如朋友、家人或者同事)或者当前的情况提供免费的电脑对电脑的语音和视频通话。作为一种重定向机制,Google Voice可以给用户分配一个当地的号码,然而将其附加在各种其他电话(如桌面电话、手机和住宅电话)上。很像一个接线员,Google Voice可以让用户对来电进行筛选,然后将其重新路由到最合适的电话上。举例来说，通过 Google Voice 的路由选择，可将配偶或者家人的电话接到所有已添加的电话上，以确保这个电话能够被接到。另一方面，Google 还可以将熟知的拓客电话重新路由到唯一一个受限制的电话上，或者自动路由到语音信箱里。

鉴于大多数应急管理者名下会有多个电话号码（如个人住宅与手机号码、办公座机与手机号码），对他们而言，为了过滤和定向熟人号码或者联系人群组，考虑使用 Google Voice 就非常实用。突发事件和灾难发生时的态势感知和保证民选官员与行政管理的政治敏感性都非常重要，但在积极协调其他必要的议题以保证准备、响应、恢复和减除行动得到成功实施的同时，大多数应急管理者往往很难有效地处理这些方面的问题。虽然 Google Voice 的活跃用户尚不到 100 万，但在应急管理者将来如何更好地与技术对接方面，这种 Web 2.0 技术将会起到支配和塑造作用。

动态信息

不管讨论的移动媒体类型如何，动态信息的理念正变得越来越具有影响力。不论是在工作还是在家里，也不论是乘坐汽车、巴士和飞机还是其他公共交通工具，人们都会很快找到办法来发送和接收信息。同时，由于这种技术的可移动性，咖啡店、图书馆、快餐店、机场、宾馆和其他公共区域或者交通系统都在建造基础设施，以实现低成本乃至无成本地访问互联网。如前所述，通过移动设备和相关的社交媒体系统，这种实用性、可访问性和公共设施为突发事件或者灾难相关信息的交流创造了巨大的机会。因此，在打算如何传播和监测来自于公众的信息时，应急管理者们必须要考虑到这种影响。

对移动信息的交流而言，无线互联网（Wi-Fi）的使用及其实用性对其具有巨大的影响。尽管并不是一种技术术语，但 Wi-Fi 通常还是指某些类型的连接技术，包括那些基于 IEEE 802.11 标准的设备到设备连接的无线局域网（WLAN）。在政府大楼、学校、社区中心、图书馆、快餐店和大大小小的商场，可供付费或者免费接入的无线互联网信号，即所谓的“热点”，已经变得普及起来。据 Wi-Fi 联盟称，全球已有 7 亿多人在使用这种网络连接，每年有数以百万计的 Wi-Fi 设备被安装起来。由于 Wi-Fi 连接内在地支持网络访问设备的移动性和便携性，这样信息就极有可能通过照片、视频或者文本形式得到报告或者捕捉，并在数秒钟之内被发布到互联网上。

由于 Wi-Fi 连接的实用性，加上具有互联网功能的移动电话也日益普及，越来越多的人正在利用移动互联网浏览信息。很像一台传统式电脑，这种互联网访问需要在移动设备（或移动平板电脑）上安装一个浏览器，以便访问某些网站来查阅有用信息。但是，鉴于移动设备的小尺寸屏幕和较低的网速，有必要以某种方式对移动互联网网站进行设计，将必须初始加载的图片、视频和文本最小化。这种网站的外观与感觉简化可大幅降低加载时间，通过这些网站，可以更快地访问信息。例如，联邦应急管理局（FEMA）就有一个简化版的移动网站，只关注其传统网页上最重要的事项。对于移动网页，其网址前面往往标注了一个“m”（比较 www. fema. gov 和 www. m. fema. gov）

有趣的是，如前所述，摩根士丹利 2010 年公布的一份研究报告预测，到 2015 年，移动网络的使用将发展成“固定浏览”。在人们如何改变其互联网访问方式上，摩根士丹利预测，3G 及后来的 4G 移动技术应用连同 Wi-Fi 的实用性将是主要的推手。例如，在日本、西欧和美国，3G 普及率分别为 96%、54%和 46%，在全球范围内，其普及率约为 21%。另外，在所有移动浏览当中，视频已经占到 69%，并将继续攀升。这些趋势都强烈地表明，目前已经出现了一个重大的趋向移动浏览与信息交流的变化。除了 FEMA，大多数应急管理机构尚未真正接受移动互联网网站。因此，在考虑如何和在何处发布与突发事件有关的信息时，应急管理者和灾难响应者必须要清醒地意识到这种未来的趋势。

移动信息的另一个组成部分便是所谓“播客”（podcasting）的技术。（见图 12. 9）播客是数字媒体文件（音频或视频）的聚合，可以随时随地播放，还可以通过各种互联网媒体下载。与本章前面所讨论的流式视频不同，这些类型的文件不是实时播放的，但可以录制下来供事后流式传播或者下载。尽管有时可直接从网站或者通过移动应用获取，但播客的传播主要是通过

图 12.9 FEMA 人员录制一份通过互联网传播的播客视频（FEMA，迈克·摩尔）

直接支持移动设备的经销商，如 iTunes Store 或者 Google Marketplace。此类经销中心会收集各种播客节目，然后供用户下载到个人设备上。这些播客都内在地以口头语言为基础，但也可以整合音乐和视频元素，从而强化信息的结构和目的。

有些二级网站也支持播客的创建与传播。比如，像 Odiogo 这样的次级系统，可以自动将博客和网站上的书面文本转换成口语。对于从传统博客网站到动态音频内容的文本信息，这种连通性在方式与传播上都为其提供了很大的便利。源于文本的播客创作可以创造新的信息流。这种信息流不仅能直接以经常听播客的技术人群为受众，而且还能以语言能力有限的人和（因各种原因）无法阅读却可以收听信息的人为接收对象。由于要继续推动信息多样化以确保惠及"全民社区"，而不仅仅是其中的大部分，这种社区延伸服务就显得特别重要。

最后一种语音系统是像 BlogTalkRadio 这样的在线广播网络。BlogTalkRadio 是一种在线系统，可让用户生成本质上与传统陆地电台节目类似的在线节目。在主持这种节目时，既可以采用辅助性声音文件（如开场音乐），还可以让访客实时访问节目并参与主持。但是，与传统的广播电台不同，在免费服务的前提下，任何人均可按任何兴趣主题来主持这种节目，其时长可达 30 分钟。另外，每个节目，不管其长短和日期，都可以作为播客在在线广播频道上永久保存。尽管尚未得到应急管理者的广泛运用，但为了讨论各种有可能在其社区发生的事件，它已经在世界各地被个人、志愿者和应急准备爱好者们所使用。作为应急管理机构和执法部门合作的产物，有些地方政府（如约翰逊县（堪萨斯州））曾针对当地社区的公共安全问题创作过在线节目。它们播送的主题节目涵盖了应急准备、极端天气准备、地震准备、消防安全及许多其他议题。这些能够提供重要应急准备信息的节目既没有传统媒体宣传的筛选流程，也不会让提供者承担任何成本支出，是应急管理者可以考虑的极具潜在价值的工具。

实践者简介：拉赫·穆林　邦顿县应急管理部门

作为邦顿县（德克萨斯州）应急管理部门区域应急公共信息系统的负责人，并且有着与PIER Systems合作的从业经历，穆林先生（见图12.10）擅长于信息管理系统的本地化与区域性应用。在社交媒体与正规应急公共信息流程整合方面，他还是一位坚定的支持者和积极的践行者。具体地说，在被要求就应急管理者利用社交媒体所产生的影响谈谈看法时，穆林先生强调称，“市民有着更深入民众的沟通渠道”，这有助于应急管理者与重要的社区子群（如政治上激进的人群、有着功能性需求的市民和讲外语的人）进行交流。被问到应急管理者们在多大程度上正在使用社交媒体时，他说，“在应急管理当中，有个问题是社交媒体被看成是一种‘联合信息中心（JIC）之类的事物’……但是，公共信息往往是劳动者那并未整合到指令模式当中的鱼龙混杂之言。”他接着说，“通过社交媒体收集的情报并没有得到妥善审查，也未整合到策划或行动环节当中，更不用说为PIO/JIC所采用。”在被问到将来什么样的社交技术将对应急管理最具影响力时，穆林先生谈到了虚拟捐赠、流式视频和“智能”系统，除

图12.10　拉赫·穆林

此以外还指出，“在两年之内，融合了增强现实技术的社区地图，将向应急管理者提供逼真的三维事件场景视图，”这有助于“随时随地获得更好的态势感知。”最后，穆林先生强调说，“如果应急管理者们选择忽略社交网络对事故管理的影响力，那么他们将会变得（或者很有可能已经）跟不上时代的发展。”

本章关键词

■ 互联网：全球的计算机网络，利用信息数据包发送和接收可通过浏览器界面访问的信息。

■ 网络浏览器：在联网计算机上提供互联网访问的图形用户界面。

■ 移动浏览器：在移动设备上，通过压缩图片数量与大小和减少多余文字来提供互联网访问的图形用户界面。

■ 流式视频：Web 2.0 视频系统，可让实时视频流通过一个系统通道发布在互联网上或者嵌入到其他网站当中。

■ 全民社区：应急管理的策划与准备理念，重视应急管理所有阶段的活动，并注意在应急管理的所有阶段将社区内的所有人都考虑进来。

■ Wi-Fi：可从某些传输“热点”获得的无线电信号。这种“热点”可向所有具有相应接收器的电子或者移动设备提供互联网访问。

第十三章　位置，位置，位置：地理空间技术的力量与社交系统的环境

没有必要一切从零开始重新创造……看看一些早期的使用者，看看他们做过了什么，再看看这对你的组织是否有意义。然后再想想你需要做些什么来定制它。

——戴夫·弗莱彻，犹它州首席技术官

灾难聚焦——2011年4月16日北卡罗莱纳州龙卷风大爆发

4月14日至16日，美国境内最大的一场单系统龙卷风爆发，最后证实共生成了200多个横扫16个州的龙卷风，造成43人死亡。（见图13.1）4月16日，美国国家气象局(NWS)向北卡罗莱纳州和弗吉尼亚州发布了极端天气中等风险警报，此时一股冷空气前锋正在向东挺进，一道横跨阿巴拉契亚山脉的飑线已经出现。随着风暴在北卡罗莱纳州进入强烈的大气不稳定状态，NWS在午后向北卡罗莱纳州中东部地区和与之相邻的南卡罗莱纳州，还有弗吉尼亚州的局部地区，发布了具有潜在危险的龙卷风预警。很快，飑线沿着蓝岭山脉下降，随后在夏洛特市以北和格林斯博罗市以西的77号州际公路走廊一线明显增强。在风暴向东移动的过程中，据证实在索尔兹伯里市(EF-1级)、门罗市(EF-0级)和伯灵顿市(EF-1级)附近均出现龙卷风。下午3时15分左右，另一个龙卷风在罗利-达勒姆都市区形成。这个估计有1英里宽的龙卷风沿一条由西南向东北的路径从罗利市区西南边缘经过。它最终越过三条州际高速公路，险些袭击了一个核电站，但位于罗利市区的萧尔大学校园还是受到

了重创，一些班级在剩下的学期里一直难以复课。这个风力高达 EF－3 级的龙卷风对罗利地区造成了约 1.15 亿美元的损失，有 2500 多个家庭和商业场所受到影响。为了直观地显示这种与龙卷风路径密切相关的损失，也为了便于进行废墟管理与损失评估，根据市巡查员对受灾区域和受损建筑物所做的调查报告，罗利市利用 Google Maps 制作了一份地图。在地图上，每份接受评估的财产都用灰色、黄色、红色或者紫色小圆点进行标注，分别表示未受损、轻微受损、严重受损和毁灭性受损四个类别。如此运用地理空间技术实际上是 Web 2.0 技术的奇妙应用，不论是对专业响应者还是对私营保险公司和市民而言，这无疑都是一种非常有用的响应与恢复工具。

图 13.1　2011 年 4 月 16 日，北卡罗莱纳州 F3 龙卷风造成的破坏（FEMA，戴维·法恩）

基于地理位置的社交网络

地理空间技术是一种可用于应急准备、响应和恢复活动的强大工具。在地理空间子类技术当中，发展最快的是像 Foursquare、Gowalla、Loopt 和 Google Latitude 这类网站的基于地理位置的社交网络。（见图 13.2）这些网站可让人们在特定的位置上登录系统，或者在系统内注册，然后再标注在地图的相应位置上。这些地理位置并不是预先设置的，相反，它们是由系统用户创建的。尽管大多数用户标记的地理位置都是人们熟知的场所（如当地的图书馆），但有些人还是创建了诸如“汤姆的房子”，或者“镇里最好的比萨店”这样的地点。这种连通性不仅让社交网络建立在人际关系之上，而且还建立在地理的相邻性之上。举例来说，如果有人在当地机场登录，那么通过一个基于地理位置的社交网络，他或者她就有可能发现一个朋友、家人或者同事也在同一地点登录。很像诸如 Facebook 和 MySpace 这样的传统社交网络，在促进关系的协调与配合上，基于地理位置的社交网络特别重视地理空间的连通性。如果通过某些特定的社交网络，或者一般的社交媒体，这种地理空间的连通性或许就不会理所当然地存在。

图 13.2　移动设备上的 FourSquare（亚当·克罗）

此外，大多数基于地理位置的社交网络系统都会利用激励机制来鼓励系统内的积极参与，并为那些登录系统的地理位置相邻的机构、企业和组织创造第三方营销与广告机会。比如，Foursquare 网站有三种激励机制。首先，如果达到了某种系统指标（如多次到同一地点登录，到许多不同的地点登录，或者满足其他地理方面的条件），用户就可以获得徽章并保留在其个人资料当中。其次，可让当地商场或者机构创建特价商品网页，人们在其地理位置附近登录时即可生成这种页面。实际上，在当地系统用户能够显示其在当地商场登录并收到相应优惠信息的地方，这种折扣报价就变成了一种虚拟的优惠券。最后，如果用户在特定时间段内登录的次数超过其他所有人，那么该用户就被视为这个特定地理区域的“市长”。在其他所有重要的基于地理位置的社交网络系统上，类似的功能和激励机制都同样地存在着，只是基于用户访问量和对地理位置服务的系统贡献而有少许不同。

由于这些系统本来就只适合通过有着较低市场饱和度的移动设备来使用，还由于它们是较为时新的社交媒体形式，和其他社交媒体系统相比，基于地理位置的社交网络只拥有较低的用户数。但是，在所有类型的社交媒体当中，这些系统的某些增长率却是最大的。例如，在 2010 年，Foursquare 据报道拥有 1000 万个用户，增长了 3400%。同样，有报道数字显示，Google Latitude 拥有 300 万到 900 万个活跃的用户。另一个极端是，Gowalla 拥有的用户不到 100 万个，但它与迪士尼这样的公司有着战略营销关系。大多数情况下，基于地理位置的网络都是通过移动设备或者应用来使用的，包括智能手机和平板设备。通过各大移动服务提供商，每种系统都创建有可访问其系统的移动应用软件（如所有 Google Android 手机上都安装有 Google Latitude）。由于有些移动电话提供商也在提供基于地理位置的社交网络，这些系统的后续发展可能会因移动设备的嵌入式软件而发生偏转。

基于地理位置的社交网络有个主要的隐忧，那就是用户隐私。这种隐私顾虑既是基于人身又是基于技术的担忧。从最基本的层面上讲，如果用户在某个位置使用基于地理位置的社交网络来登录，这也就以默认的方式公开表明他们不在什么地方。有些公共网站（如 www. PleaseRobMe. com）被开发了出来，将未归家者的那些基于地理位置的社交网络报告编列成表。尽管这表面上是为了提高公众的风险意识，但毫无疑问也会给用户的安全和家庭保护造成漏洞。这种特殊的网站后来被关闭，但人们在使用这些系统的过程中，这种显而易见的风险依然存在。另外，由于经常被用来存储较长时间内的活动地点和登录次数，这些个人系统与移动设备也存在着技术安全上的风险。例如，2011 年 4 月，iPhones 多年以来利用 Wi-Fi 应用和手机信号发射塔跟踪用户位置的内幕已经变得路人皆知。毫无疑问，如果被外部人侵入，这种长期的存储将会给个人和财产造成严重的隐私漏洞。

基于地理位置的社交网络在应急管理当中的潜在应用

就像本书讨论的所有社交媒体一样，对于应急管理及所有相关学科的未来而言，应用基于地理位置的社交网络至关重要。不过，即使以社交媒体的标准来看，基于地理位置的社交网络都算是比较时新的事物，因此应急管理的专业人员尚未普遍接纳这些系统的系统性使用。事实上，根据一般性研究和通过咨询积极参与社交媒体活动的应急管理人员，在各级政府的应急管理部门当中，目前基于地理位置的社交网络确实很少（如果有的话）得到利用。但是，这种缺失并不意味着不会有潜在的应用。在废墟管理、损失评估、搜索与救援和人员问责当中，所有领域的应急管理者们都可以考虑使用基于地理位置的社交网络系统。

比方说，就像前述基于地理位置的社交网络激励措施，这并不仅仅适合于当地商家的商品推销活动。政府来运用（包括应急管理）无疑也是有可能的，虽然大多数机构很少这么做。比如，通过这些系统的高级程序界面（A-PIs），当地的应急管理者们可利用基于地理位置的社交网络的特别推荐功能来发布应急公共通知，如龙卷风警报或者飓风撤离这样的极端气象通报。这些推荐信息可与政府大楼或者人们熟知的公共场所（如当地的公园）绑定在一起。作为一种辅助手段，这种警报可以让那些身处地标建筑附近的人们警觉起来。

另外，在灾后的长、短期恢复活动当中，废墟管理是一种非常普遍的活动。（见图13.3）不管地方、地区或者国家机构是否参与这种工作流程，既对市民生活又对商业活动产生影响的废墟管理是社区重建工作的重要组成部分。正确的废墟管理活动还对地方的历史古迹、垃圾回收利用、水质和响应机构的总成本有着长期的环境影响。由于废墟管理活动固有的规模和范围，大多数社区都需要私人承包商来帮助完成大部分工作。不幸的是，由于第三方的参与和支撑废墟管理活动的高成本，承包活动常常会受到欺诈行为和违规操作的影响。举例来说，承包商有可能偏离指定的清理路线，故意增加（或减少）重量或者在卡车车厢里人为制造空隙。虽然利用应急管理者的常用问责流程，许多这种潜在的弊端都得到了解决，但这种流程本身还是非常适合使用像 Google Latitude 这样的基于地理位置的社交网络。具体说来，可要求承包商每隔一段时间通过自备（或政府提供的）智能手机记录他们的位置，以便创建一种证明其位置与活动的证据，而这一举措的成本极低，甚至不会产生额外的成本。

图 13.3　通过使用基于地理位置的社交网络，像废墟管理这样非常复杂的修缮和恢复活动可获得助益（FEMA，列夫·斯科格福仕）

类似地，在区域性突发事件或者灾难发生后的损失评估当中，也有可能需要利用基于地理位置的社交网络。（见图 13.4）很像上述废墟管理流程，在危险影响到社区之后，损失评估小组会立刻被派到灾区，并通过诸如轻微、中等、严重和彻底损毁等类别来评估物质损失。这种流程可分为两个阶段。第一阶段是所谓的窗口或者顺路评估，而第二阶段的持续过程较长，会更深入地分析损失和破坏情况。造成这种过程延长的部分原因是需要花时间将信息从初查之地传回应急行动中心（EOC）的事故管理部门或者指挥官。如果使用基于地理位置的社交网络，在评估者报告相关情况时，损失评估数据也可以实时而非拖延地被传给指挥人员。在损失评估过程中，虽然有一些具有信息集聚功能的商务系统可供使用，但对于那些在损评当中尚未运用任何技术手段的较小社区或者地区来说，利用基于地理位置的社交网络将会为它们创造一种既具有成本效益，又可能同样有效的选项。

图 13.4　作为一种工具，基于地理位置的社交网络系统可向个人援助团队提供帮助，像这支援助队是通过乘船来评估由密西西比河洪灾导致的房屋损毁情况（FEMA，珍妮·穆尼）

对于搜索和救援活动而言，基于地理位置的社交网络也是一种不错的工具。在进行时间敏感的失踪人员或者嫌疑犯活动线索的搜寻工作时，第一响应者和执法人员往往会按照既定的模式（即在需要搜查的地理区域设置一种可以量判的网格）进行搜索。由于搜索和救援活动内在地具有一种地理属性，基于地理位置的社交网络就能够以一种与废墟管理活动相类似的方式获得运用。具体地说，搜索者可通过基于地理位置的系统实时地报告发现物（或无发现物），并将这些发现物集中标示在供指挥和管理人员使用的地图上。而且，如果有多个发现物被发现，相较于传统的报告机制，事故指挥官能以更快的速度获得所示线索的各种可视资料。

最后，有许多应急管理活动需要让志愿者和工人到野外作业，而这些地方的安全性和责任性都必须要得到保证。例如，在“龙卷风走廊”，当极端天气正在逐渐形成时，有许多当地的应急管理机构会指派业余无线电志愿者去充当气象观察员。这些志愿者通常利用自己的装备和车辆前往或撤离指定的部署位置，并且他们的大部分信息沟通只能通过业余的无线电设备。虽然使用无线电是一种有效的通信方式，但大多数应急管理者们都是完全依靠这种口头的报告来履行现场的责任。很像已讨论过的废墟管理、损失评估和搜索与救援，这些类型的志愿者与工作人员部署都内在地具有地理属性，都适合借助基于地理位置的社交网络的支持。有了这些志愿者从一个位置移向另一个位置的自我标绘，对于大多数身处各种作业环境当中的应急管理者们来说，这将是一种非常有用的视觉援助。除了这种利用方式，接下来还可以运用流式视频功能，这就进一步提高了实时感知事件态势的能力。

虽然在应急管理领域很少得到利用，但基于地理位置的系统还是表现出了极大的应用于各个领域的可能性。不出所料的话，对于基于地理位置的社交网络，各级政府和各领域的应急管理者们都会持谨慎态度，其原因是各种各样的，但最主要的可能在于这些系统的安全性。无可否认，像所有社交媒体一样，基于地理位置的社交媒体是建立在构建人际关系与网络的理念之上。但是，和大多数社交媒体系统一样，许多基于地理位置的系统也可以以预定的人群为对象对系统访问加以限制和控制。此外，所有这些系统都支持退出参与机制，这意味着参与者决不会被强迫使用这些系统，即使是政府正在使用它们。这种管理有助于在行动和地理方面限制“老大哥”式的想法。

地理空间编程的影响

除了可以利用基于地理位置的社交网络之外，通过社交媒体和 Web 2.0 门户网站，有许多应急管理活动已经在利用互联网上的各种地理空间与地图映射程序。各大地图映射服务提供商（如 Google、Ushahidi、StreetMaps、ESRI 和 Virtual USA）都可提供动态的映射界面，用以标绘聚合的内容、评测事件的进程和创建突发事件与灾难相关信息的交互式演示。和基于地理位置的社交网络不同，映射与地理空间系统的构建并不是围绕共同或者共享的网络，而是着眼于向所有对被映射的情景或者事件怀有兴趣并愿意了解的人打开方便之门。

首款此类系统是美国国土安全部(DHS)资助的 Virtual USA(虚拟美国)平台。据 DHS 相关网站称,Virtual USA 平台是"一种终端用户驱动的……积极致力于国土安全与应急管理社群之间的跨辖区信息共享与合作"。此外,他们称该系统将有助于"通过提高态势感知"来满足终端用户的那些"挽救生命、保护财产和实现运营效率的特别需求"。该网站并没有强调该系统的地图映射和地理空间功能,即便那是态势感知信息的主要基础。有几个州已经在利用这些系统,如阿拉巴马州国土安全部门创建了 Virtual Alabama(虚拟阿拉巴马)。该系统是利用三维(3D)映射界面来检索可被技术和非技术用户访问的地理信息系统(GIS)图像和数据。据 Virtual Alabama 网站称,这种工具"减小了经济落后地区的技术差距,并为整个州铺平了信息的'运动场'"。例如,在 2011 年 4 月的龙卷风爆发之后,美国航空航天局(NASA)曾利用这种工具在亨茨维尔地区为当地民航巡逻组织的损评飞行划定一条精确的航线。截至 2010 年年底,Virtual Alabama 系统已拥有代表着全阿拉巴马州 1500 个机构的 2.8 万个注册用户。其他运用 Virtual USA 理念的软件包括佛罗里达州的地理空间行动与响应评估工具(GATOR)、俄勒冈州的地理空间企业办公软件(GEO)、弗吉尼亚州的应急响应互操作图片(VIPER)和路易斯安那州的 Virtual Lousiana。

简而言之

> 地理空间技术提供的功能可以满足用户的那些"通过提高态势感知来挽救生命、保护财产和实现运营效率的特别需求。"
>
> ——Virtual USA 网站

有种类似的地理空间与映射界面工具是 Google Earth。这种系统是通过将卫星影像、航空摄影和公共 GIS 数据的图像进行叠加来显示一幅地球地图。这种组合成像创造出一种极为详细的全球各地的映射视图。这种软件目前既可以由运行 Windows、Mac OS 和 Linux 的电脑使用,也可以供 iPhone 和基于 Android 系统的手机使用。此外,得益于 Google 的翻译协议，其输入的数据可以用 37 种不同的语言显示。另外，自 2005 年 Google Earth 首次面世以来，传统媒体就经常利用其映射数据和图表来增强传统式讲解的说服力，其利用率已增加了 10 倍。

由于构成 Google Earth 输出机制的有各种各样的数据层来源，那么能够通过这种系统存在的就有大量的灾难报告类型。例如，在 2011 年日本地震发生之后，Google Earth 就曾被用来展示此次地震和相关海啸所造成的损失和影响。此外，Google Earth 还可以映射输出可供其他地理空间程序使用和操作的文件。例如，联邦应急管理局（FEMA）曾经利用 Google Earth 输出过洪水映射数据，以供当地和州政府在进行准备工作时加以利用。对那些需要对当地或局部区域保持态势感知的应急管理者们来说，这种报告与数据操作也会极其有用。（见图 13.5）同时，对于那些不仅影响其所在社区而且还影响世界其他地区的灾难，普通民众和传统媒体在设法寻找视觉辅助工具来认识和了解其复杂性和作用范围的过程中，其公众意识也会得到极大的提高。这种信息获取最终会给与灾难有关的捐赠与志愿服务需求及政治影响带来更大规模的响应。这种类型的视觉辅助工具具有极高的价值，用户只需要最低程度的参与，对应急管理者而言也几乎没有什么成本。

图 13.5　通过深入灾区各地的参与者，地理空间技术有助于人们针对洪泛区及其他灾区的进行映射工作（FEMA，戴维・瓦尔迪兹）

除了 Google Earth，还有几种第三方地理空间系统可让用户生成和操作灾难相关数据。例如，在 2010 年海地地震期间，OpenStreetMap 曾被用来映射灾难响应和恢复工作的各项内容。同样，作为 GIS 技术领域的早期开拓者之一，ESRL 也能够提供专业人员和硬件来支持可在突发事件和灾难发生时使用的软件和互联网界面。具体地说，ESRI 的 Disaster Response 软件可进行全球灾难的地图映射，尤其是地震、洪灾、极端天气、飓风、危险物质泄漏、火山和森林火灾。在过去的几年里，ESRI Disaster Response 曾针对大多数重大的灾难提供过支持，包括 2010 年的“深水地平线”漏油事故和 2011 年的日本地震与海啸。

地理空间技术的应用并不只限于映射灾害。有些时候，在应急准备与响应工作当中，这种跨越有限或广阔的地理视距迅速确定模型及相互关系的能力会发挥极为有效的作用。例如，Google 曾开发出 Flu Trend 应用程序。这款软件可利用全球 Google 用户在线查找健康相关信息时的互联网搜索来创建算法，以提供有关地区令人信服的与真实体质状况相关的模型。（见图 13.6）从根本上讲，这个过程（往往）是建立在准确地假设只有生病的人才会查找流感相关信息的基础之上。因此，在流感季节，这种预测可向医疗机构和响应者提供极其宝贵的数据，有助于减少或者缓解流感在某些地区的扩散。在 H1N1 流感大流行期间，这种趋势数据就发挥过特别的效力，而将来为保证正确地进行协调以应对疾病的爆发，它还会起到同样的作用。

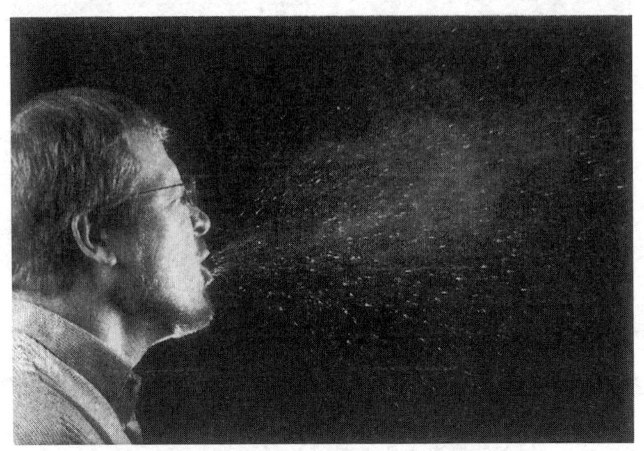

图 13.6　地理空间技术可用来直观地显示传染性疾病（如季节性流感）的传播（CDC，詹姆士·盖萨尼）

通过物理界面获取的增强型信息

除了前述基于地理位置的社交网络和地理空间系统，通过社交媒体和Web 2.0 系统，还可以获取基于位置或兴趣领域的增强型信息。这种强化的信息接收能力主要是通过利用快速响应（QR）码和增强现实技术实现的。在这两种情形当中，为了接收更多的信息，信息提供者（如当地政府部门）可以创建和利用那些有其他信息嵌入或整合到次级机制当中的系统。由于受时间和经济条件的限制，既要最大限度地发挥现有系统的效益，同时还不能大幅增加额外的工作或者成本，在这种情况下，利用现有机制来接收信息就相当重要，特别是在突发事件和灾难发生时更是如此。

快速响应（QR）码是可通过专用 QR 阅读器读取的二维条形码。作为一种可下载的应用软件，这种阅读器可以安装在大多数智能手机上。QR 码通常是由一个白底方框内的黑、白色可变形状构成。这种形状与颜色的独特组合可让超链接、视频、图片、文本和其他多媒体形式被使用条形码的终端用户嵌入和读取。尽管最初是在汽车生产当中被用来对材料进行跟踪，但它们现在已经有了更广的用途，在亚洲地区，尤其是在日本，已得到了广泛应用，但在美国还只是慢慢地为人们所接受。不过，由于与 QR 码有关的意识在增强，还由于进行了一些大规模的宣传，这种应用在 2011 年有了大幅的提高。自 1997 年以来，有各种各样的 QR 码标准存在，其中最常用的样式是在 2006 年确定下来的。

在美国，QR 码主要用于市场营销和游击式的广告活动。具体说来，有许多摊贩开始将包含有各种信息（如营养信息、商店位置和产品生产的环境影响（或无环境影响））的 QR 码置入商业包装或者宣传材料上。尽管主要是用于市场营销，但出于对突发事件和灾难的特别考虑，政府机构使用 QR 码的上扬趋势也很明显。或许，地方政府当中最知名的 QR 码使用者是德克萨斯州的马诺镇。在达斯廷·哈斯勒的领导下，马诺镇开始在整个社区设置 QR 码，让当地居民就工程项目、维修计划和某些基本市政服务的有效性提供补充信息。

哈斯勒还提议，在遍布小镇各处的 QR 码当中，还应该嵌入能够在应急响应过程中发挥重要作用的内容。(见图 13.7)举例来说,如果消防部门正在响应当地社区的一场火灾,他们就可以扫描离其最近的含有当地公共设施保险装置、财产所有权和其他有用响应信息的 QR 码(也许就设置在附近的消防栓上)。这些信息可以补充到其装备当中的本地化移动数据终端(MDTs),尽管它们有时候可能是多余的。有些其他应急管理者也曾建议在应急管理活动当中使用 QR 码。例如,社区里设置的 QR 码(如旅馆客房信息)就有可能含有连接到地方、州或者联邦应急准备网站的链接,在响应和恢复期间,这些网站可提供诸如撤离路线、废墟管理活动或本地避难所这样的应急内容。(见图 13.8)

图 13.7　含有嵌入式文本的 QR 码图样(亚当・克罗)

图 13.8　在潜在的应急服务当中,QR 码的使用是广泛和多种多样的(亚当・克罗)

除了QR码，增强现实是另一种通过物理界面支持增强型信息的技术。增强现实是一种通用技术术语，是指即时显示通过电脑生成的多媒体来增强的现实物理环境。这种多媒体可以是音频、视频、图形或者链接格式。增强现实与虚拟现实比较起来，后者是用虚拟现实来取代现实世界。据信“增强现实”一词早在上世纪60年代末就有人首次使用。不过，一种获得广泛认可的增强现实定义是在1997年才确定下来。该定义将增强现实解释为集成了现实与虚拟环境，具有实时交互性和三维显示效果。在其进步与发展过程中，增强现实技术和其他新兴技术并无不同，也在迅速挤压任何定义边界的限制。

很像QR码和基于地理位置的社交网络，增强现实技术只是刚刚开始在应急管理的各个阶段和领域当中得到应用。比如，美军战场医护人员已开始考虑装备含有医疗预案和病人信息的虚拟增强型“护目镜”，这有助于迅速展开医疗救护，而不会因为要核对二手资料而分散注意力，或者造成时间上的延误。同样地，有些公共卫生专家还建议，应当让终端用户利用增强现实技术，将其真实地理位置附近的医疗机构可视化。对于应急管理者和当地专业响应人员来说，这种应用技术也非常有价值，可在本地的公众关怀机构、志愿者接待中心或者联邦灾难恢复中心投入使用。有些机构，如华盛顿大学环太平洋地区可视化与分析中心（PARVAC）和新西兰人机界面技术（HIT）实验室，都在为政府和灾难响应部门的增强现实工作开发各种应用软件。

另外，有些增强现实系统可用来识别现实环境当中的地标、地形、建筑物和物体。Google Goggles是这种增强现实技术的一个常见范例，可用于识别地标和其他人们熟知的地方，并集成可由公共资源（如政府网站或者维基百科）提供的背景信息与内容。对于应急管理者及相关领域各个阶段的应灾活动来说，这种应用也极有助益。例如，自1993年大洪灾以来，美国中西部许多应急管理者和居民一直都非常关注，当前的洪灾风险和1993年的基准洪灾比较起来会有多大。但这种关注往往只能停留在当地洪泛区管理者们所提供的二维地图投影上。不过，利用增强现实技术站在特定的地点上，将洪灾的预测及其与基准洪灾比较起来会有多大的风险进行可视化，就非常有助于更好地判断在现有条件下，或者在经过预期的响应或减除活动之后，当地有哪些财产和基础设施可能处于危险之中。

实践者简介：谢丽尔·布莱索　克拉克地区应急服务机构

作为克拉克（华盛顿）地区应急服务机构的主管和社交媒体的忠实用户和支持者，对于应急管理者目前和将来对社交媒体的潜在运用，谢里尔·布莱索（见图 13.9）是在一种独特的位置上谈论这一话题。布莱索女士曾进行过许多次全国性演讲，并且拥有美国国土安全部虚拟社交媒体工作组的成员资格，还参与了应急管理社交媒体网站（www.sm4em.org）的创建，其对社交媒体运用的认识和影响由此可见一斑。在被问到应急管理社群运用社交媒体为何极为重要时，布莱索女士称，“社交媒体让应急响应界能够主动地去倾听，从而更好与其所在的社区进行合作并建立密切的关系”，而这有助于“更快地进行应灾响应和灾后的恢复工作，因为他们可以利用自己原本无法看到的资源和创新性的解决方案”。但是，她强调说，“应急响应策划仍需要大量面对面的合作以建立良好的关系……不过，网络研讨会、维基和协作技术能够取代一些会面……但有些东西永远都不会被技术所完全取代”。对于未来，布莱索女士说，SMS 技术将继续展现出强大的弹性，但是，“随着像 Skype 和 Yammer 这样基于协作的技术都能够支持语音、聊天和存档功能，有些特定的技术会迅速发生变化，因此很难知道未来 10 年里会流行什么……”最后，布莱索女士称，就其所在的机构而言，利用社交媒体的最大影响是“能够更好地与我们的社区进行对话，并与之建立更为有效的指导关系……人们在这里可以更直接地询问有关应急准备的问题……而这会具体地影响着志愿者招募的工作，特别是在出现短期需

图 13.9　谢丽尔·布莱索

求时更是如此”。

本章关键词

■ 增强现实:通用技术术语,指即时显示通过电脑生成的多媒体(包括音频、视频或者图形)来增强的现实物理环境。

■ QR 码:可由用户生成并通过移动应用阅读器读取的二维方形条形码,包含有像网站链接、文本、图片或者视频这样的嵌入内容。

■ 基于地理位置的社交网络:以地理空间之间的连通关系(如当地的建筑物、商店、政府大楼或者用户指定的位置)为基础的社交网络。

■ 地理空间编程:在一幅可公开访问的互联网地图上公开展示由用户控制的集成式公共地理空间层。

第十四章　举首入云端：改进应急管理职能的工具与系统

隐私已然死去，而社交媒体握着那把青烟未散的枪。

——皮特·卡什莫尔，Mashable博客网站CEO

灾难聚焦——日本地震与海啸(2011年)

2011年3月11日，星期五，一场官方记录为9.0级(Mw)的海底地震在日本沿海发生了。在已知的袭日地震当中，这场所谓的2011年日本东北地震，或者东日本大地震，是破坏力最大的一次地震，也是世界上有历史记录以来五次最强地震之一。(见图14.1)这场地震引发了一次毁灭性的大海啸。其浪高达120英尺，在某些地域涌入内陆腹地达6英里。地震之后又发生了900多次余震，有记录的震级超过6.0级的有60次左右，其中有3次超过7.0级。日本国家警察厅证实有超过1.5万人死亡，5千多人受到连带伤害，另有18个县(当地司法管辖区)的12.5万栋建筑物被损毁。事故发生后，日本东北地区立刻有约440万住户断电，150万住户断水。此外，这场地震和随后的海啸造成了许多核事故，包括福岛1号核电站内的3个反应堆熔化。确切地说，出现问题的核反应堆因内部冷却系统失灵引起氢气持续累积而发生爆炸。核电厂10公里半径范围内的居民被全部撤离。据当地应急管理和政府官员估计，这场灾难的损失超过3千亿美元。另外，地质学家们证实，这场地震使本州(日本的主要岛屿)向东移动了8英尺，并导致地球自转轴位移4到10英寸。这场灾难是毁灭性的，远远超出了日本和世界上其他国家的体验范围。其结果是，相较于以往其他灾难或者突发事件发生时的情形,社交媒体在这场地震期间的使用与利用也大为不同。例如,灾难刚一发生,每分钟就有1.2万条推文生成。这种信息交流的速度十分惊人,强烈地表明日本内外因各种原因出现了密集的信息传播。类似的活跃程度也出现在Facebook上。3月11日当天,全世界380万个用户的450万条状态更新都提到了诸如“日本”或者“地震”这样的关键词。为应对这次事件,一款Ushahidi Crowdmap也被创建起来,并收到了3千多份帖子。另外,Facebook、Save the Children和在线社交游戏公司星佳公司进行了联手合作,让用户能够通过在星佳游戏(如“农场小镇”)当中购买虚拟商品来捐款支援救灾与重建工作。在这个事件上,社交媒体和Web 2.0技术的影响非常大,以至于美国驻东京大使馆曾寄信给日本的美国人称,“为了和您的爱人保持联系,我们建议您继续使用手机短信和其他社交媒体(如Facebook、MySpace、Twitter等等),因为他(她)们也可能在利用这些通信手段”。这封信还提到一款名为Google Person Finder的社交媒体工具。利用这种工具,人们可以发布信息说明自己所在的位置和状况,或者寻找失踪人员的相关信息。灾难发生后的三天之内,与日本此次事件有关的记录材料就超过了15.8万份,比一个月以前的上一次国际性灾难的相关记录多出14万份。Google Person Finder与美国红十字会所用的一款系统很相似,在这次日本地震与海啸期间,它和各种其他社交媒体及Web 2.0技术都强烈地表明,社交媒体工具和系统就在身边,为了进行最有效的准备、响应和恢复活动,各级应用管理者们有必要将它们利用起来。

图14.1 在9.0级地震及后续海啸袭击日本后,美军1架SH-60B直升机拍摄的该地区照片(美国海军)

开放式政府和游戏化

“云”是个具有典型意义的字，长期以来往往以单字、词组或语境的语言形式，形容感受者无法触及和不可企及的事物。例如，如果本地高中有个棒球投手梦想着像专业运动员那样打棒球，但在比赛中却打不好球，那么他就有可能被要求“别云里雾里了”。批评者或许是在告诉那个棒球手，他的梦想是不现实的，因为他缺乏技术、资源、能力、智慧等来完成指定的任务。大多数情况下，“在云里”做白日梦的人最终都会放弃那些梦想，并听从别人长期以来的反复劝告。

各领域和各类应急管理者往往和这个棒球手没有什么不同。对于如何、何时、为何和在何处展开各种应急管理行动，或者履行相关职能并有效发挥作用，应急管理者们（政府官员）往往会有一套基本和系统性的业务模式可以反复和例行性地传承。这种模式往往会形成一种僵化的体制，只能缓慢而谨慎地接受调整和变化。与那名棒球投手相似，这些系统性行为产生的原因有多种，包括在预算使用、培训有效性和技术知识与安抚方面缺乏技术、资源、能力和好的办法。幸运的是，因其基本结构本身就具有开放性、可靠性、适应性、成熟性和低成本乃至无成本的动态利用性，社交媒体和Web 2.0技术有可能打破这种窠臼。有许多社交媒体系统已经被利用了起来，并且正在影响着突发事件和灾难的响应活动。应急管理者们再也不能等着让社交媒体来和传统职能相融合，而是应该举首“入云端”，通过适应和运用那些不同程度地提高了效率和效能的社交媒体系统来包容变化。

在一些政府部门和为数不多的应急管理机构当中，由于对社交媒体和Web 2.0理念采取适应的态度，一场通常被称为开放式政府或者政府2.0的运动已悄然出现。在其2003年出版的著作《开放式创新：进行技术创新并从中赢利的新规则》当中，加利福尼亚大学伯克利分校开放式创新中心常务主任亨利·切萨布鲁夫首次使用“开放式创新”一词。他将开放式创新定义为“利用有目的的知识流入和流出来促进内部创新，并为创新的外部使用拓展市场。”这种定义得到了政府2.0的知名支持者和应用者达斯廷·哈斯勒的扩展，他将开放式创新定义为“利用职员和选民的集体知识来驱动机构创新的能力”。不管定义如何，你都可以开始看到人们已在接纳一种新的思维方式，那就是要更好地吸收社交媒体、Web 2.0 及其他新兴技术。

在突发事件和灾难管理方面，开放式创新的一个最好的例证是 Sahana 软件基金会。Sahana 是一个非营利组织，一向致力于开发免费和开放的源软件，以“提供服务，帮助解决具体的问题，并为政府、援助组织、民间团体和受灾者之间的应灾协调带来效率”。自 2004 年以来，一些地方和州政府都曾利用 Sahana 软件来促成幸存者与家人的团圆，标绘避难所和跟踪参与灾难(包括东南亚海啸、巴基斯坦地震、海地地震、“乔普林”龙卷风和日本地震与海啸)响应的志愿服务组织。(见图 14.2)在履行此类职能时，由于有了像 Sahana 这样具有创造力、利他性和开放式创新的系统，应急管理者和地方政府已无需购买和使用商业产品了。

图 14.2 在 2011 年“乔普林”(密西西比州)龙卷风期间，开放式创新系统(如 Sahana)在响应与恢复工作当中得到应用(FEMA，史蒂文·朱姆沃尔特)

除了为响应过程提供助力的开放式装备系统，目前日益流行的开放式创新和政府 2.0 还有一些其他特点。举例来说，每个月有 2 亿多人玩在线游戏，那么这对应急管理者来说意味着什么呢？据《基于游戏的市场推广》的作者盖布·兹彻曼称，“从一种系统的角度来看，有着如此多的活动成分、款项、竞争性的利益和危在旦夕的生命，让政府与治下之民同步具有其挑战性……难怪有时候解决问题的唯一办法是整个推倒重来”。因此，有些政府机构已开始部分地利用一种所谓“游戏化”的现象。兹彻曼将游戏化定义为“运用游戏思维和游戏机制来解决问题和联系受众……这能够彻底改变组织和体制……让其认识到是什么促使[民众]获得成功，以及他们所走的是什么样的‘征程’”。大多数专家都认为，从根本上讲，游戏化理念融合了嵌入到游戏结构(如短期和长期目标、时间线和促进竞争的挑战)当中的某种理念、系统工具或者结构装备。

通过XPrize基金会，还有2010年特别允许和鼓励美国政府机构利用奖项和挑战来解决全国性重大问题的《美国竞争法案》，这种游戏化理念在一些激励项目当中被提了出来。在应急管理界内部，游戏化尚未被广泛接受。但是，有些领域已经成功地运用了这种策略。长期以来，各个领域的许多应急管理机构都在利用游戏来拓展教育机会，但游戏化比这要复杂得多。举例来说，华盛顿州克拉克地区应急服务机构(CRESA)就曾推广过数款应急准备游戏，包括2010年的“12天准备”，2011年的“30天，30个办法”过关游戏。CRESA利用了Facebook、Twitter和一个当地博客，还有每日目标和一笔最终的奖金，来支持、激励应急准备活动并将其游戏化。同样地，由联邦安全家园联盟(FLASH)制作的《超级飓风大爆发》是利用不同阶段可达成的目标来提升应对飓风的准备水平。它们还将公共和民间的资助与活动结合起来，让人们收集将通过社交媒体公布的物品来充实应急工具包，然后再捐赠给贫困家庭。在提升应急准备水平，以及在提高民众何时、为何和在何处做好准备的整体公共意识上，这类富有创意的游戏化活动都取得了良好的效果。

功能性和访问性挑战

对于所有公共安全领域的应急管理者们来说，他们还必须设法高屋建瓴地利用新兴技术，而不是仅仅停留在直接使用本书已讨论过的社交媒体。确切地说，在应急管理的各个阶段，有许多社交媒体和Web 2.0系统都能以更有效和更高效的方式帮助或取代操作与策划部门或者系统。随着开放式政府的机会在增加，在解决应急管理者目前所面临的管理或者经济上的需求与顾虑上，应用这些系统的机会也在增加。

例如，应急管理者长期以来都面临着一种挑战，那就是需要与其社区的所有居民进行沟通，而不管他们具有何种社会、经济背景或者身体特征。在突发事件或者灾难发生期间，某些特定的社区民众或者民众群体往往有着骤然增加的功能性或者访问性需求，而这必须要在计划和准备过程中考虑到。虽然没有一个统一的定义，但这些功能性和访问性需求往往还是被分成五类：经济上贫困、语言能力有限、身体残疾、年龄弱势和文化/地理上孤立。对于许多有着功能性需求的人来说，以传统方式利用社交媒体存在着巨大的挑战，因为许多这样的系统在构建时并没有将这种特别的因素考虑进去。例如，有许多社交网络和微博网站都要求使用虚拟验证系统（如全自动区分计算机和人类的公共图灵测试（CAPTCHA 系统）），其目的是要最大限度地减少机器人程序和其他恶意计算机系统非正常地登录到这些系统当中。不幸的是，这些类型的虚拟验证系统不容易被那些有着视力障碍、阅读障碍或者其他学习困难的人所解读。尽管有些系统开始利用语音验证系统，但这些系统仍然难以系统地满足一些功能性需求。皮尤互联网 2011 年的一项研究也发现，身体有缺陷的人比那些无缺陷者的互联网访问要少 23%。因此，很像传统的沟通策略，应急管理者一旦开始执行社交媒体策略，他们就必须要考虑如何确保它在整个社区都能有效地发挥作用。

不过，有些积极的例子是，社交媒体和 Web 2.0 系统正在帮助应急管理者创造条件，以满足这些功能性和访问性需求。例如，有些社交媒体系统（如 EasyChirp）向主流系统（如 Twitter）提供了优化的替代品，以方便残疾用户更容易地使用。由于在满足这种特别的功能性需求上表现得非常有效和高效，EasyChirp 甚至获得了美国盲人基金会 2011 年度颁发的访问奖。类似地，自 2009 年以来，YouTube 也具备了向所有发布在 YouTube 上的视频添加闭路字幕的功能，可让耳聋或听力不好的人能够更好地观赏节目。虽然 YouTube 只能添加英语字幕，但 Google 的翻译功能可将字幕转换成 51 种语言。根据联邦法律，联邦政府机构使用的社交媒体和 Web 2.0 系统必须要有像视频字幕这样的系统构成，但州和地方政府并没有全部使用这种应用程序。

黑客、僵尸和第二人生：潜在地提高运作效率

所有领域的应急管理者们还必须要考虑应用 Web 2.0 和新兴技术，这样有助于改进功能性和系统性工作流程。这种改进能够潜在地打造更为高效的流程，对于那些只适合当前使用或者通过商业手段应用的技术，它还能够提供更廉价和更具成本效益的选择。例如，如果获得调查许可，并且也具备条件的话，执法和公共安全官员会利用商业应用软件进行人脸识别。不过，自从 Facebook 和 Google Photos 在其系统当中增加了人脸识别功能，在考虑更换或者补充其商用系统的时候，执法部门就有了一种不错的应用系统可用。另外，随着 Facebook 称每天有过亿的照片或照片标签在添加，其图片库已经成为一种重要的可用于查找潜在对象的数据库。

简而言之

现在，网络正处于一个非常重要的转折点上。直到最近，网络上所默认的是，大多数事情都不是社会性的，大多数事情都无需使用你的真实身份。我们正在建设一种网络，这里所默认的都是社会性的。

——马克·扎克伯格　Facebook 合伙创始人

除了有可能提高运作效率以外，就当前的运作模式而言，作为真实而又可行的替代选项，应急管理人员还有着越来越多的机会来考虑 Web 2.0 和新兴技术。比如，材料的现代化很快使计算机、监视器、移动设备和个人界面变得更薄、更轻和更快。此类物理变化在速度上往往超过应急管理者所考虑的应用上的变化。不幸的是，这种过程必须要加以改变，以便更多地包容新兴技术，特别是在经济困难时期无法大量采购高价商用系统时更是如此。举例来说，为了模仿传统电脑鼠标的控制与触摸，第三方开发商破解了 Xbox Kinect 的技术性能。这样（当然，这种案例在法律上是不允许的），这些看似不相关的技术应用就有可能在应急行动中心（EOCs）、事故指挥部

(ICPs)、联合信息中心(JICs)和其他技术密集环境当中得到大量应用。在这些地方,视觉显示对信息的交流非常重要。

除了应用于响应活动之外,还有许多社交媒体和 Web 2.0 系统可在应急准备当中使用。例如,美国疾病控制与预防中心(CDC)有一个金字招牌,那就是创造性地运用社交媒体和 Web 2.0 系统来提高应急准备活动的水平。CDC 是最早有组织地和战略性地运用社交媒体系统的国家响应机构之一。例如,2006 年 8 月,CDC 在"第二人生"当中创建了一个虚拟社区,向系统用户提供与现实世界相似的健康信息。"第二人生"为 300 多万个用户创造了一个三维世界,用户在这里有预定义的所有域(称为岛)、社区和人与人的交往。尽管与 Facebook、Twitter 和 YouTube 比较起来只是一种非主流的社交媒体系统,但在提高应急准备活动水平上,利用"第二人生"不失为一种有趣且具有成本效益的好方法。举例来说,通过与伊利诺斯大学芝加哥分校公共卫生学院合作,CDC 曾在"第二人生"当中创建过虚拟岛屿,以模拟进行大规模预防性药物分发的公共投放点来响应各种生物恐怖事件。这些虚拟岛屿很注重细节,虚拟地再现了那些影响着响应效率与效能的现实场所、布局和特点。除了其固有的趣味性以外,利用"第二人生"来进行培训与演练评估也极具成本效益。比如,利用这种方式既不用额外支付加班或者回填人员的费用,也无需采购和使用消耗性物料,同时也不会明显地影响到业务上的结论或者判断。

另一款非常有创意的社交媒体应用是 2011 年的 CDC"僵尸启示录"。(见图 14.3)虽然看上去和平常由应急管理与准备官员推动的应急准备工作毫无关系,但通过寻找一种独特的方法,CDC 还是能够向全球重要的对所有与僵尸有关的事物感兴趣的亚文化群施加影响力。好莱坞曾摄制了一系列与僵尸有关的电影,包括"活死人之夜"、"僵尸的黎明"、"惊变 28 天"、"生化危机"、"僵尸肖恩"和"僵尸之地"等等。为利用这种对僵尸的浓厚兴趣,2011 年 5 月,CDC 在其公共健康事务博客上发布了一篇由美国卫生署助理署长阿里·汗撰写的博客文章。该文佯称,为了防备僵尸的入侵,需要进行一些基本的应急准备。这种富有创意的社交媒体活动非常受欢迎,在第一天的活动结束时,这篇 CDC 网页的点击次数突破了 6 万次,是以往所有博客文章点击量的6倍多。事实上,由于这种互联网需求变得如此巨大,以至于支持该网页的CDC服务器在运行过程中出现了死机。这种有口皆碑的“不落窠臼”的思维就是一个突出的例子,证明通过使用社交媒体和Web 2.0系统,可以最大程度地对各领域和各行动阶段的应急准备活动发挥影响力。

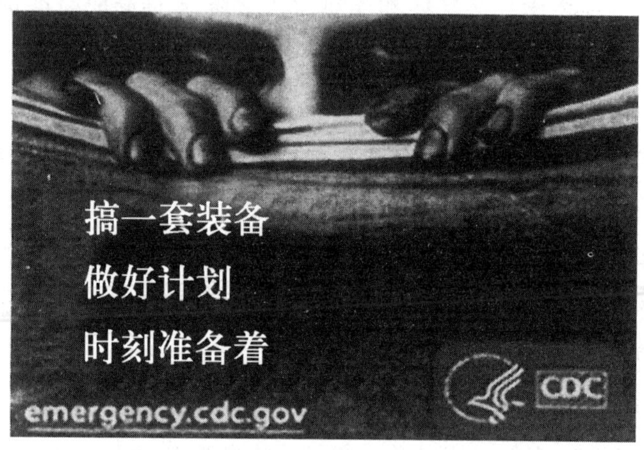

图 14.3 美国疾病控制与预防中心(CDC)推出的僵尸准备软件,这是其公共准备活动的一部分(CDC)

其他 Web 2.0 和社交媒体工具

可供应急管理者使用的还有许多其他目前并未得到充分利用的工具。无论是在解决业务难题,还是在开展日常工作和活动方面,这些工具都极有可能发挥重要的改进作用。比如,在自己的组织内部,应急管理者们往往面临着各种各样的挑战,包括办公效率、团队协作、系统改善和资源分配等问题。无论是哪种情况,都有一种或者多种社交媒体系统可用来提高应对这些挑战的能力,或者在常用的商用系统和可靠的新兴社交媒体系统之间搭建一座桥梁。

在这些常见的问题当中,第一个也是最普遍的问题是办公效率。虽然有许多可靠的商用系统(如Microsoft Office、IBM Lotus Notes)具备了各种管理和办公功能,包括电子邮件、日程表、通讯录、工作表和点对点沟通以及内部网站,但这些系统在可用性和互操作性上有时还存在着问题。不过,通过社交媒体和 Web 2.0 系统和往往以更紧密地与其他信息系统相结合的方式，这些功能是可以复制的，而且像商用系统一样可靠。比如，Google 有一套应用软件，可让终端用户拥有与前述商用系统相似且完全与其结构和扩展兼容的功能。具体地说，Google Docs 是一系列的应用软件，可让文档、电子数据表和演示文稿保存在 Google 系统内并根据需要进行修改，同时还对公众访问这些资料保持着一定程度的控制。而且，由于 Google 的各种系统之间存在着很强的关联性，Google Docs 也可以和 Gmail（Google 的电子邮件系统）建立互操作界面，从而也具备了日程表、通讯录和任务功能。

只要与一个已创建的 Google 账户关联起来，个人用户就可以免费访问这些 Web 2.0 办公系统。而且，这套 Google 产品也可以收集起来供大、中、小型企业在办公与管理当中使用，从而也成为整个业界的一种选择。据 Google 称，有超过 300 万家公司在其企业内部使用这套产品，从而节省了费用，且在系统可靠性和耐用性上也毫不逊色。举例来说，2009 年，洛杉矶市与 Google 签订了一份合同，要求其提供系统应用产品，以取代一种已被广泛使用的商用系统。在合同期内，这项改革据估计为市政府节省 1380 万美元的开支。另外，Google 办公应用软件还包含有一些特别设计的程序，用以保证电子记录保存物、电子发现内容和其他复杂的合规材料的安全。这些问题是所有大小的机构都必须要注意的，对于 Web 2.0 的推广而言，它们往往被认为最容易造成干扰。尽管企业在使用时并不免费，但这些 Google 应用还是表明，Web 2.0 应用产品有可能给传统系统带来根本性的影响。

在 Web 2.0 领域，Google 并不是唯一的办公系统提供商。比如，OpenOffice 就是一款开放和免费的第三方软件，可用于创建和编辑与商用系统兼容并被普遍认可的文档、电子数据表和演示文稿。其他像 TimeBridge 和 Doodle 这样的办公系统也可以让用户就会议、谒见和休假之类的日程事件进行群反馈，以便有效地选择最合适的时机。相较于传统的需要有书面记录或者用多封电子邮件来提出建议、回复建议和确定日期的流程，此类功能能够带来更高的效率，特别是在牵涉到多机构和多个人时更是如此。（见图 14.4）最后，地址簿和通讯录往往分散在各种各样的平台上，比如书面地址簿、电子邮件程序、移动设备和各种个人与社交网站。其结果是，像 Plaxo 这样的社交媒体系统就应运而生，可让所有的这些地址协作平台自动同步，以保证这种重要的个人和商业信息具有准确性和冗余度。

图 14.4　通过使用社交媒体和 Web 2.0 工具(如 Doodle)，安排多机构代表会议的难题往往会迎刃而解(FEMA，乔治·阿姆斯特朗)

Web 2.0 和社交媒体的应用并不仅限于像电子制表和文字处理这样的办公产品。世界各地的应急管理者和办公人员还不同程度地受到他们所用网络浏览器的影响。某些网页或者支持系统只能在特定的网络浏览器上运行，尽管其他浏览器在上传页面和内容方面被认为更为可靠或者更加有效。在所有浏览器当中，用户都被赋予在浏览器当中设置书签的功能，而这些书签可链接到某些用户可能感兴趣或者将来要操作使用的网站上。不幸的是，这些链接都固有地收藏在那台特定电脑的特定浏览器上，这意味着正在办公的应急管理者无法在另一台电脑上使用这些标签来响应一起事故。这种互不连通会造成信息检索的延迟，因为系统地址必须得重新手动输入。但是，通过社交书签，社交媒体和 Web 2.0 系统能够解决这种问题。

社交书签网站可以让用户通过任何一台连接互联网的电脑来访问和潜在地共享其互联网书签，因为这种链接是存储在第三方服务器上，并且在需要用到之前一直保存在那里。此外，不像大多数传统的浏览器书签，这些链接可按类别附加标签，从而形成独立于文件和文件夹层次结构之外的属性归类。这些网站还支持共享某些或者所有被添加为书签的网站，这意味着所有领域的应急管理者们都有可能拥有一种强大的工具，这样他们就不必总是在同一个地点工作，或者说在各种响应条件下只需访问被保存的链接即可。像 Delicious、Diigo、Evernote 和 Google Bookmarks 这样的网站都是常用的社交书签系统。在这些系统当中，每一种在结构上都不尽相同，在功能上也稍有调整，但基本理念都是相通的。

除了社交书签网站，有些其他社交媒体和 Web 2.0 网站还支持大型文件（演示文稿）的收集与传播。这些批量发送与共享网站还可以让这些大型文件存储在通过社交媒体系统管理的第三方服务器上，并通过生成的通常是短期（如不超过 14 天）有效的网络链接来访问。这让第三方服务器只需存储较短时期内的内容，之后则保存另一个用户取而代之的其他文件。此类系统的常见例子包括 YouSendIt、MegaUpload 和 DropSend。不过，由于技术在变化，还由于大牌互联网邮件运营商收购公司并将其收益投入到主流电子邮件系统当中，这些系统似乎总是在不停地变化着。其他像 SlideShare 这样的系统还可以将演示文稿和大型文件上传到用户的网站，然后通过该网站的嵌入式播放器来共享。不论是哪种系统，共享大型文件（如演示文稿）的功能不仅能在两端最大程度地降低对电子邮件系统的影响，而且还能支持长期的访问和方便地存储各种各样的内容，包括重要的培训资料或者教育材料。

在优化办公和保证移动访问文件方面，另一种强大的可由应急管理者使用的社交媒体工具是在线文件存储系统。像 MyOtherDrive、DropBox、Carbonite、Amazaon Cloud 和 Google Docs 这样的网站都可以将几乎所有类型的文件上传到第三方服务器上，而这种服务器很像应急管理者所在机构内部使用的本地化服务器。虽然本地化服务器有着更大的容量，但在线服务器目前每个用户的免费存储容量也可以达到 5GB，若支付少许费用还可以增加更多的容量。这些在线存储网站都可进行资料备份，其容量不逊于本地化系统，甚至还能有更多的冗余。此外，很像社交书签网站，这些在线存储网站往往都可设置访问级别，可让原始用户控制哪些文件可供特定的人下载，或者哪些文件可由一般公众访问。这种类型的功能极为有用。无论是作为一种廉价冗余的方式，还是帮助各领域应急管理者利用此类存储网站进行快速的文件存储与传输，或者是帮助创建用户控制而非通常利用本地化信息技术筛选控制或者限制的网络，它都能发挥重要的作用。

协作与辅助系统

从根本上讲，所有阶段和所有领域的应急管理都是协作进行的。由于突发事件和灾难有着势不可挡的特点，个别机构或者响应者往往无法单独处理问题，因此为解决一些最为迫切的问题，必须和其他机构和响应者建立强有力的协作关系，以保证准备、响应或者恢复活动得到有效和高效的管理。幸运的是，社交媒体和 Web 2.0 系统也给应急管理者使用的各种工具增加了重要的协作功能。必要的协作不仅仅是在一起工作，还必须包括近乎同时地创作和编辑信息与资料，以减少各种行动的审批时间。

比如，在每种国家响应模式当中，所有内部工作文件、情况报告或者新闻稿都必然先由个别部门草拟，然后由组织内部的指挥系统审阅，再经事故指挥官或者应急行动中心的管理部门批准。就像第十章讨论的那样，这种流程耗费时间，在灾难发生期间会对信息的传播与接收产生不利的影响。人们希望减少这种审批时间，还希望进行迅速而明确的协作，对于所有领域的应急管理者们来说，这些现实需求都强烈地表明了实时编辑系统为何正变得极有利用价值。

有了实时协作编辑系统，多个用户就可以在一个在线界面上同时编辑和审阅已创建的文档。许多此类系统都支持聊天功能，同时也更改了跟踪协议，能以一种与传统的通过组织的创建而确立下来的审批流程相似的风格，让群体动态自然地演进。有些实时协作编辑系统是基于维基信息源，在这里资料是由个人来添加并保存，但也可以不断地由其他能够访问该信息的人或者人群编辑。从商业的角度来看，Microsoft SharePoint 正以这种方式被广泛地用于内部沟通与协作，因为它具有有效性、易用性，并且可以与其他 Microsoft Office 产品（如 Excel 和 Access）进行集成。但是，维基只是协作编辑的一个组成部分，在个别机构或者响应组织当中，并不是总能获得支持。总之，实时协同创作系统，如 Zoho Writer、PiratePad、TypeWith. Me 和无所不包的 GoogleDocs，能够让特定的用户同时编辑和修改文档。利用这些工具来提高速度和效率是富有成效的。比如说，如果各响应部门的人员已经对一篇新闻稿进行了编辑和审阅，那么它极有可能获得指挥与控制机构的批准。

在进行各种强化准备、响应、恢复和减除活动能力的教育与外展工作当中，应急管理者们往往还需要照片、视频和图形资料的支持。虽然有些应急管理者本身就是活跃的摄影师和摄像师，但绝大部分应急管理者还是会直接从网站寻找照片、视频和图形来支持所要展示的信息。不幸的是，这种做法存在着一些往往被应急管理者们所忽视的法律责任问题。（见图 14.5）在任何情况下，互联网上所用的照片都属于原创摄影师所有，或者由有权指定其照片和视频可在何时和何处重复使用或者再版的出版者所有。因此，从严格意义上讲，应急管理者未经许可从 Google Images 或者 Flickr photos 上下载并使用照片是违法的。不过，有个被称为 Creative Commons（知识共享）的非营利组织或者说运动出现了。据其网站称，Creative Commons 致力于"开发、支持和管理那种可将数字创意、共享和创新最大化的法律与技术架构"。最终，Creative Commons 帮助确立了一系列的版权许可与方法，有助于创造公平的用户生成权，同时又让某些以特定形式使用的原创作品能够以一种标准化的方式得到利用。据 Creative Commons 的负责人称，这种做法具有公平性和有效性，可进一步最大限度地挖掘互联网的潜力，同时又不会损害创作者的权益。这种预先制定的共享政策偶尔会由更大的机构（如联邦应急管理局（FEMA））来提供，便于让各级机构的应急管理者们使用高品质和专业性的摄影作品。

图 14.5 在互联网上获取能够满足需求的照片时，应急管理者们务必要谨慎，因为照片（如这张）的所有权可能属于他人（迈克·霍尔，奥拉西（堪萨斯州）市消防局）

图表 14.1　社交媒体与 Web 2.0 办公系统

	文档	电子数据表	演示文稿	记录保存	日程表	通讯录	计划表	书签	批量发送	在线存储	协作编辑
Amazon Cloud										×	
Carbonite										×	
Delicious								×			
Diigo								×			
Doodle							×				
DropBox										×	
Evernote								×			
Gmail					×	×					
Google Bookmarks								×			
Google Docs	×	×	×	×						×	×
MyOtherDrive										×	
OpenOffice	×	×	×								
PiratePad											×
Plaxo						×					
SlideShare									×		
TimeBridge							×				
TypeWith. Me											×
YouSendIt									×		
Zoho Writer											×

实践者简介：金姆・斯蒂芬斯　应急管理研究者、实践者和博主

作为一名研究者和实践者，金姆・斯蒂芬斯（见图 14.6）有着十多年的在各级政府部门从事应急管理（EM）工作的经验。2010 年，斯蒂芬斯女士成了 iDisaster 2.0 博客的头牌写手，同时还成为国内知名的鼓励应急管理专

业人员使用社交媒体的倡导者。斯蒂芬斯女士敏锐地发现，大多数应急管理者没有充分利用社交媒体系统主要源于政策、培训、人员配置和意愿方面的问题。在被问到应急管理者们如何能够开始解决这些问题并使用社交媒体时，斯蒂芬斯女士称，“参与是关键，即便危机当前亦当如此，因为这有助于相关机构理解媒体的这种‘文化’和语言，并增加其信息被最广泛的受众共同分享的机会”。评估成功是斯蒂芬斯女士提到的另一个复杂的问题。具体而言，她说，“应该注意的是，基于应急管理的不同阶段，使用社交媒体的目的也的确不尽相同……举例来说，在减除、准备阶段，有个目的……也许就是让民众了解应急准备信息，但你如何能够评估诸如‘了解’这样一个概念模糊的成功呢？”她接着说，这种投资收益率(ROI)的评估与传统的准备策略没有什么不同，即只能实际上估算有多少传单被分发出去，或者有多少人关注了某个事件，而不是有多少人采取了行动并落实了准备指令。斯蒂芬斯女士还称，移动通信、游戏化和地理空间技术将为应急管理者们定义新一代的挑战。比如，她说，游戏化是“基于奖励行为改变的过程，不一定需要有形的奖励，如现金或者物品，……而是需要无形的奖励，包括身份”，而这对普通应急管理者来说是完全陌生的。她最后说，“这三种东西只代表着冰山的一角……在紧跟能够帮助和改进应急管理应用的技术方面，它们对应急管理界有着非常重要的意义。”

图 14.6 金姆·斯蒂芬斯

本章关键词

■ 开放式政府：政府机构内部利用职员、选民和其他利益相关者的知识、技术和能力来鼓励和促进创新的过程。有时候亦被称为政府 2.0。

■ 游戏化：在应用社交媒体和 Web 2.0 外展系统的过程中利用游戏规则(如竞争行为、可达成的目标和时间线)的理念。

■ 虚拟验证系统:利用第三方系统对某些被输入的有可能被恶意电脑系统模仿以获权访问原始系统的信息进行验证的社交媒体和 Web 2.0 系统。

■ 社交书签:为网络链接创建书签并进行分类再保存到第三方 Web 2.0 系统当中的功能,消除了对个人网页浏览器的依赖性。

■ 批量发送和存储:利用第三方 Web 2.0 系统通过基于网络的界面进行大型文件的存储和传播。

■ 实时协同编辑系统:可让多个用户同时在文档上进行编辑和协作的第三方 Web 2.0 系统。

■ 知识共享:非营利性运动。通过基于预先确定的条件为第三方使用确立不同程度的许可,以促进他人对原创媒体的利用。

附录　各章节引用的灾难

	1	2	3	4	5	6	7	8	9	10	11	12	13	14
亚特兰大旧事					×									
巴西洪灾与泥石流							×							
智利地震							×		×		×			
克赖斯特彻奇地震									×		×			
康涅狄格骑手	×	×												
“纳尔吉斯”飓风							×							
“深水地平线”漏油事故		×		×			×				×	×	×	
欧克莱尔（威斯康星州）母亲					×									
法戈洪灾									×	×				
胡德堡（德克萨斯州）枪击案							×							
H1N1 大流行性流感		×											×	
海地地震							×		×		×	×	×	×
“古斯塔夫”飓风							×							
“艾克”飓风							×							
卡特里娜飓风	×							×	×	×		×		
冰岛火山喷发											×	×		
印第安峡谷（科罗拉多州）森林火灾										×				

续表

	1	2	3	4	5	6	7	8	9	10	11	12	13	14
日本地震与海啸									×		×	×	×	×
“乔普林”龙卷风														×
拉奎拉地震							×							
伦敦爆炸案			×					×		×				
明尼阿波利斯 I-35 大桥坍塌事故										×				
哈德逊河上的奇迹			×											
孟买金融区恐怖袭击事件		×	×		×					×				
那什维尔洪灾											×			
北卡罗莱纳州龙卷风爆发											×		×	
巴基斯坦地震														×
巴基斯坦地震与洪灾							×				×			
昆士兰洪灾							×				×			
红河洪灾							×							
圣地亚哥森林火灾										×				
圣克鲁兹森林火灾							×							
《恐怖主义的 7 个信号》视频						×								
四川地震							×							
东南亚海啸	×		×		×						×			×
西南航空公司事故												×		
TVA 金斯顿发电厂泄漏事故							×							
塔斯卡卢萨龙卷风									×		×	×	×	
“莫拉克”台风							×							
弗吉尼亚理工大学枪击案					×					×				
华盛顿特区暴风雪		×									×			
温哥华骚乱												×		

凤凰文库·智库系列

已出图书

《经营智库:成熟组织的实务指南》 [美]雷蒙德·J.斯特鲁伊克 著 李刚 等译 陆扬 校
《日本经济:演进与超越》 [日]谷内满 著 杨林生 王婷 译
《新加坡发展的经验与教训》 [新加坡]严崇涛 著
《灾难2.0:新媒体与现代应急管理》 [美]丹尼斯·S.米勒提 著
《双重国籍问题与海外侨胞权益保护》 李安山 等著
《儿童保护:美国经验及其启示》 杨敏 著

待出图书

《韩国经济:60年腾飞之路》 [韩]司空一 高永善 主编
《德意志联邦共和国:一个成功的例子》 [德]乌拉福利德·魏塞尔 著
《"刑九"修改中的争议问题》 赵秉志 著
《共同现代化》 柯银斌 著
《西藏社会稳定与中国国家安全》 宋德星 著
《县域治理实践智慧》 尹卫东 著
《国企改革十大难题》 王正宇 著
《军事胁迫之道》 [荷兰]罗布·德·维克 著
《为影响力而战:俄罗斯在中亚》 [俄]阿列克赛·马拉申科 著
《大贯通:从一带一路到世界大陆桥》 [美]黑尔佳·策普-拉鲁什 威廉·琼斯 主编
《亚投行:世界经济新格局》 [美]黑尔佳·策普-拉鲁什 威廉·琼斯 主编
《中东的宗教与政治》 [美]罗伯特·D.李 著
《中国智库研究》 杜骏飞 著
《全球智库指南》 杜骏飞 著
《中国智库管理指南》 李刚 著
《智库是怎样炼成的?》 柯银斌 吕晓莉 著